初级会计专业技术
资格考试辅导用书

# 初级会计实务

## 三色笔记

上岸熊会计资格考试研究院◎编著

电子工业出版社
Publishing House of Electronics Industry
北京·BEIJING

**图书在版编目（ＣＩＰ数据）**

三色笔记. 初级会计实务 / 上岸熊会计资格考试研究院编著.
—北京：电子工业出版社，2023.12
初级会计专业技术资格考试辅导用书
ISBN 978-7-121-47050-9

Ⅰ.①三… Ⅱ.①上… Ⅲ.①会计实务—资格考试—自学参考资料
Ⅳ.①F23

中国国家版本馆 CIP 数据核字（2024）第 006003 号

责任编辑：张振宇
印　　刷：山东华立印务有限公司
装　　订：山东华立印务有限公司
出版发行：电子工业出版社
　　　　　北京市海淀区万寿路 173 信箱　　　　　邮编：100036
开　　本：890×1240　1/16　印张：16　　　　字数：399.4 千字
版　　次：2023 年 12 月第 1 版
印　　次：2023 年 12 月第 1 次印刷
定　　价：54.00 元（全二册）

凡所购买电子工业出版社图书有缺损问题，请向购买书店调换。若书店售缺，请与本社发行部联系，联系及邮购电话：（010）88254888，88258888。

质量投诉请发邮件至 zlts@phei.com.cn，盗版侵权举报请发邮件至 dbqq@phei.com.cn。

本书咨询联系方式：（010）88254210，influence@phei.com.cn，微信号：yingxianglibook。

# 目录

第一章　概述 …………………………………… 1

第一节　会计概念、职能和目标 ……………… 1
第二节　会计基本假设和会计核算的基础 …… 2
第三节　会计信息质量要求 …………………… 2
第四节　会计职业道德 ………………………… 3
第五节　内部控制基础 ………………………… 5

第二章　会计基础 ……………………………… 7

第一节　会计要素及其确认与计量 ………… 7
第二节　会计科目和借贷记账法 …………… 9
第三节　会计凭证和会计账簿 ……………… 10
第四节　财产清查 …………………………… 15
第五节　会计账务处理程序 ………………… 18
第六节　会计信息化基础 …………………… 19
第七节　成本与管理会计基础 ……………… 21
第八节　政府会计基础 ……………………… 27

第三章　流动资产 …………………………… 29

第一节　货币资金 …………………………… 29
第二节　交易性金融资产 …………………… 30
第三节　应收及预付款项 …………………… 32
第四节　存货 ………………………………… 35

第四章　非流动资产 ………………………… 44

第一节　长期投资 …………………………… 44
第二节　投资性房地产 ……………………… 47
第三节　固定资产 …………………………… 48
第四节　生产性生物资产 …………………… 53
第五节　无形资产和长期待摊费用 ………… 54

第五章　负债 ………………………………… 57

第六章　所有者权益 ………………………… 67

第七章　收入、费用、利润 ………………… 71

第一节　收入 ………………………………… 71
第二节　费用 ………………………………… 75
第三节　利润 ………………………………… 77

第八章　财务报告 …………………………… 80

# 第一章　概述

## 第一节　会计概念、职能和目标

### 一、会计基本特征

以**货币为主要计量单位**；准确完整性、连续系统性。**（注意货币不是唯一）**

### 二、会计职能

| 基本 | 核算职能<br>【2020年<br>单选题】 | 会计核算的内容主要包括：<br>①**款项**和有价证券的收付；<br>②**财物**的收发、增减和使用；<br>③**债权**、**债务**的发生和结算；<br>④**资本**、**基金**的增减；<br>⑤收入、支出、费用、成本的计算；<br>⑥财务**成果**的计算和处理；<br>⑦需要办理会计手续、进行会计核算的**其他**事项<br>【上岸熊提示：钱，物，债权，债务，资本、基金，利润相关，财务成果，其他】 |
|---|---|---|
| | 监督职能 | 指对特定主体经济活动和相关会计核算的**真实性、完整性、合法性**和**合理性**进行审查<br>【上岸熊提示：监督内容包括凭证，账簿，钱，物，报告，收支，制度和执行】 |
| 拓展 | | 评价经营业绩（**过去的**）、参与经济决策（**现在的**）、预测经济前景（**未来的**）<br>【上岸熊提示：过去、现在、未来】 |

**【上岸熊总结】**会计核算和会计监督职能二者的关系：

会计核算：**最基本职能**。会计监督：

真实性、完整性、合理性、合法性**审查**。

关系：相辅相成，辩证统一；**前者是**

**基础，后者是质量保障**。

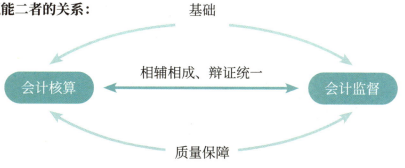

# 第二节　会计基本假设和会计核算的基础

## 一、会计基本假设

| 会计主体（空间范围）【2022年判断题、2020年多选题】 | 会计工作服务的**特定对象**，是会计确认、计量、记录和报告的**空间**范围 |
|---|---|
| | 企业、企业内部部门、分子公司、企业集团 |
| 持续经营（时间范围） | 会计核算应当以**持续、正常的**生产经营活动为**前提** |
| 会计分期（区分当期和以前、以后期间） | **会计分期目的**，是据以分期结算盈亏和按期编报财务报告 |
| 货币计量（主要计量单位） | **以货币为主要计量单位**（采用货币计量单位进行会计核算和会计监督不排斥采用其他计量单位，其他计量单位可以对货币计量单位进行必要的补充和说明） |

## 二、会计核算的基础

### （一）权责发生制（应收应付制）【2023年单选题】

权责发生制是以收取款项的权利和支付款项的义务为标志来确定本期收入和费用的会计核算基础。按收入和支出权责的实际发生时间来记账，并不考虑是否已收到或支付款项。

### （二）收付实现制（见钱眼开）

收付实现制是以款项的实际收付为标志来确定本期收入和费用的会计核算基础。**不考虑预收收入、预付费用以及应计收入和应计费用的问题，会计期末也不需要进行账项调整。**

# 第三节　会计信息质量要求

## 一、八大信息质量要求

| 可靠性 | 要求企业应当以实际发生的交易或者事项为依据进行确认、计量、记录和报告，保证会计信息真实可靠、内容完整。保持会计信息可靠性还要求企业会计信息应当是中立的、无偏的（**真实可靠、内容完整**） |
|---|---|
| 可理解性 | 清晰明了（如：**表内合并、附注说明**） |

续表

| | |
|---|---|
| **可比性** | ①同一企业不同时期，发生的相同或者相似的交易或者事项，应当采用一致的会计政策，不得随意变更。但是，如果按照规定或者在会计政策变更后能够提供更可靠、更相关的会计信息，企业可以变更会计政策。有关会计政策变更的情况，应当在附注中予以说明；<br>②不同企业同一会计期间，发生的相同或者相似的交易或者事项，应当采用一致的会计政策（**横企业、纵时间**） |
| **相关性** | 要求企业提供的会计信息应当与财务报告使用者的经济决策需要相关（**与使用者决策相关**） |
| **实质重于形式** | 经济实质＞法律形式，**租入的资产（短期租赁和低值资产租赁除外）** |
| **重要性** | 从三方面判断重要性：功能、性质和金额大小。依赖职业判断确定 |
| **谨慎性【2022年多选题】** | 不高估资产、收益，不低估负债、费用（**对售出商品很可能发生的保修义务确认预计负债，对很可能承担的环保责任确认预计负债，对资产计提减值准备等**） |
| **及时性** | （及时收集、处理和传递）不提前、不延后 |

**【上岸熊提示：三可相实重谨及】**

## 二、常见案例

**可靠性：** 迫于股东或管理层压力，通过信用减值损失达到操纵当期利润的目的，不符合可靠性要求。

**可理解性：** 对于财务会计报表中计提减值准备的资产项目，在正表中采用净额列示的，应在附注中说明相应已计提减值准备的金额；财务会计报表中汇总合计列报的项目，应在附注中逐项列示说明明细核算信息。

**可比性：** 企业采用某会计政策或某会计估计，不得随意变更。

**实质重于形式：** 租入的设备（短期租赁和低价值资产租赁除外）属于企业的资产。

**重要性：** 对于金额较低的项目或不重要的项目，简化会计处理。

**谨慎性：** 固定资产加速折旧、资产计提减值准备、确认预计负债等。

# 第四节　会计职业道德

## 一、会计职业道德的概念

### （一）会计职业道德与会计法律制度的联系

（1）内容上相互渗透，相互吸收；（2）作用上相互补充、相互协调；（3）前者是后者的重要补充；（4）后者是前者的最低要求和基本制度保障。

**（二）会计职业道德与会计法律制度的区别**

（1）性质不同；（2）作用范围不同；（3）表现形式不同；（4）实施保障机制不同；（5）评价标准不同。

## 二、会计职业道德的内容【2022 年多选题】

| 爱岗敬业 | ①热爱会计工作，敬重会计职业；②严肃认真，一丝不苟；③忠于职守，尽职尽责 |
|---|---|
| 诚实守信 | ①做老实人，说老实话，办老实事，不搞虚假；②实事求是，如实反映；③保守秘密，不为利益所诱惑；④执业谨慎，信誉至上 |
| 廉洁自律 | ①树立正确的人生观和价值观；②公私分明，不贪不占 |
| 客观公正【2022 年多选题】 | ①依法办事；②实事求是，不偏不倚；③保持独立性 |
| 坚持原则 | ①熟悉准则；②遵循准则；③坚持准则 |
| 提高技能 | ①要有不断提高会计专业技能的意识和愿望；②要有勤学苦练的精神和科学的学习方法 |
| 参与管理 | ①努力钻研业务，熟悉财经法规和相关制度，提高业务技能，为参与管理打下基础；②熟悉服务对象的经营活动和业务流程，使参与管理的决策更具针对性和有效性 |
| 强化服务 | ①强化服务意识；②提高服务质量 |

**【上岸熊提示：会计职业道德是对会计法律制度的重要补充，会计法律制度是对会计职业道德的最低要求】**

## 三、会计职业道德的相关管理规定

**（一）增强会计人员诚信意识**

（1）强化会计职业道德意识；（2）加强会计诚信教育，采取多种形式，广泛开展会计诚信教育。

**（二）建设会计人员信用档案**

（1）建立严重失信会计人员"黑名单"制度；（2）建立会计人员信用信息管理制度；

（3）完善会计人员信用信息管理系统。

**（三）会计职业道德管理的组织实施**

（1）组织领导；（2）广泛宣传；（3）褒奖守信会计人员。

**（四）建立健全会计职业联合惩戒机制**

联合惩戒措施主要有：

（1）罚款、限制从事会计工作、追究刑事责任等惩戒措施；

（2）记入会计从业人员信用档案；

（3）将会计领域违法失信当事人信息通过财政部网站、"信用中国"网站予以发布，同时协调相关互联网新闻信息服务单位向社会公布；

（4）实行行业惩戒；

（5）限制取得相关从业任职资格，限制获得认证证书；

（6）依法限制参与评先、评优或取得荣誉称号；

（7）依法限制担任金融机构董事、监事、高级管理人员；

（8）依法限制其担任国有企业法定代表人、董事、监事；

（9）限制登记为事业单位法定代表人；

（10）作为招录（聘）为公务员或事业单位工作人员以及业绩考核、干部选任的参考。

# 第五节　内部控制基础

## 一、内部控制概述

内部控制是指由企业董事会、监事会、经理层和**全体员工**实施的、旨在实现控制目标的过程。

**内部控制的作用：**

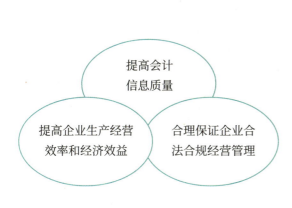

**内部控制的目标：**

## 二、内部控制要素【2022 年单选题】

建立有效的内部控制至少应考虑内部**环境、风险**评估、**控制活动、信息与沟通、内部监督**五项基本要素。

### （一）各要素内容

（1）内部环境：主要包括治理结构、组织机构设置与权责分配、企业文化、人力资源政策、内部审计机构设置、反舞弊机制等；

（2）风险评估：主要包括风险**目标设定**、风险**识别**、风险**分析**和风险**应对**；

（3）控制活动：主要包括**职责分工**控制、**授权**控制、**审核批准**控制、**预算**控制、**财产保护**控制、**会计系统**控制、**内部报告**控制、**经济活动分析**控制、**绩效**考评控制、**信息技术**控制。

**（二）内部控制缺陷分类**（按影响程度划分）**【2023 年单选题】**

| 重大缺陷 | 指一个或多个控制缺陷的组合，可能**导致企业严重偏离**控制目标 |
|---|---|
| 重要缺陷 | 指一个或多个控制缺陷的组合，其严重程度低于重大缺陷，但**仍有可能导致企业偏离**控制目标 |
| 一般缺陷 | 指除重大缺陷、重要缺陷之外的其他缺陷 |

**【上岸熊提示：内部控制缺陷如果按其成因分类，可分为设计缺陷和运行缺陷】**

**（三）内部控制要素间的关系**

（1）**内部环境**作为**五要素之首**，是整个内部控制体系的**基础**和**环境条件**；

（2）风险评估是实施内部控制的**重要环节**，是实施内部控制的**对象内容**；

（3）控制活动是实施内部控制的**具体方式方法和手段**；

（4）信息与沟通是实施内部控制的重要条件，贯穿于风险评估、控制活动和内部监督各要素之间；

（5）内部监督是实施内部控制的**重要保证**。

# 第二章 会计基础

## 第一节 会计要素及其确认与计量

### 一、会计要素及其确认条件

| 三要素 | | 特征 | 确认条件 |
|---|---|---|---|
| 【上岸熊提示：反映财务状况、时点指标、静态指标】 | 资产 | ①由企业**过去**的交易或事项形成的；<br>②企业**拥有或控制**的资源；<br>【上岸熊提示：资产不一定要拥有所有权，控制也可以】<br>③预期会给企业**带来经济利益**<br>【上岸熊提示：租赁资产（租期长，接近于寿命、租期结束有优先购买选择权等），租赁期间被租入企业控制，符合三特征，所以是资产】 | ①与该资源有关的经济利益**很可能流入**企业；<br>②该资源的成本或价值能够**可靠地计量** |
| | 负债 | ①由企业**过去**的交易或事项形成的；<br>②企业承担的**现时义务**；<br>③预期会导致**经济利益流出**企业<br>【上岸熊提示：与资产的特征类比记忆】 | ①与该义务有关的经济利益**很可能流出**企业；<br>②未来流出的经济利益的金额能够**可靠地计量** |
| | 所有者权益 | 资产扣除负债后，由所有者享有的剩余权益 | **所有者权益＝资产总额－负债总额** |
| 【上岸熊提示：反映经营状况、时期指标、动态指标】 | 收入 | ①企业在**日常活动**（如销售商品）中形成的；【上岸熊提示：非日常活动中形成的属于利得，如出售厂房】<br>②会导致**所有者权益**增加，与所有者**投入资本无关**；<br>③**总**流入（不是按买卖差价确认收入） | |
| | 费用 | ①企业在**日常活动**中发生的；【上岸熊提示：非日常活动中形成的是损失，如资产被盗】<br>②会导致**所有者权益减少**，与向所有者**分配利润无关**；<br>③总流出 | |
| | 利润 | 企业在一定会计期间的经营成果。主要依赖于收入和费用，以及直接计入当期利润的利得和损失的确认 | |

## 二、会计要素计量属性及其应用原则

| 历史成本 | 资产按照其购置时支付的现金或现金等价物的金额，或者按照购置时所付出对价的公允价值计量 |
|---|---|
| 重置成本 | 资产按照现在购买相同或相似资产所需支付的现金或现金等价物的金额计量；（**盘盈的固定资产**）负债按照现在偿付该项债务所需支付的现金或者现金等价物的金额计量 |
| 可变现净值 | 指在正常生产经营过程中，以**预计售价**减去进一步**加工成本**和预计**销售费用以及相关税费**后的净值 |
| 现值 | 指对未来现金流量以恰当的折现率进行**折现**后的价值，是考虑货币时间价值的一种计量属性 |
| 公允价值 | 指市场参与者在计量日发生的**有序交易**中，出售一项资产所能收到或者转移一项负债所需支付的价格（**交易性金融资产**） |

## 三、会计等式【2022 年单选题、2020 年单选题】

| | |
|---|---|
| **资产＝负债＋所有者权益**<br>（**编制资产负债表的依据、复式记账法的理论基础**） | **基本**会计等式 |
| | **财务状况**等式 |
| | **静态**会计等式 |
| 收入－费用＝利润<br>（**编制利润表的依据**） | **经营成果**等式 |
| | **动态**会计等式 |

## 四、交易或事项对会计等式的影响

| 变化特征 | 规律 | 举例 |
|---|---|---|
| 等式**两边**金额**不变**的业务 | **变动**的因素在**等式的同一边** | 一项负债增加、另一项负债等额减少 |
| 等式**两边**金额等额**增加**的业务 | **变动**的因素在**等式的两边**，且都**在变大** | 一项资产增加、一项负债等额增加 |
| 等式**两边**金额等额**减少**的业务 | **变动**的因素在**等式的两边**，且都**在变小** | 一项资产减少、一项负债等额减少 |

# 第二节  会计科目和借贷记账法

## 一、会计科目与账户

| 分类依据 | 分类 | 含义 | 对应账户 |
|---|---|---|---|
| 按反映的**经济内容**分类 | 资产类科目 | — | 资产类账户 |
| | 负债类科目 | — | 负债类账户 |
| | 共同类科目 | 既**有资产**性质又**有负债**性质的科目，如"衍生工具"等 | 共同类账户 |
| | 所有者权益类科目 | — | 所有者权益类账户 |
| | 成本类科目 | 如：**生产成本、制造费用、劳务成本、研发支出等** | 成本类账户 |
| | 损益类科目 | — | 损益类账户 |
| 按信息的**详细程度及统驭关系**分类 | 总分类科目 | 总账科目或**一级科目**。如："银行存款"科目 | 总分类账户 |
| | 明细分类科目 | **明细科目**，是对总分类科目的进一步分类。如："银行存款——工行存款"科目 | 明细分类账户 |

## 二、借贷记账法的基本原理

| | |
|---|---|
| **基本特征** | 对于每一笔经济业务，都必须用**相等的金额**在**两个或两个以上**相互联系的账户中进行登记 |
| **基本符号** | "借"和"贷"<br>【上岸熊提示：此处"借"和"贷"并没有实际意义，只代表一种符号】 |
| **基本规则** | **"有借必有贷，借贷必相等"** |
| **基本结构** | **账户左方称为借方，右方称为贷方**<br>**一方登记增加额，另一方就登记减少额** |
| **具体结构** | 资产和成本类账户 | 增加用"借"，减少用"贷"。期末余额一般在借方。<br>【上岸熊提示：（1）特殊资产账户（累计折旧／摊销、资产减值准备等）的记账方向与上述规定相反；（2）成本类账户借方余额表示未完工在产品的成本】<br>期末借方余额＝期初借方余额＋本期借方发生额－本期贷方发生额 |

续表

| 具体结构 | 负债和所有者权益类账户 | 增加用"贷"，减少用"借"。期末余额一般在贷方。<br>期末贷方余额 = 期初贷方余额 + 本期贷方发生额 − 本期借方发生额 |
| --- | --- | --- |
| | 损益类账户 | 收入类账户的增加用"贷"，减少用"借"；<br>费用类账户的增加用"借"，减少用"贷"<br>**【上岸熊提示：收入、费用类账户本期发生额在期末转入"本年利润"账户，结转后无余额】** |
| 会计分录 | 简单分录 | 一借一贷 |
| | 复合分录 | 一借多贷、多借一贷或多借多贷 |
| 试算平衡分类 | 发生额试算平衡<br>【2023 年单选题、2022 年单选题】 | 全部账户本期借方发生额合计 = 全部账户本期贷方发生额合计<br>**【上岸熊提示：等式原理"有借必有贷，借贷必相等"】** |
| | 余额试算平衡 | 全部账户借方期末（初）余额合计 = 全部账户贷方期末（初）余额合计<br>**【上岸熊提示：等式原理"资产 = 负债 + 所有者权益"】** |

**【总结】** 试算不平衡，表示记账一定有错误，但试算平衡时，不能表明记账一定正确。因为有的错误不影响试算平衡，如：①漏记某经济业务；②重复记某经济业务；③借贷方同时等额多记或少记；④记错账户；⑤借贷记错方向；⑥偶发情况下多记与少记抵消。

**【上岸熊提示：科目增减方向："资成费借增加，负权收贷增加，备抵则相反"。余额一般在表示增加的一方，损益类账户期末无余额】**

# 第三节　会计凭证和会计账簿

## 一、会计凭证

### （一）会计凭证的概念

会计凭证是记录经济业务、明确经济责任、按一定格式编制的据以登记会计账簿的书面证明。会计凭证按其编制程序和用途的不同，可以分为原始凭证和记账凭证。

## （二）原始凭证的编制与生成

### 1. 原始凭证的种类

| 原始凭证 | 按取得的来源分类 | 自制原始凭证 | 本单位部门或人员填制（**领料单，入库单，借款单**） |
|---|---|---|---|
| | | 外来原始凭证 | 从其他单位或个人直接取得（**飞机票，火车票，发票**） |
| | 按照格式分类 | 通用凭证 | 由有关部门统一印制、具有统一格式和使用方法（**统一印制**） |
| | | 专用凭证 | 单位自行印制、仅在本单位内部使用（**自行印制**） |
| | 按填制的手续和内容分类 | 一次凭证 | 一次填制完成，只记录一笔经济业务且仅一次有效（**收据，收料单**） |
| | | 累计凭证 | 在一定时期内多次记录发生的同类型经济业务且多次有效 |
| | | 汇总凭证 | 对一定时期内反映经济业务内容相同的若干张原始凭证，按照一定标准综合填制（**业务内容相同**） |

### 2. 原始凭证的填制要求

| 基本内容 | 原始凭证的基本内容共 **7 项**：凭证的**名称**；填制凭证的**日期**；填制凭证**单位名称或填制人姓名**；**经办人员**的签名或盖章；**接收凭证单位**名称；经济业务**内容**；**数量、单价和金额** |
|---|---|
| 基本要求 | ①记录真实；②内容完整；③手续完备；④书写清楚、规范；⑤连续编号；⑥不得涂改、刮擦、挖补；⑦填制及时<br>**【上岸熊提示：书写时注意以下几点。（1）小写时，人民币符号"¥"与阿拉伯数字之间不得留有空白；（2）金额数字一律填写到角、分：a.无角无分的，写"00"或符号"—"；b.有角有分的，分位写"0"，不得用符号"—"；（3）大写金额前"人民币"字样和大写金额之间不得留有空白】** |
| 自制原始凭证填制要求 | 一次凭证：业务发生或完成时一次填制完成 |
| | 累计凭证：在一定时期内不断重复地反映**同类经济业务**的完成情况。如：限额领料单 |
| | 汇总凭证：只能将**类型相同**的经济业务进行汇总，**不能汇总两类或两类以上的经济业务** |

## （三）记账凭证的编制与生成【2020 年单选题】

### 1. 记账凭证的种类

记账凭证按其反映的经济业务的内容来划分，可分为收款凭证、付款凭证、转账凭证。

2. 记账凭证的填制要求

| 基本要求<br>（掌握 3 条） | ①必须附**原始凭证（结账和更正错账除外）**；<br>②可以根据**一张或多张原始凭证及原始凭证汇总表填制**（不同内容和类别的原始凭证除外）；<br>③记账凭证应**连续编号**（一笔经济业务需要填制≥两张记账凭证时，可以采用"分数编号法"） |
|---|---|
| 收款、付款、转账凭证的填制要求【2023年单选题】 | ①**日期**是填制本凭证的日期（非收款／付款日期）；<br>②**"记账"**表示该凭证已登记账簿，防止经济业务重记或漏记；<br>③取现、存现一般只填制付款凭证；<br>【上岸熊提示：（1）出纳人员在办理收款或付款业务后，应在原始凭证上加盖"收讫"或"付讫"的戳记，以免重收重付；（2）转账业务（虽有"转账"二字）不涉及"库存现金"或"银行存款"科目。既涉及收款业务，又涉及转账业务的综合性业务，可分开填制不同类型的记账凭证】<br>④记账凭证登记完毕后，要在记账凭证上**签名或盖章**，并注明**已登记**的符号，表示已经登账 |

## 二、会计凭证的保管【2023年判断题】

**会计凭证归档保管的主要方法和要求：**

（1）每月记账完毕，要将本月各种记账凭证加以整理，检查有无缺号和附件是否齐全。然后按顺序号排列，装订成册。为了便于事后查阅，应加具封面，封面上应注明单位的名称、所属的年度和月份、起讫的日期、记账凭证的种类、起讫号数、总计册数等，并由有关人员签章。为了防止任意拆装，在装订线上要加贴封签，并由会计主管人员盖章；

（2）如果在一个月内，凭证数量过多，可**分装若干册**，在封面上加注共几册字样。如果某些记账凭证所附原始凭证数量过多，也可以单独装订保管，但应在其封面及有关记账凭证上加注说明，对重要原始凭证，如合同、契约、押金收据以及需要随时查阅的收据等在需要单独保管时，应编制目录，并在原记账凭证上注明另行保管，以便查核；

（3）装订成册的会计凭证应集中保管，并**指定专人负责**。查阅时，要有一定的手续制度；

（4）会计凭证的保管期限和销毁手续，必须严格执行会计制度的规定。任何人**无权自行**随意销毁。

**【上岸熊总结：出纳人员不得监管会计档案；一般不得对外借出（确实有需要可复制）】**

## 三、会计账簿

### （一）会计账簿的种类

| | | |
|---|---|---|
| **按用途分类** | **序时**账簿 | 又称**日记账**，逐日、逐笔登记。如：库存现金日记账、银行存款日记账 |
| | **分类**账簿 | 总分类和明细分类账簿 |
| | **备查**账簿 | **没有固定的格式**要求，与其他账簿之间**不存在严密的依存和钩稽关系** |
| **按账页格式分类** | **三栏式**账簿 | 借方、贷方和余额三个金额栏目。主要用于日记账、总账以及资本、债权、债务明细账 |
| | **多栏式**账簿 | 账簿的两个金额栏目（借方和贷方）按需要**分设若干专栏**。主要用于收入、成本、费用、利润分配明细账 |
| | **数量金额式**账簿 | 账簿的借方、贷方和余额三个栏目内，**每个栏目**再分设**数量**、**单价**和**金额**三小栏。主要用于原材料、库存商品明细账 |
| **按外形特征分类** | **订本式**账簿 | 优点：能避免账页散失和防止抽换账页。<br>缺点：不能准确为各账户预留账页。<br>一般适用于总分类账、库存现金日记账、银行存款日记账 |
| | **活页式**账簿 | 优点：可根据记账内容的变化而随时增加或减少部分账页。<br>缺点：会造成账页散失或故意抽换账页。<br>一般适用于明细分类账 |
| | **卡片式**账簿 | 简称卡片账，一般用于**固定资产**的核算 |

### （二）会计账簿的登记与生成

1. 会计账簿的登记方法【**2021 年判断题**】

（1）日记账的登记方法：重点学习库存现金日记账和银行存款日记账。

| 类别 | 登记方法 |
|---|---|
| 库存现金<br>日记账 | ①每日终了，结出收支合计和余额，与库存现金核对；<br>②按照库存现金收、付款业务和银行存款付款业务发生时间的先后顺序逐日逐笔登记 |
| 银行存款<br>日记账 | ①银行存款日记账应按企业在银行开立的账户和币种分别设置，每个银行账户设置一本日记账；<br>②每日结出存款余额 |

（2）总分类账户与明细分类账户的平行登记，以会计凭证为依据，一方计入总分类账户，另一方计入所辖明细分类账户，要点是：方向相同＋期间一致＋金额相等。

2. 会计账簿的生成

（1）对账【2023年单选题】

| 账证核对 | 账簿记录与会计凭证核对 |
|---|---|
| 账账核对 | ①总分类账簿之间核对；②总分类账簿与所辖明细分类账簿之间核对；③总分类账簿与序时账簿之间核对；④明细分类账簿之间核对 |
| 账实核对 | ①库存现金日记账账面余额与实际库存数逐日核对；②银行存款日记账账面余额与银行对账单的余额定期核对；③财产物资明细账账面余额与实有数额定期核对；④债权债务明细账账面余额与对方单位核对 |

（2）结账

| 账户 | 对应方法 |
|---|---|
| 不需按月结计本期发生额的账户 | 每次记账以后，都要**随时结出余额**，每月**最后一笔余额是月末余额**。月末结账时，只需要在最后一笔经济业务记录之下通栏**画单红线**，不需要再次结计余额 |
| 库存现金、银行存款日记账和需要按月结计发生额的收入、费用等明细账 | 每月结账时，在**最后一笔**业务记录下面**通栏画单红线**，结出本月**发生额**和**余额**，摘要"**本月合计**"，并在**下面通栏画单红线** |
| 需要结计本年累计发生额的明细账户 | 每月结账时，在"本月合计"行下结出自年初起至本月末止的累计发生额，登记在月份发生额下面，摘要"本年累计"，并在下面通栏画单红线。12月末的"本年累计"就是全年累计发生额，全年累计发生额下通栏画双红线 |
| 总账账户 | 平时只需**结出月末余额**。年终结账时，将所有总账账户结出**全年发生额**和**年末余额**，摘要"**本年合计**"，并在合计数下通栏**画双红线** |
| 年度终了结账时，有余额的账户 | 将其余额结转下年，摘要"**结转下年**"；在下一会计年度新建有关账户的第一行填写上年结转的余额，摘要栏内注明"**上年结转**"字样 |

【上岸熊提示：画双红线的只有两处（见上表）。结账的内容：（1）结清各种损益类账户，并据以计算确定本期利润；（2）结出各资产、负债和所有者权益账户的本期发生额合计和期末余额】

（三）错账的更正【2023年判断题、2021年判断题、2020年多选题】

| 错账更正方法 | **画线更正法**：适用于结账前发生账簿记录有文字或数字错误，而记账凭证没有错误的情形 |
|---|---|
| | **红字更正法**：适用于会计科目有错或科目正确但金额多记的情形 |
| 错账更正方法 | **补充登记法**：适用于科目无误，只是所记金额小于应记金额的情形 |

## （四）会计账簿的保管

（1）各种账簿要分工明确，指定专人管理；

（2）未经批准，非经管人员不能随意翻阅查看会计账簿。会计账簿除需要与外单位核对外，一般不能携带外出，对携带外出的账簿，一般应由经管人员或会计主管人员指定专人负责；

（3）会计账簿不能随意交与其他人员管理；

（4）年度终了更换并启用新账后，对更换下来的旧账要整理装订，造册归档；

（5）实行会计电算化的单位，满足有关规定的，可仅以电子形式保存会计账簿，无须定期打印会计账簿；确需打印的，打印的会计账簿必须连续编号，经审核无误后装订成册，并由记账人员和会计机构负责人、会计主管签字或者盖章；

（6）按规定的保存年限妥善保管。保管期满后，经鉴定可以销毁的，按程序销毁。

**【上岸熊提示：应指定专人管理；保管期满后，不得未经鉴定直接销毁】**

# 第四节　财产清查

## 一、财产清查概述

### （一）财产清查的概念

财产清查是指通过对货币资金、实物资产和往来款项的盘点或核对，确定其实存数，查明账存数与实存数是否相符的一种专门方法。

### （二）财产清查的种类

1. 全面清查

**清查对象：**

（1）货币资金，包括库存现金、银行存款、其他货币资金等；

（2）财产物资；

（3）债权债务，包括各项应收款项、应付款项、预收账款、预付账款及其他应收、应付款项。

**清查情形：【2022 年判断题】**

（1）**年终**决算前；

（2）在合并、撤销或改变隶属**关系前**；

（3）中外合资、国内**合资前**；

（4）股份制**改造前**；

（5）开展**全面**的资产评估、清产核资前；

（6）单位**主要领导**调离工作前等。

2. 局部清查

**清查对象：**

（1）库存现金，出纳人员应于**每日**业务终了时清点核对；

（2）银行存款，出纳人员**每月至少**应同银行核对一次；

（3）库存商品、原材料、包装物等流动性较大的材料物资，除年度清查外，年内应轮流盘点或重点抽查；

（4）对各种贵重物资，**每月**应盘点一次；

（5）债权债务，**每年**至少应同对方核对一次至两次。

## 二、财产清查的方法与会计处理

### （一）财产清查的方法

货币资金的清查方法

| 库存现金 | 清查方法 | 实地**盘点法**。一般由**主管会计或财务负责人和出纳**共同清点各类货币，盘点结束，编制"库存现金盘点报告表" |
|---|---|---|
| 银行存款 | 清查方法 | 与**开户银行核对**账目，银行存款的清查一般在月末进行 |
| | 差异原因 | ①企业或银行一方或双方记账过程**有错误**；<br>②存在**未达账项** |
| 实物资产 | 清查方法 | ①实物资产主要包括：固定资产、存货等；<br>②清查方法：实地盘点法＋技术推算法 |
| 往来款项 | 清查方法 | ①往来款项主要包括：应收、应付款项和预收、预付款项等；<br>②清查方法：发函询证 |

【上岸熊提示：未达账项的四种情况】

| 企业已收款记账，银行未收款未记账 | 银行已付款记账，企业未付款未记账 |
|---|---|
| 企业已付款记账，银行未付款未记账 | 银行已收款记账，企业未收款未记账 |

【上岸熊提示：银行存款余额调节表的编制】

| 编制原则 | 以**企业银行存款日记账余额**和**银行对账单**为基础，分别加上对方已收款入账而己方未入账的数额，减去对方已付款入账而己方未入账的数额 |
|---|---|
| 编制公式 | **企业银行存款日记账余额＋银行已收企业未收－银行已付企业未付＝银行对账单存款余额＋企业已收银行未收－企业已付银行未付** |

**银行存款余额调节表（样表）**

| 项目 | 金额 | 项目 | 金额 |
|---|---|---|---|
| 银行存款日记账余额<br>加：银行已收、企业未收<br>减：银行已付、企业未付 | 5 400 000<br>4 800 000<br>400 000 | 银行对账单余额<br>加：企业已收、银行未收<br>减：企业已付、银行未付 | 8 300 000<br>6 000 000<br>4 500 000 |
| 调节后的存款余额 | 9 800 000 | 调节后的存款余额 | 9 800 000 |

【上岸熊提示：银行存款余额调节表不能作为调整银行存款账面记录的记账依据】

## （二）财产清查结果的处理

| | |
|---|---|
| **审批之前的处理** | ①根据"清查结果报告表""盘点报告表"等已经查实的数据资料，填制记账凭证，记入有关账簿，使账簿记录与实际盘存数相符；<br>②根据权限，将处理建议报股东大会或董事会，或经理（厂长）会议或类似机构批准 |
| **审批之后的处理** | 企业清查损益，应于期末前查明原因，并根据权限，经股东大会或董事会，或经理（厂长）会议或类似机构批准后，在期末结账前处理完毕 |

【上岸熊提示：清查损益，如果在期末结账前尚未经批准，在对外提供财务报表时，先按上述规定进行处理，并在附注中作出说明；其后批准处理的金额与已处理金额不一致的，调整财务报表相关项目的期初数】

# 第五节　会计账务处理程序

## 会计账务处理程序的应用

【上岸熊提示：主要根据登记总账的依据不同，区分三种账务处理程序】

### （一）记账凭证账务处理程序的应用【2023年判断题】

【上岸熊提示：登记总账的依据是记账凭证】

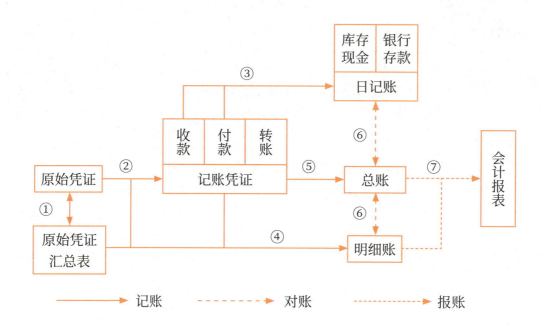

### （二）科目汇总表账务处理程序的应用

【上岸熊提示：登记总账的依据是科目汇总表】

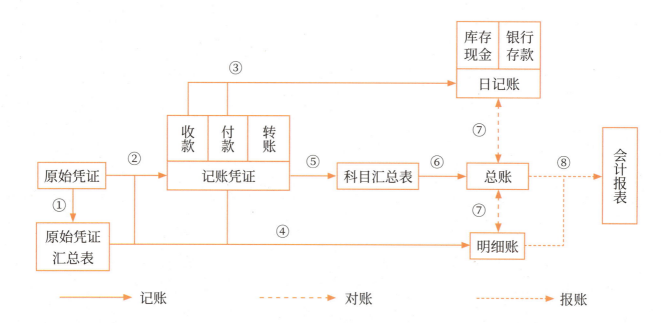

## （三）汇总记账凭证账务处理程序的应用

【上岸熊提示：登记总账的依据是汇总记账凭证】

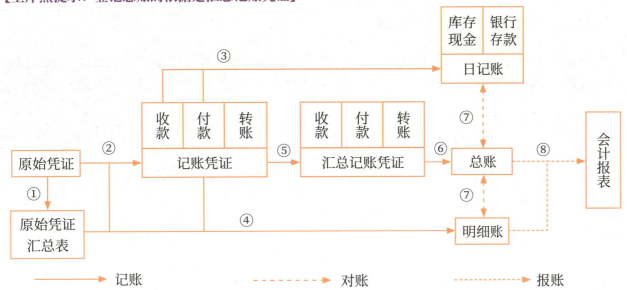

# 第六节　会计信息化基础

## 一、会计软件与会计信息系统

会计软件是指企业使用的、专门用于会计核算和财务管理的计算机软件、软件系统或者其功能模块。

会计软件一般具有以下功能：【2023年单选题】

（1）为会计核算和财务管理直接采集数据；

（2）生成会计凭证、账簿、报表等会计资料；

（3）对会计资料进行转换、输出、分析、利用。

会计信息系统是指由会计软件及其运行所依赖的软硬件环境组成的集合体。

处于会计核算信息化阶段的企业，应当结合自身情况，逐步实现资金管理、资产管理、预算控制、成本管理等财务管理信息化。

处于财务管理信息化阶段的企业，应当结合自身情况，逐步实现财务分析、全面预算管理、风险控制、绩效考核等决策支持信息化。

分公司、子公司数量多、分布广的大型企业、企业集团应当探索利用信息技术促进会计工作的集中，逐步建立财务共享服务中心。

## 二、信息化环境下会计账务处理流程

### （一）账务处理流程的主要角色

（1）业务人员，如采购人员、销售人员等；（2）凭证编制人员，即编制记账凭证的会计人员；（3）凭证审核人员，即对记账凭证进行审核的会计人员；（4）记账和结账人员，即将记账凭证信息转换为账簿信息和进行月末结账的会计人员；（5）查询与分析人员，如财务经理、总经理等。

## （二）信息化环境下会计账务处理基本流程【2023 年新增】

| | |
|---|---|
| ①经济业务发生时，业务人员将原始凭证提交会计部门 | ②凭证编制人员对原始凭证的正确性、合规性、合理性进行审核，然后根据审核无误的原始凭证编制记账凭证 |
| ③凭证审核人员从凭证文件中获取记账凭证并进行审核。系统对审核通过的记账凭证做审核标记，将审核未通过的凭证返还给凭证编制人员 | ④在记账人员的记账指令发出后，系统自动对已审核凭证进行记账，更新科目汇总文件等信息，并对相关凭证做记账标记。会计期末，结账人员发出指令进行结账操作 |
| ⑤会计信息系统根据凭证文件和科目汇总文件自动、实时生成日记账、明细账和总账，提供内部和外部使用者需要的内部分析表和财务报表 | |

## 三、财务机器人和财务大数据的应用【2023 年新增】

| 会计核算与会计报表列报 | ①会计记账自动化（记账、对账）；②报表列报优化（自动核对账表、数据不符自动标红） |
|---|---|
| 资金预算与管理优化 | ①资金预算；②资金支付；③银企对账自动化 |
| 费用报账自动化 | 改善了传统模式下需多环节审批、工作效率低的问题；建立员工信用等级 |
| 采购付款业务自动化 | 请款单与相关单据信息进行核对，提取付款信息进行付款，发送对账提醒 |
| 纳税申报 | 使税务核算简单化、自动化 |
| 全面预算 | 在预算编制、下达、执行、评价过程中发挥重要作用，保证企业实现完善的预算管理活动，推动企业更加科学合理地发展 |
| 优化供应商管理 | ①供应商编号；②分析历年采购成本；③作出最优采购决策 |
| 优化应收款项管理 | 优化企业应收款项管理流程、降低收款成本、提高收款质量 |

## 四、财务共享中心的功能与作用【2023 年判断题】

### （一）财务共享中心的概念

财务共享中心是指大型企业或企业集团公司利用信息技术对其会计工作进行集中统一处理的一种新型财务组织管理模式，是企业集中管理模式在财务管理上的具体应用，其目的在于通过一种有效的运作模式来解决大型企业或企业集团公司财务职能建设中的**重复投入和效率低下**等弊端。

**（二）财务共享中心的功能与作用【2023 年新增】**

财务共享中心有助于降低企业运营成本、提高财务运营效率、通过内部资源的优化整合提高企业绩效、支持企业集团的发展战略、向外界提供商业化服务。

财务共享中心的功能定位分为三种：集中核算型、集中管控型和价值创造型。

# 第七节　成本与管理会计基础

## 一、成本会计基础

### （一）成本计算方法【2023 年多选题】

| 产品成本计算方法 | 成本计算对象 | 生产类型 | | |
|---|---|---|---|---|
| | | 生产组织特点 | 生产工艺特点 | 成本管理要求 |
| **品种**法 | 产品品种 | 大量大批 | 单步骤、多步骤 | 不要求分步 |
| **分批**法 | 产品批别 | **单件小批** | 单步骤、多步骤 | 不要求分步 |
| **分步**法 | 生产步骤 | 大量大批 | **多步骤** | 要求分步 |

**【上岸熊提示：品种、规格繁多的企业还可采用分类法；定额管理工作有一定基础的企业还可采用定额法。确定产品成本计算方法的主要因素包括成本计算对象、成本计算期、生产费用在完工产品与在产品之间的分配】**

1. 品种法【2020 年多选题】

| 适用范围 | **大批大量**单步骤以及管理上不要求按照生产步骤计算产品成本的多步骤生产 |
|---|---|
| 成本核算对象 | 产品品种 |
| 成本计算期 | 定期（每月月末）计算产品成本 |
| 在完工产品与在产品之间分配费用 | ①月末**一般无在产品**（如果有，数量也很少）：不需要在完工产品和在产品之间分配；<br>②**月末有在产品**：将生产成本在完工产品和在产品之间进行**分配** |

2. 分批法

| 适用范围 | **单件小批**。如造船、重型机器及精密仪器制造、新产品试制或试验、在建工程以及设备修理作业等 |
|---|---|

续表

| 成本核算对象 | 产品的批别 |
|---|---|
| 成本计算期 | 成本计算期**与产品生产周期基本一致**，但**与财务报告期不一致** |
| 在完工产品与在产品之间分配费用 | 成本计算期与产品生产周期基本一致，月末一般**不存在完工产品**和**在产品**之间**分配**成本的问题<br>【上岸熊提示：**期末要么全部在产，要么全部完工，因为一般是单件。但是，在特殊情况下，如果批内产品跨月陆续完工，这时就要在完工产品与在产品之间分配费用】** |

3. 分步法

| 适用范围 | **大量大批**的**多步骤**生产且管理上要求分步骤计算。如：冶金、机械制造、纺织 |
|---|---|
| 成本核算对象 | 生产步骤 |
| 成本计算期 | **定期**，与产品的生产周期不一致 |
| 在完工产品与在产品之间分配费用 | 需在二者之间**分配** |

**（二）分步法分类**

| 逐步结转分步法 | 平行结转分步法【2021 年多选题】 |
|---|---|
| 按照产品加工的顺序，**逐步计算并结转**半成品成本，直到最后加工步骤完成才能计算产品成本的一种方法。该方法**需要**将生产成本在各步骤**完工产品和在产品之间分配** | 计算各步骤成本时，**不计算各步骤所产半成品的成本**，也不计算各步骤所耗上一步骤的半成品成本，而只计算本步骤发生的各项其他成本，以及这些成本中应计入产成品的份额，将相同产品的各步骤成本明细账中的这些份额**平行结转、汇总**，即可计算出该种产品的产成品成本 |

**（三）产品成本核算**【2023 年变动】【2023 年多选题、2020 年单选题】

1. 产品成本核算的会计科目设置

| "生产成本"科目 | "制造费用"科目【2021 年多选题】 |
|---|---|
| 核算企业进行工业性生产发生的各项生产成本，包括生产各种产品、自制材料、自制工具、自制设备等。借方反映发生的各项生产费用，贷方反映完工转出的产品成本，期末借方余额反映尚未加工完成的各项在产品的成本 | 核算企业生产车间（部门）为生产产品和提供劳务而发生的各项间接生产费用，以及虽然直接用于产品生产但管理上不要求或不便于单独核算的生产费用。期末，将共同负担的制造费用按照一定的标准分配计入各成本核算对象，除季节性生产外，本科目期末应无余额。小企业经过 1 年期以上的制造才能达到预定可销售状态的产品发生的借款费用，也在本科目核算 |

2. 材料、燃料、动力费用的归集和分配

企业发生的直接材料——能够直接计入成本核算对象的，直接计入，否则按照分配标准分配计入。

企业外购的燃料和动力——根据实际耗用及合理分配标准进行归集分配（直接用于生产的计入生产成本，间接用于生产的计入制造费用）。

| 无论是外购的还是自制的，直接用于产品生产、构成产品实体的原材料，一般分产品领用，计入"直接材料" | |
| --- | --- |
| 不能分产品领用的，采取适当分配方法 | 动力可按生产工时或机器工时分配。<br>①材料、燃料、动力费用分配率＝材料、燃料、动力消耗总额 ÷ 分配标准（如产品重量、耗用的原材料、生产工时等）；<br>②某种产品应负担的材料、燃料、动力费用＝该产品的重量、耗用的原材料、生产工时等 × ① |
| | 消耗定额比较准确，可按材料定额消耗量分配。<br>①某种产品材料定额消耗量＝该种产品实际产量 × 单位产品材料消耗定额；<br>②材料消耗量分配率＝材料实际总消耗量 ÷ 各种产品材料定额消耗量之和；<br>③某种产品应分配的材料费用＝① × ② × 材料单价 |

3. 职工薪酬的归集和分配【2021 年单选题】

职工薪酬的分配通常有两种处理方法：

（1）按本月应付金额分配本月职工薪酬费用（月份之间职工薪酬差别较大适用）；

（2）按本月支付职工薪酬金额分配本月职工薪酬费用（月份之间职工薪酬差别不大适用）。

| 直接进行产品生产的生产工人的职工薪酬，直接计入"直接人工"；不能直接计入产品成本的职工薪酬，按工时、产品产量、产值比例等方式进行合理分配 | |
| --- | --- |
| ①生产职工薪酬费用分配率＝各种产品生产职工薪酬总额 ÷ 各种产品生产工时之和；<br>②某种产品应分配的生产职工薪酬＝该种产品生产工时 × ① | 取得实际生产工时数据比较困难，可按定额工时分配。<br>①某种产品的定额工时＝该种产品投产量 × 单位产品工时定额；<br>②生产职工薪酬费用分配率＝各种产品生产职工薪酬总额 ÷ 各种产品定额工时之和；<br>③某种产品应分配的生产职工薪酬＝① × ② |

**（四）辅助生产费用的归集和分配【2023 年变动】**

一般情况下，先通过"制造费用"归集，后转入"辅助生产成本"；规模小、制造费用少的可直接计入"生产成本——辅助生产成本"。

| | 内容 | 特点 |
|---|---|---|
| **直接分配法** | 不考虑辅助生产车间之间相互提供劳务或产品的情况，直接分配给辅助生产以外的受益单位 | （1）适用以下情况：①辅助生产内部相互提供产品和劳务不多；②不进行费用的交互分配；③对辅助生产成本、企业产品成本影响不大。<br>（2）分配一次，计算简单，结果不够准确 |
| **交互分配法** | 首先进行辅助生产车间之间的分配；然后将交互分配后的实际费用按提供的劳务量或产品量在辅助车间以外的受益单位分配 | 提高了分配的正确性，但加大了工作量 |
| **计划成本分配法** | 辅助生产为各受益单位提供的劳务或产品，都按劳务或产品的计划单位成本进行分配，实际发生的费用与按计划单位成本分配转出的费用之间的差额全部计入管理费用 | 便于考核和分析各受益单位的成本，有利于分清各单位的经济责任，但成本分配不够准确。适用于辅助生产劳务或产品计划单位成本比较准确的企业 |

**（五）制造费用的归集和分配【2023 年判断题】**

（1）制造费用的内容比较复杂，包括物料消耗，车间管理人员的薪酬、劳动保护费、设计制图费、试验检验费、差旅费、办公费以及季节性及修理期间停工损失等。为了减少费用项目，可将性质相同的费用合并设立相应的费用项目；为了使各期成本、费用资料可比，制造费用项目一经确定，不应任意变更。

（2）制造费用一般先分配辅助生产的制造费用，计入生产成本；再分配辅助生产费用，将其中由基本生产负担的费用计入基本生产的制造费用；最后分配基本生产的制造费用。

（3）根据制造费用的性质，合理选择分配方法：

| | 特点 | 公式 |
|---|---|---|
| **生产工人工时比例法（生产工时比例法）** | 适用于各种产品生产机械化程度相差不多的企业 | ①制造费用分配率 = 制造费用总额 ÷ 各产品分配标准之和（如：产品生产工时总数或生产工人定额工时总数、生产工人工资总和、机器工时总数、产品计划产量的定额工时总数）；<br>②某种产品应分配的制造费用 = 该种产品的分配标准 × ① |
| **生产工人工资比例法（生产工资比例法）** | 实际上等同于生产工人工时比例法 | |
| **机器工时比例法** | 适用于产品生产的机械化程度较高的车间 | |
| **按年度计划分配率分配法** | 适用于季节性生产企业 | |

## （六）废品损失和停工损失的核算

### 1. 废品损失的核算

废品损失是指在生产过程中发生的和入库后发现的超定额的不可修复废品的生产成本，以及可修复废品的修复费用，扣除回收的废品残料价值和应收赔款以后的损失。单独核算废品损失——计入"废品损失"科目。不单独核算——计入"生产成本——基本生产成本""原材料"等科目中。辅助生产一般不单独核算废品损失。

| 不可修复废品损失 | 可按废品所耗实际费用计算，也可按废品所耗定额费用计算；分配后得出的实际成本，从"生产成本——基本生产成本"贷方转入"废品损失"借方 |
|---|---|
| 可修复废品损失 | 返修以前的生产费用，不需要计算成本。返修发生的费用计入"废品损失"借方 |

### 2. 停工损失的核算

停工损失是指生产车间或车间内某个班组在停工期间发生的各项生产费用，包括停工期间发生的原材料费用、人工费用和制造费用等。

| 正常停工（计入生产成本） | 包括季节性停工、正常生产周期内的修理期间的停工、计划内减产停工等 |
|---|---|
| 非正常停工（计入当期损益） | 包括原材料或工具等短缺停工、设备故障停工、电力中断停工、自然灾害停工等 |

单独核算——增设"停工损失"科目；"停工损失"科目月末无余额。

不单独核算——直接反映在"制造费用"或"营业外支出"等科目中。辅助生产一般不单独核算。

## （七）生产费用在完工产品和在产品之间的归集和分配

### 1. 在产品数量的核算

在产品是指没有完成全部生产过程的产品＝正在车间加工的在产品＋已经完成一个或几个生产步骤但还需继续加工的半成品。

为确定在产品结存的数量，要做好收发结存的日常核算和清查工作。

### 2. 生产费用在完工产品和在产品之间的分配【2023 年单选题】

本月完工产品成本＝本月发生生产成本＋月初在产品成本－月末在产品成本

根据以上关系式，采用适当方法进行分配。常用的分配方法有：不计算在产品成本法、在产品按固定成本计价法、在产品按所耗直接材料成本计价法、约当产量比例法、在产品按定额成本计价法、在产品按完工产品成本计价法、定额比例法等。

| | 公式 | 适用情况 |
|---|---|---|
| **约当产量比例法【2020 年单选题】** | 各工序在产品数量和单位工时定额都相差不多，完工程度可按 50% 计算；需要注意的是在很多加工生产中，材料是在生产开始时一次性投入的；如为陆续投入，按实际情况计算。<br>①在产品约当产量＝在产品数量 × 完工程度；<br>②单位成本＝（月初在产品成本＋本月发生生产成本）÷（完工产品产量＋在产品约当产量）；<br>③完工产品成本＝完工产品产量 × ②；<br>④在产品成本＝① × ② | 适用于产品数量较多，各月在产品数量变化也较大，且生产成本中直接材料成本和直接人工等加工成本的比重相差不大的产品 |
| **在产品按定额成本计价法** | ①月末在产品成本＝月末在产品数量 × 在产品单位定额成本；<br>②完工产品总成本＝（月初在产品成本＋本月发生生产成本）－① | 适用于各项消耗定额或成本定额比较准确、稳定，而且各月末在产品数量变化不是很大的产品 |
| **定额比例法（以定额成本比例为例）** | ①直接材料成本（人工成本、制造费用）分配率＝[ 月初在产品实际材料（人工成本、制造费用）成本＋本月投入的实际材料成本（人工成本、制造费用）] ÷ [ 完工产品定额材料成本（定额工时）＋月末在产品定额（定额工时）]；<br>②完工产品应负担的直接材料成本（人工成本、制造费用）＝完工产品定额材料成本（定额工时）× ①；<br>③月末在产品应负担的直接材料成本（人工成本、制造费用）＝月末在产品定额材料成本 × ① | 适用于各项消耗定额或成本定额比较准确、稳定，但各月末在产品数量变动较大的产品 |

3. 联产品和副产品的成本分配

（1）联产品成本的分配

联产品是指使用同种原料，经过同一生产过程同时生产出来的两种或两种以上的主要产品。

> 一般程序：①将联产品作为成本核算对象，设置成本明细账；②归集联产品成本，计算联合成本；③计算各种产品的成本（可选系数分配法、实物量分配法、相对销售价格分配法）；④计算联产品分离后的加工成本（①～③为分离前）

（2）副产品成本的分配

副产品是指在同一生产过程中，使用同种原料，在生产主产品的同时附带生产出来的非主要产品。主副产品可相互转化。

> 副产品成本分配方法：不计算副产品成本扣除法、副产品成本按固定价格或计划价格计算法、副产品只负担继续加工成本法、联合成本在主副产品之间分配法以及副产品作价扣除法等。
> 副产品扣除单价＝单位售价 －（继续加工单位成本＋单位销售费用＋单位销售税金＋合理的单位利润）

## 4. 完工产品成本的结转

完工产品经产成品仓库验收入库后，其成本应从"生产成本——基本生产成本"科目及所属产品成本明细账的贷方转出，转入"库存商品"科目的借方。

## 二、管理会计基础【2020 年单选题】

| | | |
|---|---|---|
| **管理会计指引体系** | 基本指引 | **统领作用**，基础 |
| | | **并不对应用指引中未作出描述的新问题提供处理依据** |
| | 应用指引 | **主体地位**，管理会计工作的具体指导 |
| | 案例库 | **区别于企业会计准则体系的特色** |
| **管理会计要素【2020 年多选题】** | 应用环境 | 应用管理会计的基础 |
| | 管理会计活动 | 管理会计活动工作的具体开展 |
| | 工具方法【2020 年多选题】 | 实现管理会计目标的具体手段 |
| | | **战略地图、滚动预算、平衡计分卡、作业成本法、本量利分析** |
| | | 本量利分析：<br>营业利润＝（单价－单位变动成本）× 业务量－固定成本 |
| | 信息与报告 | 信息：**管理会计报告的基本元素**<br>报告：管理会计活动成果的重要表现形式 |

# 第八节　政府会计基础

## 一、政府会计概述【2020 年单选题】

| | |
|---|---|
| **双功能** | 功能 1：预算会计反映和监督预算收支执行情况；<br>功能 2：财务会计反映和监督政府会计主体财务状况、运行情况和现金流量等 |
| **双基础** | 基础 1：预算会计实行收付实现制；<br>基础 2：财务会计实行权责发生制 |
| **双要素** | 要素 1：预算会计要素包括预算收入、预算支出、预算结余；<br>要素 2：财务会计要素包括资产、负债、净资产、收入、费用 |

续表

| 双报告 | 报告1：决算报告（收付实现制，以预算会计核算数据为准）；<br>报告2：财务报告（权责发生制，以财务会计核算数据为准） |
|---|---|

## 二、政府会计实务概要【2022年多选题、2020年单选题】

### （一）政府预算会计要素

预算收入、预算支出、预算结余。

### （二）政府财务会计要素【2021年多选题】

五要素（与企业会计相比，少利润，所有者权益改称净资产）：资产、负债、净资产、收入和费用。

（1）资产计量属性：历史成本、重置成本、现值、公允价值和名义金额；

（2）负债计量属性：历史成本、现值、公允价值；

（3）净资产＝资产－负债。

### （三）政府会计核算模式

政府会计由财务会计和预算会计构成，适度分离并相互衔接。

| 政府会计要素 | 财务会计要素 | 资产 | 公共基础设施、政府储备资产、文物文化资产、保障性住房和自然资源资产等属于非流动资产【2023年多选题】 |
|---|---|---|---|
| | | 计量属性 | **历史成本（一般）、重置成本、现值、公允价值（持续、可靠计量）和名义价值（无法采用其他属性时）** |
| | | 负债 | 政府举借的债务包括政府发行的政府债券，向外国政府、国际经济组织等借入的款项，以及向上级政府借入转贷资金形成的借入转贷款 |
| | | 计量属性 | **历史成本（一般）、现值、公允价值（持续、可靠计量）** |
| | | 净资产、收入、费用 | |
| | 预算会计要素 | **预算收入**：实际收到时予以确认，以**实际收到**的金额计量 | |
| | | **预算支出**：实际支付时予以确认，以**实际支付**的金额计量 | |
| | | **预算结余**：包括结转资金和结余资金 | |

# 第三章　流动资产

## 第一节　货币资金

### 一、库存现金

#### （一）基本规定

| 适用情况 | ①**单位与个人之间**的款项收付；②**单位之间**的转账结算**起点1 000元以下**的**零星小额收付** |
|---|---|
| 结算范围 | ①职工**工资、津贴**；<br>②**个人劳务报酬**；<br>③根据国家规定颁发给个人的科学技术、文化艺术、体育等各种**奖金**；<br>④各种劳保、福利费用以及国家规定的对**个人**的其他支出；<br>⑤向个人收购**农副产品**和其他物资的价款；<br>⑥**出差人员**必须随身携带的差旅费；<br>⑦结算起点（1 000元）以下的**零星支出**；<br>⑧中国人民银行确定需要支付现金的其他支出<br>**【上岸熊提示：除⑤、⑥外，其他情况超限额的部分，用支票或银行本票支付。确需全额现金支付的，经开户银行审核后支付】** |
| 现金限额 | ①一般单位：3天至5天日常零星开支所需；<br>②边远地区和交通不便地区的单位：5天至15天日常零星开支所需<br>**【上岸熊提示：3×5=15（即3—5—15，三个数分成2个区间：3—5，5—15）】** |
| 现金收支的基本要求 | ①开户单位现金收入应于**当日**送存银行；如当日送存**确有困难**，由**开户银行**确定送存时间；<br>②**不准"坐支"**现金，因特殊情况**需坐支**现金的，应**事先报开户银行审查批准**；<br>**【上岸熊提示：坐支＝从收入收到的现金中直接支付】**<br>③提取现金，应当如实写明用途，由本单位**财会部门负责人**签字盖章 |

#### （二）财务处理

1.拨付各部门备用金

借：其他应收款

　　贷：库存现金

2. 现金清查

| 现金清查 | 批准前 | 批准后 |
| --- | --- | --- |
| 短缺时 | 借：待处理财产损溢<br>　贷：库存现金 | 借：其他应收款（应由责任人赔偿或保险公司赔偿的部分）<br>　　管理费用（无法查明原因的部分）<br>　贷：待处理财产损溢 |
| 溢余时 | 借：库存现金<br>　贷：待处理财产损溢 | 借：待处理财产损溢<br>　贷：其他应付款（应支付给有关人员或单位的部分）<br>　　营业外收入（无法查明原因的部分） |

【上岸熊提示：实在无法查明原因的现金清查，亏管费、盈外收】

## 二、银行存款

| 银行存款 | 核对 | 银行对账单与银行存款日记账余额 |
| --- | --- | --- |
| | 注意 | 银行存款余额调节表不是原始凭证 |

## 三、其他货币资金【2023 年单选题、2023 年多选题、2023 年不定项选择题、2022 年单选题】

其他货币资金主要包括银行汇票存款、银行本票存款、信用卡存款、信用证保证金存款、存出投资款和外埠存款等。

【上岸熊提示：2 银 2 信 1 投 1 外，共六项】

# 第二节　交易性金融资产

## 一、金融资产分类

| 划分类型 | 划分依据 | 核算科目 |
| --- | --- | --- |
| 以摊余成本计量的金融资产 | 业务模式：以收取合同现金流量为目标；<br>现金流特征：本金＋利息 | 贷款<br>应收账款<br>债权投资 |
| 以公允价值计量且其变动计入其他综合收益的金融资产 | 业务模式：既以收取合同现金流量为目标，又以出售为目标；<br>现金流特征：本金＋利息 | 其他债权投资 |
| 以公允价值计量且其变动计入当期损益的金融资产 | 除划分为上述两类金融资产之外的金融资产 | 交易性金融资产 |

## 二、交易性金融资产账务处理【2023 年不定项选择题、2022 年多选题、2021 年单选题】

| 初始计量 | 后续计量【2023 年单选题】 | 处置 |
|---|---|---|
| ①入账价值 = 该金融资产取得时的公允价值 = 支付对价的**公允价值**；<br>②**交易费用**计入"**投资收益**"（冲减投资收益）；<br>③已宣告但未发放的**现金股利**、已到期未支付的利息应单独确认为应收项目<br>会计分录如下：<br>借：交易性金融资产——成本（**公允价值**）<br>　　应收利息 / 应收股利（**已到期 / 已宣告，未支付 / 未发放**）<br>　　投资收益（**交易费用**）<br>　　应交税费——应交增值税（进项税额）（交易费用可抵扣的增值税进项税额）<br>　　贷：其他货币资金等（支付的价款） | ①期末**公允价值变动**<br>借：交易性金融资产——公允价值变动<br>　　贷：公允价值变动损益（或相反）<br>②持有期间的**股利**或**利息**<br>借：应收股利（被投资单位宣告发放的现金股利 × 持股比例）<br>　　应收利息（资产负债表日计算的应收利息）<br>　　贷：投资收益<br>③收到股利或利息时<br>借：其他货币资金<br>　　贷：应收股利<br>　　　　应收利息 | **处置收入**（出售时的公允价值）与账面价值之差计入"**投资收益**"，**各科目金额转销**，分录如下：<br>借：其他货币资金等（实际收到的款项）<br>　　贷：交易性金融资产——成本<br>　　　　交易性金融资产——公允价值变动（或借方）<br>　　　　投资收益（或借方） |

速算：出售时投资收益 = 出售时收到价款（扣除增值税因素）－ 出售时的账面价值。

## 三、短期投资核算

### （一）"短期投资"核算内容

小企业购入的随时变现且持续时间不准备超过 1 年（含 1 年）的投资（股票、债券、基金等）。

### （二）账务处理

| 初始计量 | 后续计量 | 处置 |
|---|---|---|
| 借：**短期投资**（实付金额、利息或股利）<br>　　应收股利 / 应收利息（已宣告未发放或已到期未领取的利息）<br>　　贷：银行存款（实付金额） | 借：应收股利 / 应收利息（持有期间宣告发放股利或付息日计算利息）<br>　　贷：**投资收益** | 借：银行存款等<br>　　贷：短期投资<br>　　　　应收股利 / 应收利息<br>　　　　**投资收益**（差额） |

【上岸熊提示：易混点辨析交易性金融资产和短期投资的处理】

| 情形 | 交易性金融资产 | 短期投资 |
|---|---|---|
| 初始取得时支付的交易费用 | 计入"投资收益"科目的借方 | 计入初始确认成本 |
| 支付或收到款项 | 计入"其他货币资金"等科目 | 计入"银行存款"等科目 |

# 第三节　应收及预付款项

## 一、应收票据

| 概述 | 应收票据是**商业汇票**，付款期限**最长不得超过六个月**。根据承兑人不同，分为**商业承兑汇票**和**银行承兑汇票** | | |
|---|---|---|---|
| **账务核算**<br>【2021年不定项选择题】 | 取得票据 | 销售时取得票据 | 借：应收票据<br>　贷：主营业务收入<br>　　　应交税费——应交增值税（销项税额） |
| | | 收到票据抵偿应收账款 | 借：应收票据<br>　贷：应收账款 |
| | 收回到期票款 | | 借：银行存款<br>　贷：应收票据 |
| | 背书转让应收票据 | | 借：在途物资、材料采购、原材料、库存商品等<br>　　应交税费——应交增值税（进项税额）<br>　贷：应收票据（用票据去采购物资） |
| | 票据贴现 | | 借：银行存款<br>　　财务费用（票据贴现的利息，实质是**提前收款的成本**）<br>　贷：应收票据 |

## 二、应收账款【2023年单选题】

| 入账价值 | 入账价值 = 销售商品、提供劳务等应收的**合同或协议价款、销项税额、代购货单位垫付的包装费、运杂费**等 |
|---|---|
| **账务核算** | 赊销商品　借：应收账款<br>　　　　　　　贷：主营业务收入<br>　　　　　　　　　应交税费——应交增值税（销项税额） |

续表

| 账务核算 | 收到款项 | 借：银行存款<br>　　财务费用（实际发生的现金折扣额）<br>　贷：应收账款 |
|---|---|---|

**【上岸熊提示：预收账款不多的企业，可以不单独设置"预收账款"科目，预收的款项在"应收账款"贷方核算。如果"应收账款"科目的期末余额在贷方，则反映企业预收的款项】**

## 三、预付账款

| 账务核算 | 付款时 | 借：预付账款<br>　贷：银行存款 |
|---|---|---|
| | 收货时 | 借：原材料等<br>　　应交税费——应交增值税（进项税额）<br>　贷：预付账款 |
| | 付余款时 | 借：预付账款<br>　贷：银行存款 |

**【上岸熊提示：预付款项情况不多的企业，也可以将预付的货款计入"应付账款"科目的借方，但期末要填在资产负债表"预付款项"项目】**

## 四、应收股利

| 账务核算<br>（持有交易<br>性金融资产） | 宣告发放现金股利 | 借：应收股利<br>　贷：**投资收益** |
|---|---|---|
| | 实际收到时 | 借：其他货币资金——存出投资额（上市公司）<br>　　银行存款（非上市公司）<br>　贷：应收股利 |

## 五、应收利息

| 账务核算 | 借：应收利息<br>　贷：投资收益等 |
|---|---|

## 六、其他应收款【2021年多选题】

| 包括<br>内容 | 应收的各种赔款、罚款；应收的出租包装物租金；应向职工收取的各种垫付款项；存出保证金（押金）；其他各种应收、暂付款项 |
|---|---|

续表

| 账务核算 | 发生时 | 借：其他应收款<br>　　贷：银行存款、库存现金、材料采购等 |
|---|---|---|
| | 还款（核销）时 | 借：银行存款等（若需要补充支付，则在贷方）<br>　　管理费用等<br>　　贷：其他应收款 |

## 七、应收款项减值

### （一）直接转销法

直接转销法适用于执行《小企业会计准则》的企业，优点是账务处理简单，缺点是不符合权责发生制基础，与资产定义冲突。坏账损失处理如下：

借：银行存款（可收回的金额）

　　贷：应收账款（账面余额）

　　　　**营业外支出——坏账损失**

### （二）备抵法【2023 年单选题、2021 年不定项选择题、2020 年单选题】

| 预期信用损失 | 预期信用损失是以**违约风险**为权重的金融工具信用损失的**加权平均值**。<br>**预计信用损失** = **应收账款**账面余额 – **预计可收回金额** |
|---|---|
| 当期应计提的坏账准备 | 当期应计提的坏账准备 = 应收款项的期末余额 × 估计比例 – 计提前坏账准备科目的贷方余额（或 + 借方余额）。<br>①计算结果为正数（补提）<br>借：信用减值损失<br>　　贷：坏账准备<br>②计算结果为负数（冲减：在原计提金额限额内转回）<br>借：坏账准备<br>　　贷：信用减值损失 |
| 财务处理 | ①计提准备<br>借：信用减值损失<br>　　贷：坏账准备<br>②转销坏账损失（确实无法收回，经批准转销）<br>借：坏账准备<br>　　贷：应收账款<br>③已确认坏账又重新收回<br>借：应收账款<br>　　贷：坏账准备<br>借：银行存款<br>　　贷：应收账款 |

续表

| 备抵法特点 | 优点：符合权责发生制和谨慎性要求；<br>缺点：信用损失估计有一定主观性，对职业判断要求较高；管理者盈余管理；增加审计难度和风险；增加监管难度和风险 |
|---|---|

【上岸熊提示：几个需要厘清的概念（以固定资产为例）】

| 账面余额 | ＝固定资产的原价（科目实际余额，不扣除备抵科目）＝账面成本 |
|---|---|
| 账面净值 | ＝固定资产的原价－计提的累计折旧（原值扣除备抵科目） |
| 账面价值 | ＝固定资产的原价－计提的累计折旧－计提的减值准备 |

【上岸熊提示：应收账款只有应收账款账面余额与应收账款账面价值的概念，计算当期应计提的坏账准备时，按照余额计算。（1）计提、转回坏账准备影响应收账款价值而不影响余额；（2）转销坏账损失不影响应收账款价值，但导致应收账款余额减少】

# 第四节　存货

## 一、存货概述

### （一）成本确定

| 采购成本 | 包括购买价款、税费（含不能抵扣的增值税）、运输费、装卸费、保险费以及其他可归属于存货采购成本的费用 |
|---|---|
| 加工成本 | 包括直接人工以及按照一定方法分配的制造费用 |
| 其他成本 | 仓储费用等特殊情况下的处理 |

【上岸熊提示：（1）入库后的仓储费用，一般是期间费用，不计入成本，但像酒这种储藏属于生产必要环节的产品，其生产期间的储藏费用计入成本；（2）非正常消耗的直接材料、直接人工及制造费用应计入当期损益，不计入存货成本；（3）不能归属于使存货达到目前场所和状态的其他支出，应在发生时计入当期损益；（4）产品设计费通常计入当期损益，但为特定客户设计产品发生的、可直接确定的设计费计入存货成本；（5）在采购过程中发生的运输费、装卸费、保险费、合理损耗、入库前的挑选整理费等计入成本】【2023 年判断题】

## （二）存货成本易混点提示

| 项目 | 是否计入存货成本 |
|---|---|
| 进口关税、消费税（委托加工物资特殊考虑）、不能抵扣的增值税进项税额等 | √ |
| 非正常消耗的料工费，如自然灾害等原因造成的原材料的净损失 | ×<br>【计入营业外支出】 |
| 为特定客户设计产品所发生的可直接认定的产品设计费用 | √<br>【正常产品设计费用计入当期损益】 |
| 运输途中的合理损耗 | √ |
| 存货入库后发生的仓储费用（不包括在生产过程中为达到下一个阶段所必需的仓储费用） | ×<br>【计入管理费用】 |
| 不能归属于使存货达到目前场所和状态的其他支出 | × |

## （三）发出存货的计价

1. 实际成本核算时的计价方法【2023 年多选题】

| | |
|---|---|
| **个别计价法（假设：实物流转与成本流转一致）** | 计算：各批存货单独记录其成本，发出时，按各批存货成本确认发出存货成本和期末存货成本。<br>优点：计算准确。<br>缺点：工作量大，不适用于所有企业。<br>适用：一般不能替代使用的存货和用于特定项目的存货及劳务。如：珠宝、名画等贵重物品 |
| **先进先出法（假设：先购进的先发出）**<br>【2021 年判断题、2020 年单选题】 | 计算：收到存货时，逐笔登记收到存货的数量、单价和金额；**发出存货时**，按照**先进先出**的原则**逐笔**登记存货的发出成本和结存金额。<br>优点：可以随时结转存货发出成本。<br>缺点：较烦琐，业务量大的企业工作量较大，可能高估 / 低估利润和库存存货价值 |
| **月末一次加权平均法【2022 年判断题】** | 计算：存货单位成本 =（月初库存成本 + 本月进货成本）÷（月初库存数量 + 本月进货数量）。<br>本月发出存货成本 = 本月发出数量 × 存货单位成本。<br>本月月末库存存货成本 = 月末库存数量 × 存货单位成本。<br>优点：简化成本计算工作。<br>缺点：月末一次计算加权平均单价和发出存货成本，不利于存货成本的日常管理与控制 |

续表

| 移动加权平均法 | 计算：存货单位成本＝（原有库存实际成本＋本次进货实际成本）÷（原有库存数量＋本次进货数量）。<br>【上岸熊提示：每进货一次，就要计算一次存货单位成本】<br>本次发出存货成本＝本次发出存货数量 × 本次发货前存货单位成本。<br>本月月末库存存货成本＝月末库存存货数量 × 本月月末存货单位成本。<br>优点：比较客观。<br>缺点：工作量较大，对收发货较频繁的企业不适用 |
| --- | --- |

【上岸熊提示：（1）四种方法：先进先出法、月末一次加权平均法、移动加权平均法和个别计价法。除月末一次加权平均法外，其他三种方法都可以随时计算发出成本。（2）先进先出法：在物价持续上升时，会使期末存货成本接近于市价，而发出成本偏低，会高估企业当期利润和库存存货价值；反之，会低估企业存货价值和当期利润。（3）物价上涨时发出成本排序：先进先出法＜移动加权平均法＜月末一次加权平均法】

2. 计划成本核算时的计价方法

对存货的计划成本和实际成本之间的差异进行单独核算，最终将计划成本调整为实际成本。

## 二、原材料核算

### （一）实际成本法

设置"原材料、在途物资、应付账款、预付账款"等科目。【2023 年多选题】

| 购入环节 | 款已付，材料入库 | 借：原材料<br>  应交税费——应交增值税（进项税额）<br>  贷：银行存款 / 其他货币资金 / 应付票据等<br>【上岸熊提示：这里的"款已付"指已经支付或开出、承兑商业汇票（下同）】 | |
| --- | --- | --- | --- |
| | 款已付，材料未到或未入库 | 付款时<br>借：在途物资<br>  应交税费——应交增值税（进项税额）<br>  贷：银行存款 / 其他货币资金 / 应付票据等 | 材料验收入库时<br>借：原材料<br>  贷：在途物资 |
| | 款未付，材料入库 | 月末仍未收到发票时（无法确定实际成本），材料按暂估价值入账【2023 年判断题】<br>借：原材料<br>  贷：应付账款——暂估应付账款 | 下月月初用红字冲销原暂估入账金额。<br>【上岸熊提示：收到发票账单后再按照实际金额记账】 |

续表

| 购入环节 | 货款已预付，材料未验收入库 | 预付货款时<br>借：预付账款<br>　　贷：银行存款 | 收到材料并验收入库时<br>借：原材料<br>　　应交税费——应交增值税（进项税额）<br>　　贷：预付账款 | 补付货款时<br>借：预付账款<br>　　贷：银行存款 |
|---|---|---|---|---|
| 发出环节<br>【2021年不定项选择题、2020年单选题】 | 用于生产 | 借：**生产成本**（直接材料成本）/ **制造费用**（间接材料成本）/ **销售费用**（销售环节消耗）/ **管理费用**（行政环节消耗）<br>　　贷：原材料 | | |
| | 用于出售 | 借：银行存款 / 应收账款等<br>　　贷：**其他业务收入**【上岸熊提示：这里不是主营业务收入，也不是营业外收入】<br>　　　　应交税费——应交增值税（销项税额）<br>借：其他业务成本<br>　　贷：原材料 | | |
| | 委托加工 | 借：委托加工物资<br>　　贷：原材料 | | |

**（二）计划成本法：** 设置"**材料采购**""**材料成本差异**"等科目

**【上岸熊提示：基本原理"实际成本 = 计划成本 + 材料成本差异"】**

| 购入环节 | 采购时 | 按实际成本计入"材料采购"科目借方<br>借：**材料采购**金额 – **实际成本**【上岸熊提示：计划成本法下购入的材料无论是否验收入库，都要先通过"材料采购"科目核算，然后与"原材料"比较，差额计入"材料成本差异"】<br>　　应交税费——应交增值税（进项税额）<br>　　贷：银行存款 / 其他货币资金 / 应付票据 / 应付账款等<br>**【上岸熊提示：若购入材料已到，款未付、发票未到，则按照计划成本暂估入账，下月月初用红字冲销原暂估入账金额，分录参照实际成本法】** |
|---|---|---|
| 发出环节<br>【2021年单选题】 | 入库时 | 借：**原材料（计划成本）**<br>　　**材料成本差异**（借方记录超支差异，**贷方记录节约差异**）<br>　　贷：材料采购**（实际成本）**<br>**【上岸熊提示：也可分开编写上述分录】** |
| | 平时发出 | ①**金额**：一律用**计划成本；**<br>②**分录**：分录科目同**实际成本法** |

续表

| 发出环节【2021年单选题】 | 期末 | 计算材料成本差异率，结转发出材料应负担的差异额。分录如下：<br>借：生产成本/制造费用/管理费用等<br>　贷：材料成本差异（若是结转节约差异，则分录反向）<br>本期材料成本差异率=（期初结存材料的成本差异+本期验收入库材料的成本差异）÷（期初结存材料的计划成本+本期验收入库材料的计划成本）×100%（节约差异为负号，超支差异为正号）。<br>甲计划成本100，材料成本差异率5%，意思就是：实际成本=100×（1+5%）=105。（若是-5%，则为节约）。<br>若材料成本差异率各期之间是比较均衡的，也可以采用期初材料成本差异率分摊本期的材料成本差异。年度终了，应对材料成本差异率进行核实调整：<br>①期初材料成本差异率=期初结存材料的成本差异÷期初结存材料的计划成本×100%；<br>②发出材料应负担的成本差异=发出材料的计划成本×期初材料成本差异率 |
|---|---|---|

【上岸熊提示：关于"材料成本差异"借贷记账：入超借方，出库反向（释义：入库超支差异在借方，节约反向；出库与入库刚好相反）】

**（三）计划成本法与实际成本法对比**

| 联系 | 区别 |
|---|---|
| 计划成本±加材料成本差异=实际成本<br>发出原材料时的会计科目一致 | 实际成本法下特有：在途物资<br>计划成本法下特有：材料采购、材料成本差异 |

**（四）材料发出（受益原则：谁受益，谁承担）**

借：生产成本（生产车间生产产品）

　　制造费用（车间管理部门一般消耗）

　　管理费用（行政管理部门耗用）

　　销售费用（销售部门耗用）

　　其他业务成本（销售部门销售）

　　在建工程（工程领用）

　　委托加工物资（发出委托外单位加工）

　贷：原材料

## 三、周转材料

### （一）领用与出售包装物

| 生产领用包装物 | 随同产品出售包装物 | |
| --- | --- | --- |
| | 不单独计价 | 单独计价 |
| 借：**生产成本**<br>　贷：周转材料——包装物 | 借：**销售费用**<br>　贷：周转材料——包装物 | 借：银行存款<br>　贷：**其他业务收入**<br>　　应交税费——应交增值税（销项税额）<br>借：**其他业务成本**<br>　贷：周转材料——包装物 |

**【上岸熊提示：按计划成本核算包装物，在发出时，应同时结转发出包装物应负担的材料成本差异】**

### （二）出租与出借包装物

| 出租 | 出借 |
| --- | --- |
| ①发出包装物<br>借：周转材料——包装物——**出租**包装物<br>　贷：周转材料——包装物——库存包装物<br>②收到租金<br>借：库存现金、银行存款<br>　贷：**其他业务收入**<br>　　应交税费——应交增值税（销项税额）<br>③包装物摊销<br>借：**其他业务成本**<br>　贷：周转材料——包装物——包装物摊销<br>④包装物维修<br>借：**其他业务成本**<br>　贷：银行存款、原材料、应付职工薪酬 | ①发出包装物<br>借：周转材料——包装物——出借包装物<br>　贷：周转材料——包装物——库存包装物<br>②收到押金（退还时分录反向）<br>借：库存现金、银行存款<br>　贷：**其他应付款**<br>③包装物摊销<br>借：**销售费用**<br>　贷：周转材料——包装物——包装物摊销<br>④包装物维修<br>借：**销售费用**<br>　贷：银行存款、原材料、应付职工薪酬等 |

### （三）低值易耗品摊销方法【2020 年判断题】

| 一次摊销 | **金额较小**的，在领用时**一次计入**有关资产**成本**或当期**损益**，但应当在备查簿上进行**登记** |
| --- | --- |
| 分次摊销 | 适用于可供**多次反复使用**的低值易耗品。设"周转材料——低值易耗品——在用／在库／摊销"等明细科目 |

## 四、委托加工物资【2020 年单选题】

### （一）成本

入账成本 = 实际耗用物资的成本 + 加工费用 + 应负担的运杂费 + 税费。

**【上岸熊提示：计入成本的项目不含可抵扣的增值税进项税额】**

被代扣代缴的消费税分情况处理：

| 被代扣代缴的消费税 | 连续生产应税消费品 | 已扣缴的税款准予按规定抵扣，计入"应交税费——应交消费税"借方 |
|---|---|---|
| | 直接出售的 | 计入"委托加工物资"借方 |

**（二）账务处理**（假设使用计划成本法核算）

| 发出委托加工材料 | 支付加工费、运杂费等 | 加工完毕验收入库 |
|---|---|---|
| 借：**委托加工物资**<br>　　材料成本差异<br>　贷：原材料 | 借：**委托加工物资等**<br>　　应交税费——应交增值税（进项税额）<br>　贷：银行存款 | 借：库存商品等（按计划成本计算）<br>　贷：**委托加工物资**（按实际成本计算）<br>　　材料成本差异 |

## 五、库存商品

**（一）库存商品**

库存商品具体包括库存产成品、外购商品、存放在门市部准备出售的商品、发出展览的商品、寄存在外的商品、接受来料加工制造的代制品和为外单位加工修理的代修品等。

**【上岸熊提示：已完成销售手续、但购买单位在月末未提取的产品，不应作为企业的库存商品】**

**（二）账务处理**

| 验收入库 | 发出商品 |
|---|---|
| 借：库存商品<br>　贷：**生产成本**——基本生产成本 | 借：银行存款／应收账款／应收票据等<br>　贷：主营业务收入<br>　　应交税费——应交增值税（销项税额）<br>借：**主营业务成本**<br>　贷：库存商品 |

**【上岸熊提示：商品流通企业发出存货，通常采用毛利率法和售价金额核算法进行核算】**

| 毛利率法 | 售价金额核算法【2022 年单选题】 |
|---|---|
| 计算公式：<br>①**毛利率** = **( 销售毛利 ÷ 销售额 )** × 100%；<br>②**销售净额** = 销售收入 − 销售折让与退回；<br>③销售成本 = 销售净额 − 销售毛利<br>　　= 销售净额 − 销售净额 × 毛利率<br>　　= 销售净额 × （1 − 毛利率）；<br>④**期末存货成本 = 期初**存货成本 + **本期购货**成本 − **本期销售**成本 | 计算公式：<br>①**商品进销差价率** = （**期初**库存商品进销差价 + **本期购入**商品进销差价）÷（**期初**库存商品售价 + **本期购入**商品售价）× 100%；<br>②**本期销售商品**应分摊的商品**进销差价** = 本期商品销售**收入 × 商品进销差价率**；<br>③本期销售商品的成本 = 本期商品销售收入 − 本期销售商品应分摊的商品进销差价；<br>④期末结存商品的成本 = 期初库存商品的进价成本 + 本期购进商品的进价成本 − 本期销售商品的成本 |
| 适用情况：<br>**商品流通企业**。该类企业经营商品的**品种繁多**，若分品种计算商品成本，**工作量将大大增加**，而且一般来讲，商品流通企业同类商品的毛利率大致相同，故该计价方法既能减轻工作量，也能满足对存货管理的需要 | 适用情况：<br>**商业零售企业**。由于该类企业经营的商品繁多，而且要求按商品零售价格标价，采用其他方法均较困难，因此广泛采用这一方法<br>**【上岸熊提示：如果商品进销差价率各期之间比较均衡，也可采用上期进销差价率分摊本期的商品进销差价。年度终了，进行核实调整】** |

## 六、消耗性生物资产

### （一）成本确定

（1）自行栽培的大田作物和蔬菜成本：收获前耗用的种子、肥料等**材料费 + 人工费** + 应分摊的**间接费用**；

（2）自行营造的林木类消耗性生物资产成本：郁闭前发生的造林费、抚育费、营林设施费、良种试验费、调查设计费、应分摊的**间接费用**；

**【上岸熊提示：郁闭后发生的管护费计入管理费用】**

（3）自行繁殖的育肥畜成本：出售前发生的**饲料费 + 人工费** + 应分摊的**间接费用**；

（4）水产养殖的动物、植物成本：出售前发生的苗种、饲料等**材料费 + 人工费** + 应分摊的**间接费用**。

### （二）账务处理

借：消耗性生物资产
　　贷：银行存款、应付账款

### （三）减值

至少应当于**每年年度终了**对消耗性生物资产检查，有确凿证据表明可变现净值低于其账面价值的，按其差额**计提跌价准备**，减值因素消失的，减记的金额在**计提的跌价准备金额内转回**。

## 七、存货清查与减值

### （一）存货清查【2023 年单选题、2022 年判断题】

| | 审批前 | 审批后 |
|---|---|---|
| 盘盈 | 借：原材料等<br>　贷：待处理财产损溢 | 借：待处理财产损溢<br>　贷：管理费用 |
| 盘亏 | 借：待处理财产损溢<br>　贷：原材料等<br>　　　应交税费——应交增值税（进项税额转出）<br>①自然灾害——不转出；<br>②管理不善——转出 | 借：其他应收款<br>　　　原材料<br>　　　银行存款<br>　　　管理费用（净损失）<br>　　　营业外支出（净损失）<br>　贷：待处理财产损溢 |

企业清查的各种存货损溢，应在**期末结账前处理完毕**，期末处理后，**待处理财产损溢无余额**

### （二）存货减值【2023 年单选题、2020 年多选题】

资产负债表日，存货应当按照成本与可变现净值**孰低**计量。其中：

成本为已知数。

**可变现净值** = 估计售价 − 进一步加工成本 − 估计销售费用和税费。

**当期应计提的存货跌价准备** = （存货成本 − 可变现净值） − 存货跌价准备已有贷方余额。

### （三）存货减值的账务处理【2022 年单选题】

| 取得方式 | 相关规定 | | |
|---|---|---|---|
| 计量原则 | **成本与可变现**净值孰低计量，若成本高，则计提减值<br>【上岸熊提示：如果减值因素已经消失，减值可以转回，转回金额≤原已计提的金额】 | | |
| 可变现净值 | 可变现净值 = 估计售价 − 至完工时估计将要发生的成本 − 估计销售费用和税费 | | |
| 会计分录 | **计提**减值 | 减值**转回** | 存货跌价准备的**结转**<br>（针对出售） |
| | 借：资产减值损失<br>　贷：存货跌价准备 | 借：存货跌价准备<br>　贷：资产减值损失<br>【上岸熊提示：与计提分录反向】 | 借：主营业务成本 / 其他业务成本<br>　　　存货跌价准备<br>　贷：库存商品 |

# 第四章　非流动资产

## 第一节　长期投资

### 一、长期投资概述

#### （一）长期投资的概念

长期投资是指企业投资期限在 1 年（含 1 年）以上的对外投资。

#### （二）长期投资的内容

（1）债权投资；（2）其他债权投资；（3）长期股权投资；（4）其他权益工具投资。

### 二、债权投资

#### （一）《企业会计准则》的会计处理

| 初始计量 | 后续计量 |
| --- | --- |
| 借：债权投资——**成本**（面值）<br>　　　　——**利息调整**（差额，或贷方）<br>　　应收利息（已到期，未领取的利息）<br>贷：银行存款 | 借：**应收利息**（按**票面**利率计算）（适用于分期付息）<br>　　债权投资——应计利息（适用于到期一次性付息）<br>贷：投资收益（投资收益＝摊余成本 × 实际利率）<br>　　债权投资——利息调整（差额） |

（1）摊余成本＝初始确认金额 - 已偿还的本金 ± 累计摊销额 - 计提的损失准备；

（2）逾期发生信用减值损失的，应计提债权投资**减值准备**；

（3）处置时，处置价款，**扣除账面余额**和相关**税费**后的净额，计入**投资收益**。

**【上岸熊提示：债权投资后续计量分为实际利率法（适用于《企业会计准则》）与直线法（适用于《小企业会计准则》）】**

#### （二）《小企业会计准则》的会计处理

| 初始计量 | 后续计量 |
| --- | --- |
| 借：长期债券投资——面值<br>　　　　　　——**溢折价**（差额，或贷方）<br>　　应收利息（已到期，未领取的利息）<br>贷：银行存款 | 借：**应收利息**（按票面利率计算）（适用于分期付息）<br>贷：长期债券投资——**溢折价**（溢折价摊销）<br>　　投资收益 |

**【上岸熊提示：因债务人破产等，长期债券投资损失计入营业外支出】**

## 三、长期股权投资的初始计量

### （一）以合并方式取得的长期股权投资的处理

| 项目 | 同一控制下控股合并【2022年单选题】 | 非同一控制下控股合并【2023年不定项选择题】 |
|---|---|---|
| 初始投资成本 | 初始投资成本 = 被合并方在**最终控制方**合并财务报表中的净资产的**账面价值 × 份额**<br>借：长期股权投资（投资成本）<br>　贷：银行存款（支付的对价）<br>　　**资本公积**——资本溢价/股本溢价<br>**【上岸熊提示：如果差额在借方，先冲减资本公积（溢价），不足冲减的，依次冲减盈余公积、未分配利润】**<br>**（同控合并三步走，一看合报账面份额定长投，二看付出对价账面，三看差额走资本公积）** | ①初始投资成本 = **合并成本** = 支付价款或付出资产的（含税）**公允价值** + 发行的权益性证券的公允价值；<br>②以非现金资产作为对价的，视同转让或处置相关资产；<br>③会计处理参照同一控制下的处理（非同控，长投初始成本 = 付出对价公允） |
| 审计、法律、评估等中介费用【2023年判断题】 | 发生时计入**当期损益**——管理费用<br>**（计入损益的原理：若将费用计入长期股权投资初始成本，非同一控制下合并时会产生商誉，欠妥）** | |
| 发行权益工具支付佣金、手续费 | 冲减：**资本公积**（溢价），资本公积（溢价）不足的，依次冲减盈余公积、未分配利润 | |
| 发行债券佣金、手续费【2020年单选题】 | 计入债券**初始成本**，即：应付债券——利息调整 | |
| 作为对价资产公允价 - 账面价值 | 以付出资产账面价值做对价，**无差额**，不确认损益 | **视同出售或转让** |

### （二）以非合并方式取得的长期股权投资（共同控制或重大影响）的处理【2023年不定项选择题】

长期股权投资初始投资成本 = 支付的现金、非现金货币性资产**公允**价值、发行权益证券的**公允**价值 + 税费等。（非合并取得长投，初始投资成本 = 付出对价的公允）

### （三）**小企业**长期股权投资的处理

（1）按照**成本法**核算；

（2）长期股权投资初始投资成本 = 购买价款 + 相关税费，或初始投资成本 = 非货币性资产评估价值 + 相关税费。

## 四、长期股权投资的后续计量

### （一）成本法与权益法

| | 成本法 | 权益法【2023 年不定项选择题】 |
| --- | --- | --- |
| 宣告**现金股利** | 借：应收股利<br>　贷：**投资收益** | 借：应收股利（分配总额 × 投资方持股比例）<br>　贷：长期股权投资——损益调整 |
| 宣告**股票股利** | **无分录**，在备查账中进行**登记**，在除权日注明增加的股数以反映股份的变化情况 | |
| 收到现金股利 | 借：银行存款<br>　贷：应收股利 | |
| 被投资单位盈利<br>或亏损 | 无分录 | 借：长期股权投资——损益调整（子公司调整后的净利润）<br>　贷：投资收益（若是亏损，则做反向分录） |
| 被投资单位其他<br>综合收益变动 | 无分录 | 借：长期股权投资——其他综合收益（或反向分录）<br>　贷：其他综合收益（按持股比例计算） |
| 被投资单位其他<br>权益变动 | 无分录 | 被投资单位除净损益、其他综合收益和利润分配以外的所有者权益的其他变动<br>借：长期股权投资——其他权益变动（或反向）<br>　贷：**资本公积——其他资本公积** |

【上岸熊提示：权益法下，被投资单位发生亏损的冲抵顺序：长期股权投资账面价值→实质上构成对被投资单位净投资的长期权益账面价值（长期应收款等）→预计承担的义务确认预计负债→账外备查登记。实现盈利的，应按与上述**相反的顺序冲回**】

### （二）长期股权投资减值准备

| 《企业会计准则》 | 《小企业会计准则》 |
| --- | --- |
| 借：资产减值损失<br>　贷：长期股权投资减值准备 | 采用直接转销法核算<br>借：银行存款<br>　贷：长期股权投资<br>　　**营业外支出（差额）** |

### （三）长期股权投资处置

（1）出售价款－处置的长期股权投资账面价值，计入投资收益；

（2）原计提减值的，同时结转减值准备；

（3）权益法下：资本公积——其他资本公积，转入投资收益；

（4）权益法下：其他综合收益，转入投资收益（因子公司重新设定受益计划引起的除外）。

# 第二节　投资性房地产

## 一、投资性房地产项目【2022 年单选题】

（1）通过出让或转让取得，且以经营租赁方式出租的土地使用权。

（2）持有并准备增值后转让的土地使用权。

（3）已出租的建筑物：

①产权归企业自己；②已签订协议（虽目前"空置"，但董事会等作出书面决议）；③安保、维修等辅助服务不重大。

**【上岸熊提示：不属于投资性房地产的范围：（1）自用房地产（如自营饭店）；（2）开发商作为存货的房地产；（3）分 A、B 两部分：A 用于赚取租金或资本增值，B 自用，能单独计量时，A 为投资性房地产，不能单独计量，均不是投资性房地产】**

## 二、投资性房地产的初始计量

| 取得方式 | 相关规定 |
| --- | --- |
| 外购 | ①初始入账成本＝购买**价款**＋相关**税费**＋**可直接归属**于该资产的其他支出；<br>②购入房地产，部分出租，部分自用，按各部分公允价值占**总公允价值的比例**将总成本分配 |
| 自建 | 成本包括土地开发费、建筑成本、安装成本、应予以资本化的借款费用、支付的其他费用和分摊的间接费用等。**非正常损失，不计入成本** |
| 转换 | 自用房地产或存货转为公允价值计量的投资性房地产，按转换日公允价值计量。<br>①转换日公允价值＜原账面价值，差额计入**公允价值变动损益**；<br>②转换日公允价值＞原账面价值，差额计入**其他综合收益**，处置时，转入处置档期损益 |

## 三、投资性房地产的后续计量

### （一）后续计量模式（成本模式＋公允价值模式）

**【上岸熊提示：一家企业只能用一种模式】**

| 成本模式【2022 年多选题】 | 公允价值模式【2023 年判断题】 |
| --- | --- |
| 按期（月）计提折旧或进行摊销：<br>借：其他业务成本<br>　贷：投资性房地产累计折旧／摊销 | 不计提折旧或摊销，资产负债表日按照公允价值计量。<br>假设：公允价值，其账面余额，按差额分录如下：<br>借：投资性房地产——公允价值变动<br>　贷：公允价值变动损益<br>**【上岸熊提示：（1）贷方不是其他业务成本，公允价值变动最终处置时转入"其他业务成本"；（2）公允价值＜账面余额的差额做相反分录】** |

续表

| 成本模式【2022 年多选题】 | 公允价值模式【2023 年判断题】 |
|---|---|
| 取得的租金收入：<br>借：银行存款等<br>　　贷：其他业务收入<br>　　　　应交税费——应交增值税（销项税额） | 同左 |
| 存在减值迹象的，经减值测试后确定发生减值的：<br>借：资产减值损失<br>　　贷：投资性房地产减值准备 | 不需要减值 |

**（二）模式转换**

计量模式一经确定，不得随意变更；可以成本模式转为公允价值模式，但不可以公允价值模式转为成本模式。

## 四、处置

（1）处置收入计入"其他业务收入"，并确认"增值税销项税"；

（2）处置时账面价值计入"其他业务成本"。

# 第三节　固定资产

## 一、固定资产的特征、初始计量、折旧

**（一）固定资产的特征**

固定资产是指同时具有以下两个特征的有形资产。

（1）为生产商品、提供劳务、出租或经营管理而持有；

（2）使用寿命超过一个会计年度。

**（二）固定资产的初始计量**（取得固定资产）

1. 外购【2021 年不定项选择题】

| 项目 | 相关规定 |
|---|---|
| 初始入账成本【2022 年多选题】 | 入账成本 = **买价** + 相关**税费** + **装卸费** + **包装费** + **运输费** + **安装费** + **专业人员服务费**等。<br>①专业人员服务费计入固定资产，但**员工培训费不计入固定资产**，计入管理费用；<br>②取得固定资产缴纳的关税、契税、耕地占用税、车辆购置税等计入入账成本，**可抵扣增值税进项税不计入入账成本** [但小规模纳税人进项税（不能抵扣），需要计入入账成本]； |

续表

| 项目 | 相关规定 | | |
|---|---|---|---|
| 初始入账成本 | ③**一笔**款项购入**多项**没有单独标价的固定资产，按**公允**价值**分摊总成本** | | |
| 会计分录 | **购入**：<br>借：固定资产（设备不需安装）<br>　　在建工程（设备需安装）<br>　　应交税费——应交增值税<br>　　　（进项税额）<br>　　贷：银行存款等 | 发生**安装**费时：<br>借：在建工程<br>　　应交税费——应交增值税（进项税额）<br>　　贷：银行存款等 | 设备安装**完毕**达到预定可使用状态后：<br>借：固定资产<br>　　贷：在建工程 |

**【上岸熊提示：增值税一般纳税人取得不动产及发生的不动产在建工程，进项税一次性抵扣】**

2. 一般纳税人自行建造

（1）自营工程

| 环节 | | 账务处理（动产、不动产） |
|---|---|---|
| 外购工程物资 | | 借：工程物资<br>　　**应交税费**——应交增值税（进项税额）<br>　　贷：银行存款等<br>**【上岸熊提示：进项税可抵扣，计入借方】** |
| 领用各类物资 | 领用工程物资 | 借：在建工程<br>　　贷：工程物资 |
| | 领用外购生产用原材料 | 借：在建工程<br>　　贷：原材料 |
| | 领用自产产品 | 借：在建工程<br>　　贷：库存商品（存货成本）<br>**【上岸熊提示：不视同销售，不确认增值税销项税额】** |
| 支付工程工资及福利 | | 借：在建工程<br>　　贷：应付职工薪酬 |
| 支付的其他工程费用 | | 借：在建工程<br>　　应交税费——应交增值税（进项税额）<br>　　贷：银行存款 |
| 达到预定可使用状态 | | 借：固定资产<br>　　贷：在建工程 |

（2）出包工程：**支付的工程价款**通过"**在建工程**"核算（不通过"预付账款"核算），工程达到预定可使用状态时，由"在建工程"转入"固定资产"。

**（三）固定资产的折旧【2021 年不定项选择题】**

**1. 折旧规则【2023 年多选题、2022 年多选题、2021 年单选题】**

（1）折旧范围：已提足折旧的固定资产、单独计价的土地使用权（实质不是固定资产）不计提折旧；

（2）按月计提，当月增加，当月不提，下月计提（无形资产是购入当月计提摊销）；

（3）已达到预定可使用状态但尚未办理竣工决算的固定资产，应当按照估计价值确定其成本，并计提折旧；待办理竣工决算后，再按实际成本调整原来的暂估价值，但不需要调整原已计提的折旧额；

（4）至少应当于每年年度终了，对固定资产使用寿命、预计净残值和折旧方法复核：与原先估计数有差异，应调整，不追溯。

【上岸熊提示：未使用的固定资产，折旧计入管理费用；因大修理而停工的固定资产，修理期间需计提折旧；改扩建期间，固定资产不计提折旧】

**2. 折旧方法**

| 年限平均法 | 年折旧额＝（固定资产原值－预计净残值）÷预计使用年限 |
| --- | --- |
| 工作量法 | 年折旧额＝（固定资产原值－预计净残值）×该固定资产当年工作量÷预计总工作量 |
| 双倍余额递减法 | 年折旧额＝每期期初净值×2÷预计总年限。最后两年才考虑残值，并按直线分摊。<br>【上岸熊提示：分摊不是依据会计年度，而是依据物理年度，年中购入时，第二年前几个月依然按照第一年处理】<br>该方法会计处理结果比较稳健，有利于早期收回投资，加速资金周转和固定资产更新，促进技术进步 |
| 年数总和法 | 年折旧额＝（固定资产原值－预计净残值）×尚可使用年数÷年数总和。<br>该方法折旧逐年降低的幅度较双倍余额递减法有所减缓，会计处理结果比较稳健 |

**3. 会计处理**

借：制造费用（生产车间计提折旧）

　　管理费用（管理部门、未使用的固定资产折旧）

　　销售费用（销售部门）

　　在建工程（用于工程建造的固定资产折旧）

　　其他业务成本（出租资产成本法下的折旧）

　贷：累计折旧

## 二、固定资产的后续计量

**（一）资本化支出【2021 年不定项选择题、2020 年判断题】**

（1）更新改造，按账面价值（非原值）转入在建工程，完工后由在建工程转回固定资产，并按重新确定的使用寿命、预计净残值和折旧方法计提折旧；

（2）替换原部件，符合资本化条件时，将新件计入固定资产成本，将被替换部分的账面价值扣除。

**（二）费用化支出**

日常修理费：根据不同情况计入当期管理费用、销售费用等。

**【上岸熊提示：（1）生产车间和行政管理部门发生的固定资产日常修理费用等后续支出计入"管理费用""应交税费——应交增值税（进项税额）"；（2）专设销售机构其发生的与销售机构相关的固定资产日常修理费用等后续支出，计入"销售费用""应交税费——应交增值税（进项税额）"】**

**（三）资本化支出相关会计分录**

1. 转入改扩建

借：在建工程

　　累计折旧

　　固定资产减值准备

　贷：固定资产

2. 发生改扩建

借：在建工程

　　应交税费——应交增值税（进项税额）

　贷：工程物资／银行存款等

3. 转入改扩建

借：银行存款／原材料（回收残值）

　　营业外支出（差额倒挤，影响损益）

　贷：在建工程（被替换部分的账面价值）

4. 转入固定资产

借：固定资产

　贷：在建工程

### 三、固定资产的处置【2023年单选题、2021年不定项选择题】

固定资产处置，通过"固定资产清理"科目归集，处置收到现金、保险赔偿、残料入库等冲减"固定资产清理"（计入贷方），支付税金、清理费用等支出计入"固定资产清理"（计入借方）。

最后"固定资产清理"余额，分情况：

（1）因出售、转让等原因处置，转入"资产处置损益"；

（2）因丧失功能或自然灾害报废：属于正常报废的，计入"营业外支出——非流动资产处置损失"；属于自然灾害造成的，计入"营业外支出——非常损失"。假设是收益，则计入"营业外收入——非流动资产处置利得"。

**【上岸熊提示：主动（出售转让）计入资产处置损益；被动（丧失功能、自然灾害）计入营业外收入/支出】**

| 固定资产转入清理 | 发生的清理费用 | 处置价款收入 | 保险赔偿、残料入库 | 清理净损益 |
|---|---|---|---|---|
| 借：固定资产清理 累计折旧 固定资产减值准备 贷：固定资产 | 借：固定资产清理 应交税费——应交增值税（进项税额） 贷：银行存款 | 借：银行存款 贷：固定资产清理 应交税费——应交增值税（销项税额） | 借：其他应收款/原材料 贷：固定资产清理 | 假设处置有收益：借：固定资产清理 贷：营业外收入/资产处置损益 |

## 四、固定资产的清查【2020 年单选题】

| | 审批前 | 审批后 |
|---|---|---|
| 盘盈【2021 年判断题】 | 借：固定资产【重置成本】 贷：以前年度损益调整 | 借：以前年度损益调整 贷：盈余公积 利润分配——未分配利润 |
| 盘亏 | 借：待处理财产损溢 累计折旧 固定资产减值准备 贷：固定资产 借：待处理财产损溢 贷：应交税费——应交增值税（进项税额转出） 转出金额＝**账面净值**×13% | 借：营业外支出 其他应收款 贷：待处理财产损溢 |

## 五、固定资产的减值【2021 年判断题】

**（一）计算原则**

（1）账面价值与可收回金额比较，若可回收金额小，则计提减值；

（2）减值不可转回。

**（二）财务处理**

借：资产减值损失

　　贷：固定资产减值准备

# 第四节　生产性生物资产

## 一、生产性生物资产的初始计量【2022 年多选题】

**（一）外购取得**（入账成本参照固定资产）

**（二）自行营造**或繁殖

（1）林木类成本包括达到经营目的前发生的造林费、抚育费、营林设施费、良种试验费、调查设计费、应分摊的间接费用等；

（2）产畜役畜成本包括达到经营目的（成龄）前发生的饲料费、人工费和应分摊的间接费用等。

**【上岸熊提示：外购会计处理如下，如果是自行营造或繁殖，贷方科目为"原材料、应付利息、银行存款"等】**

借：生产性生物资产

　贷：银行存款

　　　应交税费——应交增值税（进项税额）

## 二、生产性生物资产的后续计量

**（一）生产性生物资产的折旧**

（1）**按期**折旧，并根据用途计入相关**资产成本**或**当期损益**；

（2）根据有关经济利益**预期实现方式**，确定使用寿命、净残值、折旧方法，一经确定，**不得随意变更**；

（3）**至少每年年度终了**，应当对使用寿命、净残值、折旧方法复核，有差异的，作为**会计估计变更**；

（4）折旧方法：平均年限法、工作量法、产量法。

**（二）生产性生物资产的减值**

**至少每年年度终了**进行检查，有**确凿证据**表明可收回金额**低于**账面价值的，**计提减值准备**，一经计提**不得转回**。

**（三）生产性生物资产的成本结转**

生产性生物资产收获的**农产品成本**＝产出或采收过程中发生的**材料费＋人工费＋应分摊**的间接费用等**必要支出**，并采用**加权平均法、个别计价法、蓄积量比例法、轮伐期年限法**等，将其账面价值结转为农产品成本。

**（四）生产性生物资产的计量依据**

后续**通常**按照**成本**计量，但有确凿证据证明其公允价值能够**持续可靠取得**的除外（即采用公允价值计量）。

# 第五节　无形资产和长期待摊费用

## 一、无形资产概述

### （一）无形资产的特征

（1）具有资产**基本特征**；

（2）不具有实物形态；

（3）具有可辨认性；

（4）属于非货币性资产。

### （二）无形资产的内容

（1）主要**包括**：专利权、非专利技术、商标权、著作权、**土地使用权**、特许权等；

（2）不包括：**商誉**（不具有可辨别性）。

**【上岸熊提示：企业为宣传自创并已注册登记的商标而发生的相关费用，发生时直接计入当期损益；外购商标，可以将购入商标的价款、支付的手续费及有关费用确认为商标权的成本】**

## 二、无形资产的初始计量

| 取得方式 | 相关规定 |
|---|---|
| **外购** | 入账价值＝购买价款＋税费＋其他可归属于该资产的成本费用。（基本同存货）<br>借：无形资产<br>　　应交税费——应交增值税（进项税额）<br>　　贷：银行存款<br>**【上岸熊提示：不包括用于宣传的广告费、管理费等，以及已经达到预定用途以后发生的费用】** |
| **内部开发**<br>**【2023年**<br>**单选题、**<br>**2021年单**<br>**选题】** | **基本原则** ：**研究阶段**全部**费用化**，**开发阶段符合资本化条件的**计入**无形资产成本**，**无法区分**是哪个阶段时**全部**费用化。 |
| | **会计处理** ：①在**实际支出**时：资金及实物支出在"**研发支出——费用化／资本化支出**"科目归集。<br>借：研发支出——费用化支出（研究阶段支出和不符合资本化条件的开发阶段支出）<br>　　　　　　　　——资本化支出（符合资本化条件的开发阶段支出）<br>　　贷：银行存款、原材料、应付职工薪酬等<br>**【上岸熊提示：自行开发取得增值税专用发票，还需做如下分录：】**<br>借：应交税费——应交增值税（进项税额）<br>　　贷：银行存款等 |

续表

| 内部开发<br>【2023 年单选题、2021 年单选题】 | 会计处理 | ②符合**费用化**的，**期末**转入"**管理费用**"；符合**资本化**的，**期末**在资产负债表"**开发支出**"列示。<br>借：管理费用<br>　贷：研发支出——费用化支出<br>【上岸熊提示："研发支出"的性质类似于固定资产建设阶段计入的"在建工程"，但资本化部分期末需要在"开发支出"列示，这只是期末报表归类展示，并不会做相关的结转分录】<br>③符合资本化的支出在达到预定可使用状态时转入"**无形资产**"<br>借：无形资产<br>　贷：研发支出——资本化支出 |
|---|---|---|

## 三、无形资产的摊销和减值【2022 年多选题、2021 年多选题】

### （一）无形资产的摊销

| 基本原则 | 使用寿命：①有限：**进行摊销**，一般其残值应当视为零；<br>②不确定：**不需要摊销**，但至少**每一会计期末**进行**减值测试**<br>【上岸熊提示：当月增加当月摊销，当月减少当月不摊销】 |
|---|---|
| 摊销方法 | **年限平均法（直线法）和生产总量法**等。无法可靠确定其经济利益预期实现方式的，一般应当采用直线法 |
| 会计处理 | 基本同固定资产折旧 |

### （二）无形资产的减值

无形资产**账面价值**大于**可收回金额**的，借记"**资产减值损失**"，贷记"**无形资产减值准备**"。

## 四、无形资产的出售和报废

| 出售（主动行为） | 报废（被动行为） |
|---|---|
| 借：银行存款（出售实际收款）/ 其他应收款<br>　　无形资产减值准备<br>　　累计摊销<br>　　**资产处置损益（或贷方）**<br>　贷：无形资产<br>　　　应交税费——应交增值税（销项税额）<br>快速计算：处置时净损益 = **出售价款** -[（无形资产的原值 - 无形资产累计摊销 - 无形资产减值准备）+ 应交税费 ]= **处置价款 - 账面价值 - 应交税费** | 借：无形资产减值准备<br>　　累计摊销<br>　　营业外支出——非流动资产处置损失<br>　贷：无形资产 |

## 五、长期待摊费用摊销【2022 年判断题、2021 年判断题】

**相关规定**

（1）长期待摊费用是指企业已经发生但应由本期和以后各期负担的，分摊期限在一年以上的各项费用，如以**租赁方式租入**的**使用权资产**发生的**改良支出**等。

（2）发生长期待摊费用，取得增值税专用发票的，借方计入"应交税费——应交增值税（进项税额）"科目。

【上岸熊提示："长期待摊费用"虽然有"费用"二字，但属于资产类的非流动资产】

| 长期待摊费用 | 核算内容 | 以租赁方式取得的使用权资产发生的改良支出等 |
|---|---|---|
| | 账务处理 | 借：长期待摊费用<br>　贷：原材料 / 银行存款等<br>借：管理费用 / 销售费用等<br>　贷：长期待摊费用 |

# 第五章 负债

## 一、短期借款

### （一）短期借款的含义

短期借款是指企业从银行或其他金融机构等借入的，期限在 **1 年以下（含 1 年）的各种款项**。

### （二）短期借款的会计处理

| | 发生借款 | 借：银行存款<br>　　贷：短期借款 | |
|---|---|---|---|
| 计提利息 | 直接支付<br>（利息数额不大，支付时计息） | 借：**财务费用**<br>　　贷：银行存款 | |
| | 先预提后支付<br>（利息数额较大，按预提方式） | 预提分录<br>借：**财务费用**<br>　　贷：应付利息 | 实际支付<br>借：应付利息<br>　　贷：银行存款 |
| | 归还本金 | 借：短期借款<br>　　贷：银行存款 | |

## 二、应付票据【2023 年多选题】

| 开出商业汇票 | 借：材料采购 / 原材料 / 库存商品等<br>　　应交税费——应交增值税（进项税额）<br>　贷：**应付票据**<br>**【上岸熊提示：商业汇票包括商业承兑汇票、银行承兑汇票】** |
|---|---|
| 承兑手续费<br>【2020 年单选题】 | 借：**财务费用**<br>　　应交税费——应交增值税（进项税额）<br>　贷：银行存款 |
| 支付商业汇票款 | 借：应付票据<br>　　贷：银行存款 |

续表

| 到期无力还款转销<br>【2023 年判断题、<br>2022 年判断题】 | 如果是**商业承兑**汇票（转为应付账款）<br>借：应付票据<br>　　贷：**应付账款** | 如果是**银行承兑**汇票（银行垫付，相当于借款）<br>借：应付票据<br>　　贷：**短期借款** |
|---|---|---|

## 三、应付账款

### （一）应付账款的含义

应付账款是指企业因**购买材料、商品或接受劳务供应等经营活动**而应付给供应单位的款项。

【上岸熊提示：应付账款，一定是与经营相关的，与经营不相关的一般计入其他应付款】

### （二）应付账款的会计处理

| 发生时 | 借：**原材料等**<br>　　应交税费——应交增值税（进项税额）<br>　　贷：**应付账款（贷款＋增值税**等） |
|---|---|
| 偿还时 | 借：应付账款<br>　　贷：银行存款 / 应付票据（开出商业汇票抵付） |
| 无须偿付或无须支付时<br>【2023 年判断题】 | 借：应付账款<br>　　贷：**营业外收入** |

【上岸熊提示：实务中，企业外购电力、燃气等动力一般通过"应付账款"科目核算】

| 支付时 | 月末按用途分配 |
|---|---|
| 借：应付账款<br>　　应交税费——应交增值税（进项税额）<br>　　贷：银行存款等 | 借：生产成本 / 制造费用 / 管理费用等<br>　　贷：应付账款 |

【上岸熊提示：应付账款如果出现借方余额，代表的是"预付账款"】

## 四、预收账款【2023 年单选题】

| 收到预收款、补收预收款 | 借：银行存款等<br>　　贷：预收账款<br>　　　　应交税费——应交增值税（销项税额）<br>【上岸熊提示：退回预收款，与上述分录反向，涉及增值税的，做相应处理】 |
|---|---|
| 分期确认收入 | 借：**预收账款**<br>　　贷：**主营业务收入 / 其他业务收入** |

【上岸熊提示：企业预收账款业务不多的，可以不设"预收账款"科目，将预收的款项计入"应收账款"贷方】

## 五、应付利息【2023 年单选题】

| 计提 | 借：财务费用<br>　　贷：应付利息 |
|---|---|
| 支付 | 借：应付利息<br>　　贷：银行存款等 |

## 六、应付股利

| 股东大会宣告现金股利时 | 借：利润分配——应付现金股利<br>　　贷：应付股利 |
|---|---|
| 实际支付股利或利润时 | 借：应付股利<br>　　贷：银行存款 |

【上岸熊提示：（1）董事会或类似机构通过的利润分配方案中拟分配的现金股利或利润，不做账务处理，但应在附注中披露；（2）宣告发放股票股利，不通过应付股利核算】

## 七、其他应付款【2022 年多选题、2021 年单选题】

核算内容：应付租入包装物租金、存入保证金、短期租入固定资产租金、应付违约金等。

【上岸熊提示：不属于明确可区分的，归到其他应付款核算】

## 八、应付职工薪酬

### （一）职工薪酬分类

（1）短期职工薪酬：年度报告结束后 12 个月内予以全部支付 的薪酬，包括工资、奖金、津贴和补贴、职工福利费、两险（医疗保险、工伤保险）、住房公积金、工会经费、职工教育经费、短期带薪缺勤、短期利润分享计划，但 解除劳动关系 的 补偿金除外。

（2）离职后福利：是指企业为获得职工提供的服务而在职工退休或与企业解除劳动关系后，提供的各种形式的报酬和福利，短期薪酬和辞退福利除外。如：养老保险、失业保险。

（3）辞退福利：合同到期前解除劳动关系或鼓励员工自愿接受裁减支付的补偿。

（4）其他长期职工福利：除上述三项外的福利。

### （二）短期职工薪酬的核算

**1. 货币性职工薪酬【2021 年不定项选择题】**

| 工资、奖金、津贴；福利费；工会经费、职工教育经费；医疗、工伤保险；住房公积金 | 短期带薪缺勤 |
| --- | --- |
| ①发生时，计提应付职工薪酬，计入相关成本【2023 年单选题、2023 年判断题、2023 年不定项选择题】<br>借：生产成本（生产车间一线工人薪酬）<br>　　制造费用（车间管理人员薪酬）<br>　　合同履约成本（提供服务）<br>　　管理费用（行政管理人员薪酬）<br>　　销售费用（销售人员薪酬）<br>　　研发支出（研发人员薪酬）<br>　　贷：应付职工薪酬——工资<br>　　　　　　　　　　——职工福利费<br>　　　　　　　　　　——工会经费<br>　　　　　　　　　　——职工教育经费<br>　　　　　　　　　　——社会保险费<br>　　　　　　　　　　——住房公积金<br>【上岸熊提示：发生时，归集费用，谁受益，成本记到谁头上】<br>②支付时，冲减"应付职工薪酬"<br>借：应付职工薪酬——工资 / 职工福利费等<br>　　贷：银行存款等<br>　　　　应交税费——个人所得税（代扣代缴个税） | ①累积带薪缺勤：在职工提供服务从而增加了其未来享有的带薪缺勤权利时，确认与累积带薪缺勤相关的职工薪酬，并**以累积未行使权利而增加的预期支付金额计量**；<br>②非累积带薪缺勤：在职工实际发生缺勤的会计期间确认与非累积带薪缺勤相关的职工薪酬，即职工未缺勤时不应当计提相关费用和负债<br>【上岸熊提示：一般而言，与非累积带薪缺勤相关的职工薪酬已经包括在企业每期向职工发放的工资等薪酬中，所以，不必额外做相应的账务处理】 |

**2. 非货币性职工薪酬【2023 年不定项选择题、2022 年多选题、2021 年不定项选择题、2020 年多选题】**

| 用自产产品发放给职工 | 免费提供住房、汽车 |
| --- | --- |
| ①**计提**应付职工薪酬及确认相关费用<br>借：生产成本 / 制造费用 / 管理费用等<br>　　贷：应付职工薪酬——非货币性福利<br>②**确认收入**，冲减"应付职工薪酬"<br>借：应付职工薪酬——非货币性福利<br>　　贷：主营业务收入（公允价值）<br>　　　　应交税费——应交增值税（销项税额）<br>【上岸熊提示：视同销售，虽未收到钱，但前面确认的债务"应付职工薪酬"不用拿钱付了】<br>③**结转主营成本**（同一般销售） | ①**计提**应付职工薪酬及确认相关费用<br>借：生产成本 / 制造费用 / 管理费用等<br>　　贷：应付职工薪酬——非货币性福利<br>②**用折旧或租金**，冲减"应付职工薪酬"<br>借：应付职工薪酬——非货币性福利<br>　　贷：累计折旧 / 银行存款 |

### （三）长期职工薪酬【2023 年单选题】

| 离职后福利 | 辞退后福利 |
|---|---|
| **缴存固定费用后，不再承担进一步支付义务**，如养老保险。<br>借：生产成本 / 制造费用 / 管理费用等（金额 = 缴存金额）<br>    贷：应付职工薪酬——设定提存计划 | 借：管理费用<br>    贷：应付职工薪酬——辞退福利 |

## 九、应交税费【2022 年判断题】

**【上岸熊提示：企业缴纳的印花税、耕地占用税等不需要预计应交税金的，不通过"应交税费"科目核算】**

### （一）应交增值税

1. 一般纳税人的账务处理

**【上岸熊提示：购进农产品进项税的抵扣，参照《经济法基础》增值税章节】**

（1）会计科目：应交税费——××

| ——×× | 含义 |
|---|---|
| 应交增值税 | 本明细科目下设多个三级专栏，如：应交税费——应交增值税——**销项税额抵减** |
| 未交增值税 | 月度终了从"**应交增值税"或"预交增值税"**明细科目转入当月**应交未交、多交**或预交的增值税额，以及当月缴纳以前期间未交的增值税额 |
| 预交增值税 | 应预交的情形：转让不动产、不动产经营租赁、建筑服务、采用预收款方式销售自行开发的房地产项目【**上岸熊提示：四个与房子有关**】 |
| 待抵扣进项税额 | 已经过税务机关**认证，以后期间从销项税额中抵扣的进项税额** |
| 待认证进项税额 | 由于**未取得增值税扣税凭证或未经税务机关认证而不得**从当期销项税额中抵扣的进项税额 |
| 待转销项税额 | **已确认相关收入**（或利得）但**尚未发生增值税纳税义务**而需在以后期间确认为销项税额的增值税额 |
| 简易征收 | **一般纳税人采用简易征收**方法发生的增值税计提、扣减、预缴、缴纳等 |
| 转让金融商品应交增值税 | 转让**金融商品**发生的增值税额 |
| 代扣代缴增值税 | 购进在**境内未设**经营机构的境外单位或个人在境内的应税行为代扣代缴的增值税 |

（2）取得资产、接受劳务或服务

| 一般纳税人购进货物、劳务、服务、取得无形资产或不动产 | 借：材料采购 / 在途物资 / 原材料 / 库存商品 / 生产成本 / 无形资产 / 固定资产 / 管理费用等<br>应交税费——应交增值税（进项税额）（指当月已认证，可抵扣的进项税额）<br>应交税费——待认证进项税额（指当月未认证，可抵扣的进项税额）<br>　贷：银行存款 / 应付账款等<br>【上岸熊提示：购进时就能认定进项税额不能抵扣的，直接将增值税税额计入购入货物或接受劳务的成本】 | |
|---|---|---|
| 货物等已验收入库但尚未取得增值税扣税凭证<br>【2023 年判断题】 | 月末暂估入账（无发票，不暂估增值税）<br>借：原材料等<br>　贷：应付账款等<br>下月月初，红字冲销暂估入账分录 | 待取得发票并经认证后（与一般购入一样）<br>借：固定资产 / 原材料 / 库存商品 / 无形资产等<br>　　应交税费——应交增值税（进项税额）<br>　贷：应付账款 / 应付票据 / 银行存款 |
| 进项税额转出 | 需转出的情形：<br>①购进后改变用途（如：用于简易方法计税项目、免征增值税项目，非增值税应税项目等）；<br>②非正常损失（因管理不善、违法被没收等造成的损失，不含自然灾害造成的损失——税务局不会趁火打劫） | 账务处理<br>借：待处理财产损溢 / 应付职工薪酬 / 固定资产 / 无形资产等<br>　贷：原材料<br>　　　应交税费——应交增值税（进项税额转出） |

【上岸熊提示：一般纳税人购进货物、服务等用于集体福利等不能抵扣进项税的项目，分三步走：（1）先计入"应交税费——持认证进项税额"；（2）税务机关认证为不可抵扣时转入"应交税费——应交增值税（进项税额转出）"；（3）不可抵扣的进项税转入相关资产或服务成本】

（3）销售货物或提供劳务

| 销售货物、修理修配、销售服务、无形资产或不动产 | 借：应收账款、应收票据、银行存款等<br>　贷：主营业务收入 / 其他业务收入等<br>　　　应交税费——应交增值税（销项税额）<br>【上岸熊提示：发生销售退回，做相反分录。如果会计上收入或利得确认时点先于增值税纳税义务发生时点的，分两步走：（1）确认收入时，计入：应交税费——待转销项税额；（2）实际发生纳税义务时，转入：应交税费——应交增值税（销项税额）】 |
|---|---|
| 视同销售 | 从会计角度看不属于销售行为，不确认收入，但按税法规定，应视同对外销售处理，计算应交增值税：<br>①将自产、委托加工的货物用于非应税项目、集体福利、个人消费；<br>②将自产、委托加工、外购货物用于投资、分配、赠送 |

【上岸熊提示：一般默认为含税价格的情形：（1）商业企业零售价；（2）普通发票注明的销售额（如果是专用发票，一般不含税）；（3）价外费用；（4）包装物押金（逾期）等】

（4）缴纳增值税

| 缴纳当月应交增值税（实际缴纳） | 借：应交税费——应交增值税（已交税金）<br>　　贷：银行存款 |
|---|---|
| 缴纳以前期间未交增值税 | 借：应交税费——未交增值税<br>　　贷：银行存款 |

（5）月末转出多交增值税和未交增值税：月度终了，应当将当月应交未交或多交的增值税自"应交增值税"明细科目转入"未交增值税"明细科目

| 对于当月未交的增值税 | 借：应交税费——应交增值税（转出未交增值税）<br>　　贷：应交税费——未交增值税 |
|---|---|
| 对于当月多交的增值税 | 借：应交税费——未交增值税<br>　　贷：应交税费——应交增值税（转出多交增值税） |

2. 小规模纳税人的账务处理

采取简易方法，小规模纳税人不享有进项税额的抵扣权，其购进货物或接受应税劳务（服务）支付的增值税直接计入有关货物或劳务的成本。只需在"应交税费"科目下设置"应交增值税"。

3. 差额征税的账务处理

| 适用范围 | 某些**无法通过抵扣**机制**避免重复征税**的业务，采用差额征税，如**金融商品**转让、**经纪**代理、**融资**租赁、融资性售后租回、**客运**场站服务、**旅游服务**、按简易计税方法提供**建筑服务**等<br>**【上岸熊提示：该类业务会计处理时，不涉及进项税，所以不会有关于进项税的会计分录】** | |
|---|---|---|
| 相关成本扣减销售额的处理 | ①发生费用：<br>借：主营业务成本／工程施工（按应付或<br>　　实付金额）<br>　　贷：银行存款／应付账款／应付票据等 | ②取得合规扣税凭证，按允许抵扣的税额：<br>借：应交税费——**应交增值税（销项税额抵减）／<br>　　简易计税**<br>　　贷：主营业务成本／工程施工 |
| | **【上岸熊提示：这里的"应交税费——应交增值税（销项税额抵减）／简易计税"的作用与进项税有异曲同工之处，都是对应交增值税（销项税额）的抵减，只不过二者确认金额的方式不同】** | |
| 转让金融商品以盈亏相抵后的余额作为销售额的处理 | **【上岸熊提示：本部分归纳了《初级会计实务》流动资产章"转让金融资产应交增值税"的相关内容】**<br>①**月末**，如产生转让**收益**，按应纳税额：<br>借：投资收益<br>　　贷：应交税费——转让金融商品应交增值税【（**卖出价－买入价**）/1.06×6%】<br>**【上岸熊提示：上述买入价不需要扣除已宣告未发放的现金股利或已到付息期未领取的利息】**<br>②月末，如产生转让损失，可结转下月抵扣的税额：<br>借：应交税费——转让金融商品应交增值税<br>　　贷：投资收益 | |

续表

| 转让金融商品以盈亏相抵后的余额作为销售额的处理 | 【上岸熊提示：归纳起来就是，转让金融商品出现的正负差，按盈亏相抵后的余额为销售额。若相抵后出现负差，可结转下一纳税期与下期转让金融商品销售额相抵，但年末时仍出现负差的（即应交税费——转让金融商品应交增值税年末借方出现余额），不得转入下一个会计年度】<br>借：投资收益等<br>　贷：应交税费——转让金融商品应交增值税<br>缴纳增值税时：<br>借：应交税费——转让金融商品应交增值税<br>　贷：银行存款 |
| --- | --- |

4. 增值税税控系统专用设备和技术维护费用抵减增值税额的账务处理

| 适用范围 | 初次购入增值税税控专用设备支付的费用或缴纳的技术维护费，允许在应纳税额中全额抵扣（价税合计抵扣） | |
| --- | --- | --- |
| 账务处理 | 初次购进税控专用设备 | 缴纳技术维护费（非初次也可抵扣） |
| | 借：固定资产（价款＋增值税）<br>　贷：应付账款/银行存款等<br>借：应交税费——应交增值税（减免税款）<br>　贷：管理费用 | 借：管理费用<br>　贷：应付账款/银行存款等<br>借：应交税费——应交增值税（减免税款）<br>　贷：管理费用 |

【上岸熊提示：小规模企业的该项费用不计入"应交税费——应交增值税（减免税款）"，计入"应交税费——应交增值税"】

（二）应交消费税

| 销售、领用应税消费品 | |
| --- | --- |
| 销售应税消费品：<br>借：税金及附加<br>　贷：应交税费——应交消费税 | 将自产的应税消费品用于在建工程等非生产机构时：<br>借：在建工程等<br>　贷：应交税费——应交消费税 |
| 委托加工代扣代缴的消费税 | |
| 委托方收回后继续用于生产应税消费品的，计入"应交税费——应交消费税"借方 | 委托方收回后直接用于对外销售的，计入收回的委托加工物资的成本 |

【上岸熊提示：在进口环节应交的消费税，计入该项物资的成本】

（三）其他应交税费 【2021年单选题】

贷方科目均为"应交税费——××税金"（印花税等除外），借方科目不相同，归纳如下。

| 借方科目 | 具体税类 |
|---|---|
| **税金及附加**<br>【2023 年单选题】 | **城市维护建设税、资源税（分情况）、土地增值税（分情况）、教育费附加、环境保护税**等 |
| | **房产税、车船税、城镇土地使用税、印花税**（了解）等 |
| （了解）计入资产的成本 | 契税、车辆购置税、耕地占用税，不可抵扣的增值税进项税额等<br>【上岸熊提示：汽（契）车耕地（抵）】 |
| （了解）所得税费用 | 企业所得税 |

【上岸熊提示：（1）资源税分情况：①对外销售产品缴纳的资源税计入税金及附加；②自产自用产品缴纳的资源税计入生产成本 / 制造费用等。（2）土地增值税分情况：①转让的土地使用权与地上建筑物在"固定资产"核算，计入"固定资产清理"（见固定资产处置）；②土地使用权在"无形资产"核算，按差额倒挤计入"资产处置损益"；③房地产开发企业计入"税金及附加"】

## 十、长期借款（期限在 1 年以上（不含 1 年）的各项借款）【2022 年多选题、2022 年判断题】

| 借入时 | 资产负债表日 |
|---|---|
| 借：银行存款（实际收到的金额）<br>　　长期借款——利息调整（差额）<br>贷：长期借款——本金 | 借：在建工程 / 制造费用 / 研发支出 / 财务费用（按实际利率计算，实际利率与合同利率差异较小的，可按合同利率）<br>贷：应付利息（适用于分期付息）<br>　　长期借款——应计利息（适用于到期一次性付息） |

## 十一、应付债券【2023 年变动】

企业为筹集长期资金而发行的、期限在 1 年以上的债券为应付债券，构成了企业一项非流动负债。债券发行有面值发行、溢价发行和折价发行三种情况。发行长期债券，应采用实际利率法（按照债券实际利率计算其摊余成本和各期利息的方法）按期计提利息。

| 发行时实际收到 | 计提利息 | 到期支付 |
|---|---|---|
| 借：银行存款 /<br>库存现金<br>　贷：应付债券<br>　　　——面值<br>　　　——利息<br>　　　调整（可<br>　　　借可贷） | 采用实际利率法（按照债券实际利率计算其摊余成本和各期利息的方法）按期计提利息。<br>借：在建工程 / 制造费用 / 财务费用 / 研发支出<br>　贷：应付利息（分期付息、到期一次还本)/ 应付债券——应计利息(一次还本付息)<br>　　　应付债券——利息调整（实际利率与票面利率计算的差额，可借可贷） | ①一次还本付息<br>借：应付债券——面值——应计利息<br>　贷：银行存款<br>②分期付息、到期一次还本<br>每期支付利息时：<br>借：应付利息<br>　贷：银行存款<br>到期偿还时：<br>借：应付债券——面值 / 在建工程 /<br>　财务费用——利息调整（可借<br>　可贷）<br>　贷：银行存款 |

## 十二、长期应付款

举例：如**分期付款**购入固定资产，具有融资性质。

购入时会计处理

借：固定资产 / 在建工程（各期付款现值）

　　**未确认融资费用**（差额，实质为应付利息）

　贷：长期应付款（实际应支付金额）

# 第六章　所有者权益

**所有者权益：**【2023 年单选题、2022 年判断题、2021 年多选题、2020 年单选题】

（1）实收资本或股本；

（2）其他权益工具；

（3）资本公积（含：资本溢价 / 股本溢价、其他资本公积）；

（4）专项储备；

（5）其他综合收益；

（6）留存收益（含：盈余公积、未分配利润）。

## 一、实收资本（有限责任公司）/ 股本（股份有限公司）

### （一）接受资本

| 现金资产投资 | 借：银行存款<br>　　贷：实收资本（按约定的份额）/ 股本（按面值）<br>　　　　资本公积——资本溢价 / 股本溢价（差额） |
|---|---|
| 非现金资产投资<br>【2022 年多选题】 | 借：固定资产 / 原材料 / 无形资产（按合同或协议价入账，合同或协议价不公允的除外）<br>　　应交税费——应交增值税（进项税额）<br>　　贷：实收资本 / 股本<br>　　　　资本公积——资本溢价 / 股本溢价（差额） |

【上岸熊提示：（1）股份有限公司可以按面值发行股票，也可以溢价发行，但不能折价发行；（2）发行费用从溢价中扣除，溢价不够的，依次冲减盈余公积和未分配利润】

### （二）实收资本 / 股本的增减变动【2023 年判断题、2023 年多选题】

【上岸熊提示：（1）股票注销时，在冲减完股本和股本溢价后如果还有差额，应先冲减盈余公积，再冲减未分配利润；（2）若折价回购股票，注销时"资本公积——股本溢价"在贷方（实质为占便宜了）】

1. 增加【2023 年单选题】

（1）资本公积转增资本

借：资本公积

　　贷：实收资本 / 股本

（2）接受投资者追加投资

借：银行存款等

　　贷：实收资本 / 股本

（3）盈余公积转增资本

借：盈余公积

　　贷：实收资本 / 股本

2. 减少

（1）有限公司和小企业撤资

借：实收资本

　　　资本公积

　　贷：银行存款等

（2）股份公司回购股票【2021 年单选题】

①回购分录

借：库存股（每股回购价格 × 回购股数）

　　贷：银行存款

②注销库存股分录

借：股本（股票面值 1 元 × 股数）

　　　资本公积——股本溢价

　　　盈余公积

　　　利润分配——未分配利润

　　贷：库存股（回购价格 × 注销股数）

## 二、资本公积

### （一）资本公积来源【2022 年不定项选择题】

| 出资额＞其在企业注册资本中所占份额的金额；<br>溢价发行股票时实际收到的款项＞股票面值总额的金额 | 资本溢价 / 股本溢价 |
| --- | --- |
| ①长期股权投资权益法核算；②按权益结算的股份支付；<br>③集团内发生的股份支付 | 其他资本公积 |

【上岸熊提示：发行股票的手续费在"资本公积——股本溢价"中扣除】

### （二）资本公积与实收资本（或股本）的区别

（1）资本公积**不直接表明**所有者对企业的基本产权关系；

（2）资本公积**不体现**各所有者占有比例，**不作为**所有者参与决策或利润分配的依据。

**（三）资本公积的账务处理**

1. 资本溢价（股本溢价）

借：银行存款**（发行价款——发行费用）**

　　贷：实收资本 / 股本

　　　　资本公积——资本溢价 / 股本溢价

2. 其他资本公积

| 权益法核算的长期股权投资 | 股份支付 | |
|---|---|---|
| 权益法下长期股权投资被投资方发生**除净损益、其他综合收益和利润分配**以外所有者权益的其他**变动**，账务处理如下：<br>借：长期股权投资<br>　　贷：资本公积——其他资本公积（或做相反分录） | 换取职工服务时<br>借：管理费用<br>　　贷：资本公积——<br>　　　　其他资本公积 | 行权时<br>借：资本公积——其他资本公积<br>　　贷：实收资本 / 股本<br>　　　　资本公积——资本溢价 / 股本溢价 |
| 转增资本 | 借：资本公积<br>　　贷：实收资本（或股本） | |

## 三、留存收益 = 未分配利润 + 盈余公积【2022 年不定项选择题】

**（一）未分配利润**

1. 可供分配利润

可供分配利润 = 当年实现的净利润（或净亏损）+ 年初未分配利润（或年初未弥补亏损）+ 其他转入。【2023 年单选题】

2. 利润分配顺序

（1）提取法定盈余公积；

（2）提取任意盈余公积；

（3）向投资者分配。

3. 科目设置

"利润分配"下设"提取法定盈余公积""提取任意盈余公积""应付现金股利或利润""盈余公积补亏""未分配利润"等二级科目。

4. 会计处理

| 当期实现盈利 | 借：**本年利润**（亏损做反向分录）<br>　贷：**利润分配——未分配利润** |
|---|---|
| 提取盈余公积 | 借：**利润分配——提取法定盈余公积 / 提取任意盈余公积**<br>　贷：盈余公积——提取法定盈余公积 / 提取任意盈余公积 |
| 分配现金股利或利润<br>【2023 年判断题】 | 借：**利润分配——应付现金股利或利润**<br>　贷：应付股利 |
| 宣告股票股利 | 无分录 |
| 将"利润分配"其他明细科目结转至"利润分配——未分配利润" | 借：利润分配——未分配利润<br>　贷：**利润分配——提取法定盈余公积 / 提取任意盈余公积**<br>　　　**利润分配——应付现金股利或利润**<br>【上岸熊提示：（1）结转后，利润分配科目除"未分配利润"明细科目外，其他明细科目无余额；（2）结转后，如果"利润分配——未分配利润"明细科目的余额在贷方，则表示累计未分配的利润；如果余额在借方，则表示累计未弥补的亏损】 |

**（二）盈余公积：提取 + 使用（三用途：补亏、转增资本或股本和发放现金股利或利润）**

| 提取盈余公积 | 原则 | 按照**净利润**的 **10%** 提取法定盈余公积<br>【上岸熊提示：（1）提取盈余公积金的基数不含以前年度未分配利润的盈余，但如果以前年度是亏损的，则先弥补亏损，再提取盈余公积；（2）法定盈余公积累计额已达注册资本的 50% 时可以不再提取】 |
|---|---|---|
|  | 分录 | 见未分配利润部分 |
| 盈余公积弥补亏损 | 分录 | 借：盈余公积<br>　贷：利润分配——盈余公积补亏 |
| 盈余公积转增资本 | 分录 | 借：盈余公积<br>　贷：实收资本 / 股本 |
| 用盈余公积发放现金股利或利润 | 分录 | 借：盈余公积<br>　贷：应付股利 |

# 第七章　收入、费用、利润

## 第一节　收入

### 一、收入确认和计量的步骤

（1）识别与客户订立的合同；

（2）识别合同中的单项履约义务（单项承诺或一系列实质、模式相同的承诺合并作为单项承诺）；

（3）确定交易价格（预期有权收取的对价金额，金额可能固定或可变，不含代第三方收取的金额，如增值税）；

（4）将交易价格分摊至各项履约义务（按各单项履约义务所承诺商品的单独售价的相对比例分摊）；

（5）履行各单项履约义务时确认收入（分为时段义务、时点义务两种）。

### 二、收入核算科目设置

（1）主营业务收入、主营业务成本：核算销售商品、提供服务等主营业务收入和对应需结转的成本；

（2）其他业务收入、其他业务成本：核算其他经营活动的收入及成本，如出租资产（固定资产、无形资产、包装物）、出售原材料等；**【2022 年判断题】**

（3）**合同取得成本**：为取得合同发生的预期**能够收回**的增量成本；

（4）**合同履约成本**：为履行当前或预期取得的合同发生的应当确认为**一项资产**的成本（可以设二级分录"服务成本""工程施工"等）；**【2023 年不定项选择题】**

（5）合同资产：转让商品有收取对价的权力，但权力取决于**除时间流逝外**的**其他因素**；

（6）合同负债：**已收、应收**对价而应向客户转让商品的义务；

（7）合同取得成本减值准备、合同履约成本减值准备、合同资产减值准备。

### 三、履行履约义务确认收入的账务处理

**（一）一般商品销售收入的确认**【上岸熊提示：在某一时点履行的履约义务（时点义务）的收入确认】

在判断客户是否已取得商品控制权时，企业应当考虑下列迹象：

（1）就该商品享有现时收款权利；

（2）商品的法定所有权转移给客户；

（3）商品实物转移给客户；

（4）商品所有权上的主要风险和报酬转移给客户；

（5）客户已接受该商品；

（6）其他表明客户已取得商品控制权的迹象。

**【上岸熊提示：三转移（所有权、实物、风险报酬）、对方接受、有权收钱】**

1. 一般销售商品的处理（现金结算、委托收款、汇票结算、赊账等）**【2021 年不定项选择题】**

| 确认收入 | 借：银行存款、应收票据、应收账款等<br>　　贷：主营业务收入<br>　　　　应交税费——应交增值税（销项税额） |
|---|---|
| 结转成本 | 借：主营业务收入<br>　　存货跌价准备（未计提存货跌价准备时，无该分录）<br>　　贷：库存商品 |

2. 发出商品业务的账务处理（已经发出但不符合销售商品收入确认条件）**【2020 年单选题】**

（1）发出商品时

借：发出商品（成本价）

　　贷：库存商品（成本价）

（2）满足收入确认条件时

借：应收账款

　　贷：主营业务收入

　　　　应交税费——应交增值税（销项税额）

借：主营业务成本

　　贷：发出商品

3. 销售材料（原材料、包装物等）的处理

一般**通过其他业务收入、其他业务成本**核算。

4. 销售退回

**假设**确认收入后发生退回且**不属于**资产负债表**日后事项**，处理如下。

（1）冲减退回当期销售商品收入、成本、增值税；

（2）分录：与出售时确认收入、结转成本的分录反向。

**（二）可变对价【2023 年单选题、2021 年单选题】**

（1）形成可变对价的原因：折扣、折让、返利、退款、奖励积分、激励措施、业绩奖金、索赔等因素；

（2）可变对价 = **期望值或最可能发生**金额（两种方法不得随意选择）；

（3）限制：交易价格（包含可变对价）≤在相关不确定性消除时，累计已确认的收入极可能不会发生重大转回的金额；

（4）会计分录：如因瑕疵发生折让（销售确认收入，结转成本的会计分录与一般销售相同）

借：主营业务收入

  应交税费——应交增值税（销项税额）

 贷：应收账款

### （三）在某一时段内履行的履约义务（时段义务）的收入确认【2022 年单选题】

**1. 核算原则**

| | |
|---|---|
| **履约进度**能够合理确定 | 对于在**某一时段内履行**的履约义务，企业应当在该段时间内按照履约进度确认收入，履约进度不能合理确定的除外<br>当期收入 = 企业按照合同的**交易价格总额** × **履约进度**扣除以前会计期间累计已确认的收入后的金额 |
| | 履约进度：采用投入法或产出法确定 |
| **履约进度不能够合理确定** | 当履约进度**不能合理确定时**，企业已经发生的成本预计**能够得到补偿的**，应当按照已经发生的成本金额确认收入，直到履约进度能够合理确定为止 |

**2. 履约进度的计算**

| | |
|---|---|
| **产出法** | 根据实际测量的完工进度、评估已实现的结果、时间进度、已完工或交付的产品等确定履约进度 |
| **投入法** | 根据投入的材料数量、花费的人工工时或机器工时、发生的成本和时间进度等确定履约进度 |

**【上岸熊提示：（1）对于同一业务，只能采用一种方法来确定履约进度；（2）履约进度不能合理确定时，已发生成本预计能够得到补偿的，按已发生成本的金额确定收入】**

**3. 收入的计算【2022 年单选题】**

本期确认的收入 = 合同的交易价格总额 × 截至本期履约进度 – 以前期间已确认的收入；

本期确认的成本 = 合同的预计总成本 × 截至本期履约进度 – 以前期间已确认的成本。

**4. 账务处理**

| 实际发生劳务成本 | 确认收入并结转劳务成本 |
|---|---|
| 借：合同履约成本<br> 贷：应付职工薪酬 | 借：银行存款等<br> 贷：主营业务收入<br>   应交税费——应交增值税（销项税额） |

续表

| 实际发生劳务成本 | 确认收入并结转劳务成本 |
|---|---|
| 借：合同履约成本<br>　贷：应付职工薪酬 | 借：主营业务成本<br>　贷：合同履约成本 |

## 四、合同成本

### （一）合同取得成本【2023 年不定项选择题、2022 年判断题、2021 年判断题】

为取得合同发生的**增量成本**预期**能够收回**的，应当作为合同取得成本确认为**一项资产**。

**【上岸熊提示：增量成本是指企业不取得合同就不会发生的成本】**

（1）企业取得合同发生的增量成本已经确认为资产的，应当采取与该资产相关的商品收入确认相同的基础进行摊销。为简化实务操作，该资产摊销期限**不超过 1 年**的，可以在发生时计入**当期损益**。

（2）无论是否取得合同均会发生的差旅费、投标费等，应当在发生时计入当期损益，但是，明确由客户承担的除外。

| 支付取得合同费用 | 企业为取得合同发生的**增量成本**预期能够收回的，应当作为**合同取得成本确认为一项资产**<br>借：合同取得成本 **【销售佣金】**<br>　　管理费用 **【差旅费、律师费、投标费】**<br>　　贷：银行存款 |
|---|---|
| 履行合同摊销佣金 | 借：**销售费用**<br>　　贷：合同取得成本 |

### （二）合同履约成本

**【上岸熊提示：企业应当在下列支出发生时，将其计入当期损益：（1）管理费用（除非这些费用明确由客户承担）；（2）非正常消耗的直接材料、直接人工和制造费用等；（3）与履约义务中已履行部分相关的支出；（4）无法在尚未履行的与已履行的履约义务之间区分的相关支出】**

合同履约成本确认为资产应满足的条件如下：**【2023 年不定项选择题、2020 年判断题】**

| 成本确认资产条件 | ①与合同直接相关的成本（**直接材料＋直接人工＋制造费用**或类似费用），以及仅因该合同而发生的**其他成本**、明确**由客户承担**的成本；<br>②该成本增加了企业未来用于履行（包括持续履行）履约义务的资源；<br>③该成本预期能够收回 |
|---|---|
| 不能计入成本支出 | ①**管理费用**，除非这些费用明确由客户承担；<br>②**非正常消耗**的直接材料、直接人工和制造费用（或类似费用），这些支出为履行合同发生，但未反映在合同价格中；<br>③与履约义务中已履行（包括已全部履行或部分履行）部分相关的支出，即该支出**与企业过去的履约活动相关**；<br>④**无法在尚未履行的与已履行**（或已部分履行）的履约义务之间区分的相关支出 |

续表

| | | |
|---|---|---|
| **劳务收入** | 实际发生劳务成本<br>借：**合同履约成本**<br>　　贷：应付职工薪酬 | 按**履约进度**确认收入、成本<br>借：银行存款<br>　　贷：**主营业务收入【收入总额 × 履约进度 −**<br>　　　　**已确认收入】**<br>　　　　应交税费——应交增值税（销项税额）<br>借：主营业务成本<br>　　贷：**合同履约成本** |
| **会员费收入【2022年多选题】** | 预收会员费<br>借：银行存款<br>　　贷：**合同负债**<br>　　　　应交税费——待转销项税额 | 期末确认劳务收入<br>借：**合同负债**<br>　　　　应交税费——待转销项税额<br>　　贷：主营业务收入<br>　　　　应交税费——应交增值税（销项税额） |

# 第二节　费用

【上岸熊提示：（1）非日常活动形成的是损失，而不是费用，如违约罚款、对外捐赠、资产被盗等；（2）偿还借款属于资金流出，但不会造成所有者权益减少，所以不属于费用】

## 一、营业成本（主营业务成本 + 其他业务成本）【2022年单选题】

| | **主营业务成本** | **其他业务成本** |
|---|---|---|
| **核算内容** | 常见的有：**销售商品、提供服务**等经常性活动所发生的成本 | 常见的有：**销售原材料、出租固定资产**和**无形资产**的折旧摊销、成本法**投资性房地产**折旧或摊销、出租包装物的成本或摊销等**除主营业务活动外其他日常经营活动所发生的**成本 |
| **会计分录** | 确认收入时，结转成本<br>借：主营业务成本<br>　　贷：库存商品<br>　　　　合同履约成本<br>　　　　银行存款等 | 确认收入时，结转成本<br>借：其他业务成本<br>　　贷：原材料<br>　　　　累计折旧<br>　　　　累计摊销<br>　　　　周转材料<br>　　　　银行存款<br>　　　　应付职工薪酬等 |

【上岸熊提示：（1）收入与成本遵循匹配性原则，所以上表"其他业务成本"核算的事项，收入在"其他业务收入"中核算。

（2）营业成本在期末要转入本年利润：

借：本年利润

　贷：主营业务成本／其他业务成本

（3）其他业务成本与营业外支出不是同一概念，其他业务区别于主营业务，但也属于经营活动】

## 二、税金及附加

核算范围及分录见"负债"章的"应交税费"知识点、"财务报表"章的税金及附加知识点。

## 三、期间费用（日常活动发生的不能计入特定核算对象的成本）

| | 销售费用【2020年单选题】 | 管理费用【2022年单选题】 | 财务费用 |
|---|---|---|---|
| 发生时 | 借：销售费用<br>　　应交税费——应交增值税<br>　　（进项税额）<br>　贷：银行存款<br>　　应付职工薪酬<br>　　累计折旧等 | 借：管理费用<br>　　应交税费——应交增值税（进项税额）<br>　贷：银行存款<br>　　累计摊销<br>　　累计折旧等 | 借：财务费用<br>　贷：银行存款<br>　　库存现金 |
| 期末 | 借：本年利润<br>　贷：销售费用 | 借：本年利润<br>　贷：管理费用 | 借：本年利润<br>　贷：财务费用 |

**期间费用的内容【2021年多选题】**

| | 内容 |
|---|---|
| **销售费用**<br>【2023年单选题】 | ①售前费用：展览费和广告费；<br>②售中费用：销售过程中发生的保险费、包装费、运输费、装卸费；<br>③售后费用：商品维修费、预计产品质量保证损失；<br>④机构费用：为销售本企业商品而专设的销售机构的职工薪酬、业务费、折旧费、修理费等经营费用；<br>⑤帮卖费用：委托代销支付的手续费 |
| **管理费用**<br>【2023年单选题】 | ①筹建费用：筹建期间发生的开办费；<br>②管理机构：董事会和行政管理部门发生的以及应由企业统一负担的公司经费；<br>③研究费用；<br>④中介机构费、咨询费、诉讼费、技术转让费等；<br>⑤生产车间和行政管理部门等发生的固定资产修理费用等后续支出 |
| **财务费用**<br>【2021年单选题】 | ①利息支出（减利息收入）；②汇兑损益以及相关的手续费<br>【上岸熊提示：董事会和行政管理部门发生的以及应由企业统一负担的公司经费包括行政管理部门职工薪酬、办公费、差旅费、业务招待费、行政管理部门负担的工会经费、董事会费等】 |

# 第三节　利润

## 一、利润相关计算公式【2023 年不定项选择题、2023 年多选题、2022 年多选题、2021 年单选题、2021 年多选题、2021 年不定项选择题、2020 年单选题】

（1）营业利润＝营业收入－营业成本－税金及附加－销售费用－管理费用－研发费用－财务费用＋其他收益＋投资收益（－投资损失）＋净敞口套期收益（－净敞口套期损失）＋公允价值变动（－公允价值变动损失）－信用减值损失－资产减值损失＋资产处置收益（－资产处置损失）；

（2）利润总额＝营业利润＋营业外收入－营业外支出；

（3）净利润＝利润总额－所得税费用。

**（以上为常考内容，一定要结合原先的基础业务进行把握）**

**【上岸熊提示：（1）营业收入＝主营业务收入＋其他业务收入；（2）营业成本＝主营业务成本＋其他业务成本；（3）研发费用＝研究和开发过程中费用化的支出＋计入管理费用的自行开发无形资产的摊销】**

## 二、营业外收入与营业外支出：核算**与日常经营活动无直接关系**的各项利得和损失

| 营业外收入【2020 年单选题】 | 营业外支出【2023 年单选题】 |
|---|---|
| ①非流动资产毁损报废收益（**自然灾害毁损、丧失功能报废非流动资产的清理收益**）；<br>②与日常活动无关的政府补助；<br>③盘盈利得（**仅限于无法查明原因的现金盘盈**）；<br>④捐赠利得 | ①非流动资产毁损报废损失；<br>②捐赠支出；<br>③盘亏损失；<br>④非常损失；<br>⑤罚款支出 |
| **常见营业外收入的财务处理** | **常见营业外支出的财务处理** |
| 非流动资产报废清理收益（**固定资产**）<br>借：固定资产清理<br>　　贷：营业外收入——非流动资产毁损报废收益 | ①非流动资产毁损报废损失（**固定资产**）<br>借：营业外支出——非流动资产毁损报废损失<br>　　贷：固定资产清理<br>②存货盘亏：见存货清查知识点分录 |

**【上岸熊提示：营业外收入 / 营业外支出也是损益类科目，期末需要结转至本年利润，结转后，本科目无余额】**

## 三、所得税费用【2021 年单选题】

当期所得税＋递延所得税＝所得税费用。

**（一）当期所得税** ＝ **应交所得税** ＝ 应纳税所得额 × 企业所得税税率 ＝ **（税前会计利润＋纳税调整增加额－纳税调整减少额）× 企业所得税税率**

| 纳税调整增加额 | ①超过税法规定扣除标准的费用；<br>②税法不允许扣除的费用（**如税收滞纳金、行政罚款、罚金**） |
| --- | --- |
| 纳税调整减少额 | 按税法规定允许弥补的亏损和准予免税的项目（**如前五年内的未弥补亏损，国债利息收入等**） |

**（二）所得税费用的账务处理**

| 当期所得税 | | 借：**所得税费用**<br>　　贷：应交税费 |
| --- | --- | --- |
| **递延所得税** | 递延所得税资产 | 借：递延所得税资产（**借方表示递延所得税资产增加，若是减少，则做反向分录**）<br>　　贷：**所得税费用** |
| | 递延所得税负债 | 借：**所得税费用**<br>　　贷：递延所得税负债（**贷方表示递延所得税负债增加，若是减少，则做反向分录**） |

**【上岸熊提示：递延所得税 =（递延所得税负债期末余额 − 递延所得税负债期初余额）−（递延所得税资产期末余额 − 递延所得税资产期初余额）= 递延所得税负债本期发生额 − 递延所得税资产本期发生额】**

## 四、本年利润

**（一）结转本年利润的方法 【2023 年判断题】**

| 方法 | 表结法 | 账结法 |
| --- | --- | --- |
| **具体操作** | **每月月末**损益类科目**无须结转入本年利润（不用编制结转凭证）**，将各损益**本月合计数**和**累计数**计入**利润表**，只有在**年末时**才将全年累计余额**结转入**"本年利润"科目 | 月末需编制凭证，将损益类科目**结转入本年利润**，本年利润余额反映本年亏损或盈利情况 |
| **优缺点** | **减少**了转账环节和工作量，同时**并不影响**利润表的编制及有关损益指标的利用 | 各月均可通过"本年利润"科目**提供当月及本年累计的利润**（或亏损）额，但**增加**了转账**环节**和**工作量** |

**（二）结转本年利润的会计处理**

（1）结转损益类科目；（2）计算会计利润；（3）结转所得税费用；（4）"本年利润"转入"利润分配——未分配利润"。

| | | |
|---|---|---|
| 损益科目结转入"本年利润" | ①结转各项**收入、利得**类科目<br>借：主营业务收入<br>　　其他业务收入<br>　　其他收益<br>　　营业外收入<br>　　投资收益（假设是收益）<br>　　公允价值变动损益（假设是收益）<br>　　资产处置损益（假设是收益）<br>　贷：**本年利润** | ②**结转各项费用、损失类科目**<br>借：**本年利润**<br>　贷：主营业务成本<br>　　　其他业务成本<br>　　　税金及附加<br>　　　销售费用<br>　　　管理费用<br>　　　财务费用<br>　　　信用减值损失<br>　　　资产减值损失<br>　　　营业外支出等 |
| 会计利润 | "**本年利润**"科目的**贷方余额**即为税前**会计利润**（利润总额），**借方余额**即为**亏损** | |
| 确认并结转所得税费用 | 确认<br>借：**所得税费用**<br>　贷：应交税费——应交所得税 | 结转<br>借：**本年利润**<br>　贷：**所得税费用** |
| 本年利润转入未分配利润 | 借：**本年利润**（结转后"本年利润"科目应**无余额**）<br>　贷：**利润分配——未分配利润** | |

# 第八章　财务报告

## 一、财务报告体系

| 财务报表（主体、核心） | 四表：资产负债表、利润表、现金流量表、所有者权益变动表 |
|---|---|
| | 一注：附注 |
| 其他应当在财务报告中披露的相关信息和资料 | |

## 二、资产负债表（资产负债表样表见本章最后）

### （一）资产负债表的结构

1. 表头：报表名称、编表单位名称、资产负债表日、报表编号、计量单位；

2. 表体：资产、负债和所有者权益的内容。

资产负债表分为报告式、账户式两种结构：

| 报告式 | 账户式 |
|---|---|
| 上下结构：<br>上面——资产；下面——负债＋所有者权益 | 左右结构：<br>左边——资产；右边——负债＋所有者权益 |

【上岸熊提示：我国采用账户式结构】

| 左边 | 右边 |
|---|---|
| 资产（基本按流动性大小排列） | 负债（按清偿时间的先后顺序排列） |
| | 所有者权益（清算之前不需要偿还） |

### （二）资产负债表项目的填列方法【2023 年不定项选择题、2022 年单选题、2021 年不定项选择题、2020 年多选题】

【上岸熊提示：如果上年资产负债表规定的项目名称与本年不一样，则按照本年项目名称，对上年资产负债表项目名称和金额调整后，计入本年的"上年年末余额"栏内】

| 填列方法 | 具体内容 |
|---|---|
| 根据**总账科目的余额**填列 | ①根据总账科目余额直接填列：**短期借款**、实收资本、资本公积等；<br>②根据几个总账科目的余额计算填列：货币资金＝库存现金＋银行存款＋其他货币资金 |
| 根据有关**明细科目的余额**计算填列 | 预收款项、应付账款、预付款项、开发支出、应付职工薪酬、一年内到期的非流动资产／负债等 |
| 根据**总账科目**和**明细账科目**的**余额**分析计算填列【2021 年判断题】 | 长期借款＝长期借款总账余额 **－1 年内到期**且企业**不能自主**地将清偿义务**展期**的长期借款 |
| 根据有关**科目余额**减去其**备抵科目余额**后的**净额**填列 | ①应收票据、应收账款：扣除有关的坏账准备；<br>②长期股权投资：扣除长期股权投资减值准备；<br>③固定资产：扣除累计折旧、固定资产减值准备、固定资产清理；<br>④无形资产：扣除累计摊销、无形资产减值准备 |
| **综合**运用上述填列方法分析填列 | 如：存货 |

**（三）资产负债表项目的填列说明**（仅列举一部分）【2022 年单选题、2022 年多选题、2021 年单选题、2021 年多选题、2021 年判断题、2020 年判断题】

（1）应收款项融资：反映以**公允价值计量**且其变动计入**其他综合收益**的**应收票据**和**应收账款等**。

（2）其他应收款：列示应收利息、应收股利、其他应收款等（减去坏账准备），其他应付款同理。

（3）存货：存货＝**材料采购**＋原材料＋库存商品＋发出商品＋周转材料＋委托加工物资＋**生产成本**＋**受托代销商品**等－**受托代销商品款**－**存货跌价准备**，计划成本核算或售价核算的企业还应±**材料成本差异**±**商品进销差价**。存货**不包含工程物资**，工程物资在在建工程中列示。

**【上岸熊提示：材料成本差异如为借方余额则"加"，材料成本差异如为贷方余额则"减"（借中带剑，准备去打仗）】**

（4）合同资产：同一合同下合同资产与合同负债以**净额**列示，若净额为借方余额，则根据流动性列入"合同资产"或"其他非流动资产"（扣除"合同资产减值准备"）。

（5）使用权资产：反映承租人企业**持有**使用权资产的期末账面价值。

**（6）合同负债：反映企业已收或应收客户对价而应向客户转让商品的义务。**

（7）租赁负债：承租人企业**尚未支付**的租赁付款额期末账面价值。

（8）递延收益：本项目中摊销期限≤1 年的，仍在本项目核算，无须重分类进"一年内到期的流动负债"。

（9）长期待摊费用：长期待摊费用**摊销年限只剩 1 年**或**不足 1 年**的，或**预计在 1 年内**（含 1 年）摊销的部分，**不得**归类为流动资产，仍在非流动资产填列，**不转入** 1 年内到期的非流动资产。

## 三、利润表（利润表样表见本章最后）

### （一）利润表概述

（1）结构：单步式结构＋多步式结构；

（2）**结构原理：收入－费用＝利润；**

（3）作用：**判断**企业净利润的**质量及其风险**；**评价**企业经营管理**效率**；**预测**企业净利润的**持续性**，从而作出正确决策。

### （二）利润表项目的填列说明【2021 年单选题】

（1）**营业收入＝主营**业务收入＋**其他业务**收入，营业成本同理；

（2）税金及附加：包含消费税、城市维护建设税、教育费附加、资源税、土地增值税、**房产税、车船税、城镇土地使用税、印花税**等；【2023 年单选题、2022 年单选题】

（3）其他收益：反映计入其他收益的政府补助，以及其他与日常活动相关且计入其他收益的项目。

## 四、现金流量表

### （一）现金流量表的编制基础

现金及现金等价物（收付实现制）。

| 现金 | 现金等价物 |
| --- | --- |
| ①库存现金；②随时用于支取的银行存款 | ①期限短（3 个月内到期）；②流动性强；③易于转换为已知金额的现金；④价值变动风险很小 |

### （二）现金流量表的作用

（1）提供现金和现金等价物流入流出信息，**弥补权责发生制某些缺陷**，便于了解利润表质量；

（2）了解企业获得现金和现金等价物的能力，预测未来现金流量情况，为决策提供依据；

（3）提供了企业之间更加可比的会计信息，**提高决策质量和效率**；

（4）降低盈余管理程度，更好地发挥**会计监督作用**。

**【上岸熊提示：以上四点作用，都与收付实现制相关】**

### （三）现金流量表的编制【2023 年不定项选择题】

1. 要求

一般分别按照现金流入流出**总额**列报，但下列情形以**净额**列报：

（1）**代客户收取**或**支付**的现金；

（2）**周转快、金额大、期限短**项目的现金流入和现金流出；

（3）**金融**企业的有关项目（如短期贷款发放与收回）；

（4）**自然灾害**损失、保险索赔等特殊项目；

（5）外币现金流量以及境外子公司的现金流量汇率变动对现金的影响。

2. 方法

主要包括直接法（工作底稿法、T 型账户法）和间接法。**【2022 年单选题】**

（1）**直接法**：以营业收入为起算点；

（2）**间接法**：以净利润为起算点。

**【上岸熊提示：（1）间接法下，应加回的项目有资产减值准备、信用损失准备、固定资产折旧、生物资产折旧、油气资产折耗、无形资产摊销、长期待摊费用摊销等；（2）具体的编制可结合教材了解即可应对初级会计考试】**

**（四）现金流量的分类【2023 年多选题】**

| | | |
|---|---|---|
| **经营活动** | 指企业投资活动和筹资活动以外的所有交易和事项 | |
| | 流入 | 销售商品、提供劳务收到的现金 |
| | | **收到的税费返还** |
| | | 收到的其他与经营活动有关的现金 |
| | 流出 | 购买商品、接受劳务支付的现金 |
| | | 支付给职工以及为职工支付的现金 |
| | | 支付的各项税费 |
| | | 支付的其他与经营活动有关的现金 |
| **投资活动** | 指企业**长期资产**的购建和**不包括在现金等价物范围内的投资及其处置**活动 | |
| | 流出 | 购建固定资产、无形资产和其他长期资产支付的现金 |
| | | 投资支付的现金 |
| | | 取得子公司及其他营业单位支付的现金**净额** |
| | 流入 | 收回投资收到的现金 |
| | | 取得投资收益收到的现金 |

续表

| 投资活动 | 流入 | 处置固定资产、无形资产和其他长期资产收回的现金**净额** |
| | | 处置子公司及其他营业单位收到的现金**净额** |
| | | 指导致企业资本及债务规模和构成发生变动的活动 |
| 筹资活动 | 流入 | 吸收投资收到的现金 |
| | | 取得借款收到的现金 |
| | 流出 | 偿还债务支付的现金 |
| | | 分配股利、利润或偿付利息支付的现金 |
| | | 支付其他与筹资活动有关的现金 |

## 五、所有者权益变动表【2023 年多选题、2021 年多选题】

### （一）所有者权益变动表的含义

所有者权益变动表是反映构成**所有者权益**各组成部分**当期增减变动**情况的报表。

### （二）所有者权益变动表的结构

1. 纵向结构

上年年末余额 + **会计政策变更、前期差错更正及其他变化** = 本年年初余额；

本年年初余额 + **本年增减变动额** = 本年年末余额。

其中：本年增减变动额 = 综合收益总额 ± **所有者投入和减少资本** ± 利润分配 ± 所有者权益内部结转。

**【上岸熊提示：上年年末余额并不一定等于本年年初余额】**

2. 横向结构

实收资本（或股本）+ 其他权益工具 + 资本公积 − 库存股 + 其他综合收益 + 未分配利润 = 所有者权益合计。

### （三）所有者权益变动表至少包含的项目【2023 年判断题】

（1）综合收益总额；

（2）会计政策变更和差错更正的累积影响金额；

（3）所有者投入资本和向所有者分配利润等；

（4）提取的盈余公积；

（5）实收资本、其他权益工具、资本公积、**其他综合收益、专项储备**、盈余公积、未分配利润的期初和期末余额及其调节情况。

## 六、附注【2022 年判断题】

### （一）附注的含义

附注是指对报表列示项目的含义的补充说明，以及对报表中未列示项目的详细或明细说明。

### （二）附注包含的项目

（1）企业的基本情况；

（2）财务报表的编制基础（持续经营基础、非持续经营基础）；

（3）遵循《企业会计准则》的声明；

【上岸熊提示：只要有企业就会有基本情况，只要编报表就会有编制基础和准则声明，所以一定会有"附注"】

（4）重要会计政策和会计估计；

（5）会计政策和会计估计变更以及差错更正的说明；

（6）报表重要项目的说明；

（7）或有和承诺事项、资产负债表日后非调整事项、关联方关系及其交易等需要说明的事项等；

（8）有助于财务报表使用者评价企业管理资本的目标、政策及程序的信息。

【上岸熊提示：附注是对财务"四表"的补充（针对报表未列示信息）和强调（针对重大、特殊事项）】

## 七、财务报告的阅读与应用【2023 年新增】

### （一）资产负债表的阅读与应用

| 资产存在状态及其分布（资产总额＋资产结构） | 负债及所有者权益的构成状况（负债及所有者权益总额＋结构性信息） | 整体财务状况的阅读与应用 |
|---|---|---|

### （二）利润表的阅读与应用

| 净利润和综合收益总额（获取资料评价一定期间的经营情况） | 利润的构成情况（评价利润质量和盈利能力） |
|---|---|

### （三）现金流量表的阅读与应用

| 现金流量及其结构（获得结构性信息和现金流量，评价现金流量的质量） | 经营活动产生的现金流量及其结构（获得经营活动的现金流量并评价） | 投资活动产生的现金流量及其结构（获得投资活动的现金流量并评价） | 筹资活动产生的现金流量及其结构（获得筹资活动的现金流量并评价） | 现金流量表补充资料　详细情况 |
|---|---|---|---|---|

（1）经营活动产生现金流量的补充性结构信息。现金流量表补充资料提供将净利润调节为经营活动现金流量、**不涉及**现金收支的重大投资和筹资活动以及现金及现金等价物净变动情况三方面的结构性信息。

（2）利润质量：**经营活动现金流量净额＞同期净利润额**，**利润质量好**；经营活动现金流量净额＜同期净利润额，利润**质量差**。

**资产负债表**

编制单位：××××　　　　　　　　　　2023 年 12 月 21 日　　　　　　　　　　单位：元

| 资产 | 期末余额 | 上年年末 | 负债和所有者权益（或股东收益） | 期末余额 | 上年年末 |
|---|---|---|---|---|---|
| 流动资产： | | | 流动负债： | | |
| 　货币资金 | | | 　短期借款 | | |
| 　交易性金融资产 | | | 　交易性金融负债 | | |
| 　衍生金融资产 | | | 　衍生金融负债 | | |
| 　应收票据 | | | 　应付票据 | | |
| 　应收账款 | | | 　应付账款 | | |
| 　应收款项融资 | | | 　预收款项 | | |
| 　预付款项 | | | 　合同负债 | | |
| 　其他应收款 | | | 　应付职工薪酬 | | |
| 　存货 | | | 　应交税费 | | |
| 　合同资产 | | | 　其他应付款 | | |
| 　持有待售资产 | | | 　持有待售负债 | | |
| 　一年内到期的非流动资产 | | | 　一年内到期的非流动负债 | | |
| 　其他流动资产 | | | 　其他流动负债 | | |
| 　　流动资产合计 | | | 　　流动负债合计 | | |
| 非流动资产： | | | 非流动负债： | | |
| 　债权投资 | | | 　长期借款 | | |
| 　其他债权投资 | | | 　应付债券 | | |
| 　长期应收款 | | | 　　其中：优先股 | | |
| 　长期股权投资 | | | 　　　　永续债 | | |

续表

| 资产 | 期末余额 | 上年年末 | 负债和所有者权益（或股东收益） | 期末余额 | 上年年末 |
|---|---|---|---|---|---|
| 其他权益工具投资 | | | 租赁负债 | | |
| 其他非流动金融资产 | | | 长期应付款 | | |
| 投资性房地产 | | | 预计负债 | | |
| 固定资产 | | | 递延收益 | | |
| 在建工程 | | | 递延所得税负债 | | |
| 生产性生物资产 | | | 其他非流动负债 | | |
| 油气资产 | | | 非流动负债合计 | | |
| 使用权资产 | | | 负债合计 | | |
| 无形资产 | | | 所有者权益（或股东权益）： | | |
| 开发支出 | | | 实收资本（或股本） | | |
| 商誉 | | | 其他权益工具 | | |
| 长期待摊费用 | | | 其中：优先股 | | |
| 递延所得税资产 | | | 永续债 | | |
| 其他非流动资产 | | | 资本公积 | | |
| 非流动资产合计 | | | 减：库存股 | | |
| | | | 其他综合收益 | | |
| | | | 专项储备 | | |
| | | | 盈余公积 | | |
| | | | 未分配利润 | | |
| | | | 所有者权益（或股东权益）合计 | | |
| 资产合计 | | | 负债和所有者权益（或股东权益）合计 | | |

## 利润表

编制单位：××××　　　　　　　　　2023 年 12 月 31 日　　　　　　　　　单位：元

| 项目 | 本期金额 | 上期金额 |
|---|---|---|
| 一、营业收入 | | |
| 　减：营业成本 | | |
| 　　税金及附加 | | |
| 　　销售费用 | | |
| 　　管理费用 | | |
| 　　研发费用 | | |
| 　　财务费用 | | |
| 　　　其中：利息费用 | | |
| 　　　　　利息收入 | | |
| 　加：其他收益 | | |
| 　　投资收益（损失以"–"号填列） | | |
| 　　　其中：对联营企业和合营企业的投资收益 | | |
| 　　　　以摊余成本计量的金融资产终止确认收入（损失以"–"号填列） | | |
| 　　净敞口套期收益（损失以"–"号填列） | | |
| 　　公允价值变动收益（损失以"–"号填列） | | |
| 　　信用减值损失（损失以"–"号填列） | | |
| 　　资产减值损失（损失以"–"号填列） | | |
| 　　资产处置收益（损失以"–"号填列） | | |
| 二、营业利润（亏损以"–"号填列） | | |
| 　加：营业外收入 | | |
| 　减：营业外支出 | | |

续表

| 项目 | 本期金额 | 上期金额 |
|---|---|---|
| 三、利润总额（亏损以"－"号填列） | | |
| 　减：所得税费用 | | |
| 四、净利润（亏损以"－"号填列） | | |
| 　（一）持续经营净利润（净亏损以"－"号填列） | | |
| 　（二）终止经营净利润（净亏损以"－"号填列） | | |
| 五、其他综合收益的税后净额 | | |
| 　（一）不能重分类进损益的其他综合收益 | | |
| 　……　 | | |
| 　（二）将重分类进损益的其他综合收益 | | |
| 　……　 | | |
| 六、综合收益总额 | | |
| 七、每股收益 | | |
| 　（一）基本每股收益 | | |
| 　（二）稀释每股收益 | | |

【上岸熊提示：（1）上表对"（一）不能重分类进损益的其他综合收益""（二）将重分类进损益的其他综合收益"的项目进行了简化，感兴趣的同学结合教材了解；（2）综合收益总额＝净利润＋其他综合收益的税后净额；（3）"营业外收入、营业外支出"不影响营业利润；（4）所得税费用不影响利润总额】

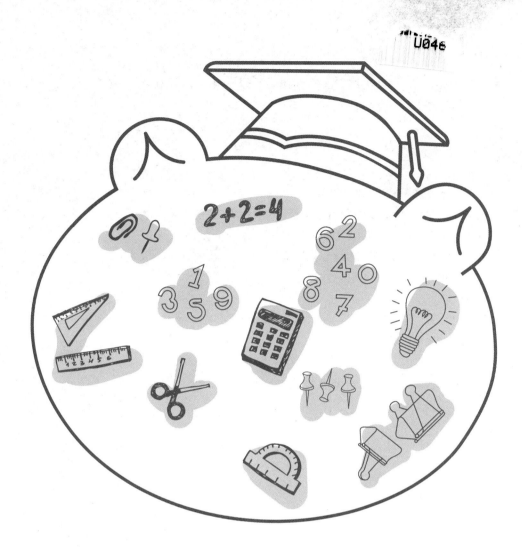

初级会计专业技术
资格考试辅导用书

# 经济法基础

## 三色笔记

上岸熊会计资格考试研究院◎编著

电子工业出版社
Publishing House of Electronics Industry
北京·BEIJING

图书在版编目（CIP数据）

三色笔记.经济法基础/上岸熊会计资格考试研究院编著.

—北京：电子工业出版社，2023.12

初级会计专业技术资格考试辅导用书

ISBN 978-7-121-47050-9

Ⅰ.①三…　Ⅱ.①上…　Ⅲ.①经济法—中国—资格考试—

自学参考资料　Ⅳ.①F23

中国国家版本馆 CIP 数据核字（2024）第 006010 号

责任编辑：张振宇

印　　刷：山东华立印务有限公司

装　　订：山东华立印务有限公司

出版发行：电子工业出版社

　　　　　北京市海淀区万寿路 173 信箱　　　　邮编：100036

开　　本：890×1240　1/16　　印张：16　　　　字数：399.4 千字

版　　次：2023 年 12 月第 1 版

印　　次：2023 年 12 月第 1 次印刷

定　　价：54.00 元（全二册）

凡所购买电子工业出版社图书有缺损问题，请向购买书店调换。若书店售缺，请与本社发行部联系，联系及邮购电话：（010）88254888，88258888。

质量投诉请发邮件至 zlts@phei.com.cn，盗版侵权举报请发邮件至 dbqq@phei.com.cn。

本书咨询联系方式：（010）88254210，influence@phei.com.cn，微信号：yingxianglibook。

# 目录

**第一章 总论** ………………………… 1

第一节 法律基础 ……………………… 1

第二节 法律主体 ……………………… 5

第三节 法律责任 ……………………… 10

**第二章 会计法律制度** …………………… 11

第一节 会计法律制度概述 …………… 11

第二节 会计核算与监督 ……………… 11

第三节 会计机构和会计人员 ………… 19

第四节 会计法律责任 ………………… 23

**第三章 支付结算法律制度** ……………… 25

第一节 支付结算概述 ………………… 25

第二节 银行结算账户 ………………… 26

第三节 银行非现金支付业务——票据 ……… 30

第四节 银行非现金支付业务 ………… 39

第五节 支付机构非现金支付业务 …… 42

第六节 支付结算纪律与法律责任 …… 44

**第四章 税法概述及货物和劳务税法律制度 46**

第一节 税收法律制度概述 …………… 46

第二节 增值税法律制度 ……………… 47

第三节 消费税法律制度 ……………… 62

第四节 城市维护建设税、教育费附加和地方教育附加法律制度 ……………… 68

第五节 车辆购置税法律制度 ………… 68

第六节 关税法律制度 ………………… 70

**第五章 所得税法律制度** ………………… 73

第一节 企业所得税法律制度 ………… 73

第二节 个人所得税法律制度 ………… 86

**第六章 财产和行为税法律制度** ………… 99

第一节 房产税法律制度 ……………… 99

第二节 契税法律制度 ………………… 101

第三节 土地增值税法律制度 ………… 104

第四节 城镇土地使用税法律制度 …… 106

第五节 耕地占用税法律制度 ………… 108

第六节 车船税法律制度 ……………… 109

第七节 资源税法律制度 ……………… 111

第八节 环境保护税法律制度 ………… 113

第九节 烟叶税与船舶吨税法律制度 … 114

第十节 印花税法律制度 ……………… 115

**第七章 税收征管法律制度** ……………… 119

第一节 税收征收管理法概述 ………… 119

第二节 税务管理 ……………………… 120

第三节 税款征收 ……………………… 124

第四节 税务检查和纳税信用管理 …… 129

第五节 税务行政复议 ………………… 132

第六节 税收法律责任 ………………… 134

**第八章 劳动合同与社会保险法律制度** ·· 136

第一节 劳动合同法律制度 …………… 136

第二节 社会保险法律制度 …………… 152

# 第一章 总论

## 第一节 法律基础

### 一、法的基本知识与分类

| 概念 | 法是由国家制定或认可，以权利和义务为主要内容，由国家强制力保证实施的社会行为规范及其相应规范性文件的总称【上岸熊提示：（1）法是一种明确社会主体权利和义务范围的规则；（2）法是规范社会关系中人们基本行为的准则】 | |
| --- | --- | --- |
| 本质 | （1）法是统治阶级的国家意志的体现；（2）法是由统治阶级的物质生活条件决定的，是社会客观需要的反映；（3）法体现的是统治阶级的整体意志和根本利益（统治阶级的国家意志），不是统治阶级中个别成员的意志，也不是统治阶级中每个成员个人意志的简单相加【2020年多选题】 | |
| 特征<br>【2021年<br>多选题】 | 国家意志性 | 法是经过国家制定或认可才得以形成的规范，制定和认可是国家创制法的两种形式【2022年多选题】 |
| | 国家强制性 | 法凭借国家强制力的保证而获得普遍遵守的效力 |
| | 规范性 | 法是确定人们在社会关系中的权利和义务的行为规范，具有利益导向性 |
| | 明确公开性和普遍约束性 | 明确公开性又称可预测性，法是明确而普遍适用的规范 |
| 分类 | 法的地位、内容、效力和制定程序 | 根本法（宪法） |
| | | 普通法（宪法以外的所有法律） |
| | 法的空间效力、时间效力或对人的效力 | 一般法 |
| | | 特别法 |
| | 法的内容 | 实体法 |
| | | 程序法 |
| | 法的主体、调整对象和渊源 | 国际法 |
| | | 国内法 |
| | 法律运用的目的 | 公法 |
| | | 私法 |
| | 法的创制方式和表现形式 | 成文法 |
| | | 不成文法 |

## 二、法的渊源

### 1. 法的主要渊源【多次出现单选、多选及判断题】

| 形式 | | 制定机关 | 效力等级 | 命名特征 |
|---|---|---|---|---|
| 宪法 | | **全国人民代表大会** | 根本大法、具有最高法律效力 | — |
| 法律 | | **全国人民代表大会及其常务委员会** | 仅次于宪法 | "××法" |
| 行政法规 | | 国务院 | 仅次于宪法和法律 | **"××条例"** |
| 地方性法规 | | 地方人民代表大会及其常务委员会 | **低于宪法、法律、行政法规；高于本级和下级地方政府规章** | **"地名+××条例"** |
| 规章 | 部门规章 | **国务院各部委、中国人民银行、国家税务总局、海关总署、审计署等** | 低于宪法、法律、行政法规 | **"××办法、实施细则、规定"** |
| | 地方政府规章 | 地方人民政府（省、设区的市、自治州） | 低于宪法、法律、行政法规、同级地方性法规 | "地名+××办法、实施细则、规定" |

**【上岸熊提示：（1）自治条例、单行条例、特别行政区的法、国际条约也属于法的形式；（2）我国不实行判例制度，最高人民法院的判决书不属于我国法的渊源】**

### 2. 法的效力范围

| | | |
|---|---|---|
| 时间效力 | 概念 | （1）法的效力的起始和终止的时限；（2）对其实施以前的事件和行为有无溯及力 |
| | 生效方式 | （1）明确规定一个具体生效时间；（2）规定具备何种条件后开始生效 |
| | 终止方式 | （1）新法取代旧法（新法明确规定旧法废止）；（2）有的法在完成一定的历史任务后不再适用；（3）由有权的国家机关发布专门的决议、决定，废除某些法律；（4）同一国家机关制定的法在内容上旧法与新法冲突或抵触时，以新法为准，旧法条款效力自动终止 |
| | 法的溯及力 | 从旧兼从轻原则：**原则上新法无溯及力，对行为人适用旧法，但新法对行为人的处罚较轻时适用新法【2020年单选题】** |
| 空间效力 | 概念 | 法在哪些空间范围或地域范围内发生效力 |
| | 域内 | （1）**在全国范围内有效**：全国人民代表大会及其常务委员会、国务院制定的规范性法律文件，除法律有特别规定外，均在全国范围内有效；（2）**在我国局部地区有效**：地方人民代表大会及其常务委员会、人民政府等依法制定的规范性文件，在其管辖范围内有效 |
| | 域外 | 民事婚姻家庭、刑法方面某些法律或某些法律条款具有域外效力 |

续表

| 对人效力 | 概念 | 法适用于哪些人或法适用主体的范围 | |
|---|---|---|---|
| | 原则 | 结合主义原则（以属地主义为主，结合属人主义与保护主义原则）【2021年多选题】 | |
| | 内容 | 对中国公民的效力 | 我国公民在中国领域内一律适用中国法律，平等地享有法律权利和承担法律义务；中国公民在国外的，仍受中国法律保护，也有遵守中国法律的义务。中国法律与居住国法律冲突时，采用既要维护中国主权，也要尊重他国主权的原则 |
| | | 对外国人的效力 | 我国法律既保护外国人的合法权益，又依法查处其违法犯罪行为。我国法律保护其人身权利、财产权利、受教育权利和其他合法权利，但外国人不能享有我国公民的某些权利或承担某些义务，如选举权、担任公职和服兵役等 |

## 3. 法的效力冲突及其解决方式【多次出现单选、多选及判断题】

| 一般原则 | | 根本法优于普通法；上位法优于下位法；新法优于旧法；特别法优于一般法 |
|---|---|---|
| 对同一事项的新的一般规定与旧的特别规定不一致 | 法律之间 | 全国人民代表大会常务委员会裁决 |
| | 行政法规之间 | 国务院裁决 |
| | 同一机关制定的地方性法规（或者规章）之间 | 制定机关裁决 |
| 同一位阶的法对同一事项的规定不一致 | 国务院根据全国人民代表大会及其常务委员会授权制定的行政法规与法律之间 | 全国人民代表大会常务委员会裁决 |
| | 部门规章之间、部门规章与地方政府规章之间 | 国务院裁决 |
| | 地方性法规与部门规章之间 | 由国务院提出意见：（1）国务院认为应当适用地方性法规的，应当决定在该地方适用地方性法规的规定；（2）国务院认为应当适用部门规章的，应当提请全国人民代表大会常务委员会裁决 |

## 三、法律关系

| 主体 | 法律关系主体即法律主体，是指参加一定法律关系，依法享有权利和承担义务的**当事人** | | |
|---|---|---|---|
| **客体【2021年多选题】** | **物【2019年单选题】** | 自然物 | 土地、矿藏、水流、森林等 |
| | | 人造物 | 建筑、机器、各种产品等 |
| | | 货币及有价证券 | 股票、债券、支票等 |
| | | 有体物 | 天然气、电力等 **（固定形态或没有固定形态的均可）** |
| | | 无体物 | 权利等 |
| | 人身、人格 | 人身和人格是生命权、健康权、肖像权、名誉权、隐私权、婚姻自主权等人身权指向的客体 | |
| | | 人身和人格是禁止非法拘禁他人、禁止侮辱或诽谤他人等法律义务所指向的客体 | |
| | 智力成果 | 人们通过脑力劳动创造的能够带来经济价值的精神财富，如作品、发明等 | |
| | | 通常有物质载体，如书籍、图册、录像、录音等 | |
| | 信息、数据、网络虚拟财产 | 有价值的情报或资讯，如矿产情报、产业情报、商业秘密、国家机密等 | |
| | 行为 | 行为是法律关系主体为达到一定目的所进行的**作为（积极行为）**或**不作为（消极行为）**，是人的有意识的活动，如生产经营行为、经济管理行为等 | |
| **内容** | 法律关系主体所**享有的权利和承担的义务** | | |
| | 法律权利 | （1）权利享有者依法有权自主决定作出或不作出某种行为；（2）要求他人作出或不作出某种行为；（3）一旦被侵犯，有权请求国家予以法律保护 | |
| | 法律义务 | 积极义务（如缴纳税款、履行兵役等）和消极义务（如不得毁坏公共财物、不得侵害他人生命健康权等） | |

## 四、法律事实

| 概念 | 法律规定的能够引起法律关系发生、变更和消灭的客观现象 |
|---|---|
| 分类 | 按照是否以当事人的意志为转移作为标准，可以将法律事实划分为**法律事件、法律行为和事实行为**。其中，法律事件又分为**自然现象（即绝对事件）**和**社会现象（即相对事件）** |

### 1. 法律事件【2021 年单选题】

| 概念 | 法律事件不以当事人的意志为转移，包括自然现象、社会现象 | | |
|---|---|---|---|
| 分类 | 自然现象 | 绝对事件 | 地震、洪水、台风、森林大火等自然灾害等 |
| | | | 生老病死、意外事故等 |
| | 社会现象 | 相对事件 | 社会革命、战争、重大政策的改变等 |

### 2. 法律行为

| 概念 | 法律行为是法律关系主体通过意思表示设立、变更、终止法律关系的行为，以法律关系主体意志为转移 | | |
|---|---|---|---|
| 分类【2018 年多选题】 | 行为是否合法 | 合法行为与违法行为 | — |
| | 行为的表现形式 | 积极行为与消极行为 | 如主动去做 / 不能去做 |
| | 行为人取得权利是否需要支付对价 | 有偿行为 | 如买卖、租赁等 |
| | | 无偿行为 | 如无偿保管、赠与等 |
| | 主体意思表示的形式 | 单方行为 | 如遗嘱、行政命令等 |
| | | 多方行为 | 如合同行为等 |
| | 行为是否需要特定形式或实质要件 | 要式行为与非要式行为 | — |
| | 主体实际参与行为的状态 | 自主行为与代理行为 | — |

### 3. 事实行为

事实行为是与法律关系主体的意思表示无关，由法律直接规定法律后果的行为。民事法律关系中常见的事实行为有无因管理行为、正当防卫行为、紧急避险行为及侵权行为、违约行为、遗失物的拾得行为、埋藏物的发现行为等。

# 第二节 法律主体

## 一、自然人

| 概念 | 自然人指具有生命的个体的人，基于出生而取得主体资格的人。既包括中国公民，也包括居住在中国境内或在境内活动的外国公民和无国籍人 |
|---|---|
| 出生与死亡时间 | （1）以出生证明、死亡证明记载的时间为准；（2）没有出生证明、死亡证明的，以户籍登记或其他有效身份登记记载的时间为准；（3）有其他证据足以推翻以上记载时间的，以该证据证明的时间为准 |

续表

| 住所 | （1）以户籍登记或其他有效身份登记记载的居所为住所；（2）经常居所与登记的居所不一致的，经常居所视为住所（**经常居住地"优于"登记地**） |
|---|---|

# 二、法人

## 1. 法人概述

| 概念 | | 法人是具有民事权利能力和民事行为能力，依法独立享有民事权利和承担民事义务的组织 |
|---|---|---|
| **成立** | 名称 | 是法人独立于其成员的人格标志，也是法人参与法律活动时得以区别于其他法人的特定化标志，是法人独立于其成员的人格标志，也是法人参与法律活动时得以区别于其他法人的特定化标志 |
| | 组织机构 | （1）依法律、条例、章程规定而产生，对内管理法人事务，对外代表法人从事民事活动；（2）组织机构主要有**意思机关、执行机关、代表机关、监督机关** |
| | 住所 | 以主要办事机构所在地为住所，依法需要办理登记的，应当将**主要办事机构所在地**登记为住所 |
| | 财产／经费 | 法人以其**全部财产独立承担**民事责任 |
| **法定代表人** | | （1）法定代表人是依照法律或章程的规定，代表法人从事民事活动的负责人；（2）法定代表人以法人名义从事的民事活动，其法律后果**由法人承受** |
| **权利和责任**<br>**【2019年多选题】** | 设立时 | （1）设立人为设立法人从事的民事活动，其法律后果由**法人承受**；（2）法人未成立的，其法律后果由设立人承受（设立人为两人以上的，承担**连带责任**）；（3）设立人为设立法人以自己的名义从事民事活动产生的民事责任，第三人有权选择请求法人或设立人承担 |
| | 合并和分立时 | （1）**合并的，其权利和义务由合并后的法人享有和承担；（2）分立的，其权利和义务由分立后的法人享有连带债权，承担连带债务，但另有约定的除外** |
| **解散** | | 出现下列情形之一的，法人解散：（1）法人章程规定的存续期间届满或法人章程规定的其他解散事由出现；（2）法人的权力机构决议解散；（3）因法人合并或分立需要解散；（4）法人依法被吊销营业执照、登记证书，被责令关闭或被撤销；（5）法律规定的其他情形 |
| **清算**<br>**【2022年多选题】** | 应当清算 | **法人解散的，除合并或分立情形外**，清算义务人应当及时组成清算组进行清算 |
| | 清算人 | （1）**法人的董事、理事等执行机构或决策机构的成员**为清算义务人；（2）主管机关或利害关系人可以申请**人民法院指定**有关人员组成清算组进行清算 |

续表

| | | |
|---|---|---|
| **清算【2022年多选题】** | 清算期间的处理 | （1）清算期间法人存续，但是不得从事与清算无关的活动；（2）清算后的剩余财产，按照章程的规定或法人权力机构的决议处理 |
| | 注销登记 | （1）清算结束并完成注销登记时，法人终止；（2）依法不需要办理法人登记的，清算结束时，法人终止；（3）法人被宣告破产的，依法进行破产清算并完成法人注销登记时，法人终止 |
| **终止** | | 法人终止的情形：（1）法人解散；（2）法人被宣告破产；（3）法律规定的其他原因 |
| **分支机构** | | （1）分支机构应当登记的，依照其规定；（2）分支机构以自己的名义从事民事活动，产生的民事责任由法人承担，也可以先以该分支机构管理的财产承担，不足以承担的，由法人承担 |

## 2. 法人分类

| | | | |
|---|---|---|---|
| **营利法人** | 概念 | | 指以取得利润并分配给股东等出资人为目的成立的法人 |
| | 分类 | 公司制营利法人 | 有限责任公司、股份有限公司 |
| | | 非公司制营利法人 | 没有采用公司制的全民所有制企业、集体所有制企业等 |
| | 设立程序 | | 营利法人经依法登记成立，由登记机关发给营利法人营业执照。营业执照签发日期为营利法人的成立日期【2019年判断题】 |
| | 组织机构 | 权力机构 | 修改法人章程，选举或更换执行机构、监督机构成员【上岸熊提示：一般情况下为股东会/股东大会】 |
| | | 执行机构 | 行使召集权力机构会议，决定法人的经营计划和投资方案，决定法人内部管理机构的设置，以及法人章程规定的其他职权【上岸熊提示：一般情况下为董事会或执行董事】 |
| | | 代表机构 | 一般情况下为董事长、执行董事或经理按章程规定担任法定代表人；未设董事会或执行董事的，以主要负责人为其执行机构和法定代表人 |
| | | 监督机构 | 监督机构依法行使检查法人财务，监督执行机构成员、高级管理人员执行法人职务的行为【上岸熊提示：一般情况下为监事会或监事】 |
| | 出资人 | | 出资人滥用权利造成法人或其他出资人损失的，应当依法承担民事责任 |

续表

| 非营利法人【2022年多选题】 | 概念 | | | 为公益目的或其他非营利目的成立，不向出资人、设立人或会员分配所取得利润的法人 |
|---|---|---|---|---|
| | 分类 | 事业单位 | 概念 | 由国家机关举办或其他组织利用国有资产举办的，从事教育、科技、文化、卫生等活动的社会服务组织 |
| | | | 成立时间 | 依法登记成立，取得事业单位法人资格；无须办理登记的，从成立之日起，具有事业单位法人资格 |
| | | 社会团体 | 概念 | 中国公民自愿组成，为实现会员共同意愿，按照其章程开展活动的非营利性社会组织 |
| | | | 成员 | 国家机关以外的组织可以作为单位会员加入社会团体 |
| | | | 成立时间 | （1）经依法登记成立，取得社会团体法人资格；（2）无须办理登记的，从成立之日起，具有社会团体法人资格 |
| | | 捐助法人 | | 满足法人条件，为公益目的以捐助财产设立的基金会、社会服务机构等组织 |
| | | 宗教活动场所法人 | | 指取得捐助法人资格的宗教活动场所，如寺院、宫观、清真寺、教堂等。信教公民的集体宗教活动，一般应当在经登记的宗教活动场所内进行 |
| 特别法人 | 机关法人 | | | （1）从成立之日起，具有机关法人资格；（2）机关法人被撤销的，法人终止，其民事权利和义务由继任的机关法人享有和承担；没有继任的机关法人的，由作出撤销决定的机关法人享有和承担 |
| | 农村集体经济组织 | | | — |
| | 城镇农村的合作经济组织 | | | 如农民专业合作社 |
| | 基层群众性自治组织 | | | 如居民委员会、村民委员会 |

## 3. 非法人组织

| 概念 | 非法人组织是不具有法人资格，但是能够依法以自己的名义从事民事活动的组织。非法人组织包括个人独资企业、合伙企业、不具有法人资格的专业服务机构等【2018年单选题】 |
|---|---|
| 代表 | 非法人组织可以确定一人或数人代表该组织从事民事活动 |
| 责任承担 | 非法人组织的财产不足以清偿债务的，其出资人或设立人承担无限责任 |
| 非法人组织的解散 | （1）章程规定的存续期间届满或章程规定的其他解散事由出现；（2）出资人或设立人决定解散；（3）法律规定的其他情形【上岸熊提示：非法人组织解散的，应当依法进行清算】 |

## 4. 国家

在特殊情况下，国家可以作为一个整体成为法律主体。

## 5. 法人主体资格【多次出现单选、多选及判断题】

| 权利能力 | 权利能力指自然人或组织能够成为法律关系主体的资格。(1)自然人从出生时起到死亡时止，具有民事权利能力，依法享有民事权利，承担民事义务。自然人的民事权利能力一律平等。【上岸熊提示：涉及遗产继承、接受赠与等胎儿利益保护的，胎儿视为具有民事权利能力】(2)法人的权利能力自成立时产生，终止时消灭 | | | | |
|---|---|---|---|---|---|
| 行为能力（表中 X 代表年龄） | 行为能力指法律关系主体能通过自己的行为实际取得权利和履行义务的能力 | | | | |
| | 自然人的民事行为能力【上岸熊提示：用"年龄＋心智状态"判断】 | 无民事行为能力人 | X < 8 | 不满8周岁的未成年人，还有（完全）不能辨认自己行为的成年人 | |
| | | 限制民事行为能力人 | 8 ≤ X < 18 | 年满8周岁的未成年人和不能完全辨认自己行为的成年人 | |
| | | 完全民事行为能力人 | 一般规定 | X ≥ 18 | 心智正常 |
| | | | 视为完全民事行为能力 | 16 周岁以上的未成年人，以自己的劳动收入为主要生活来源 | 心智正常 |
| | 自然人的刑事责任能力 | 12 ≤ X < 14 | 犯故意杀人、故意伤害罪，致人死亡或以特别残忍手段致人重伤造成严重残疾，情节恶劣，经最高人民检察院核准追诉的，应当负刑事责任 | 应当从轻或减轻处罚；因不满16周岁不予刑事处罚的，责令其父母或其他监护人加以管教，或进行专门矫治教育 | |
| | | 14 ≤ X < 16 | 犯故意杀人、故意伤害致人重伤或死亡、强奸、抢劫、贩卖毒品、放火、爆炸、投放危险物质罪的，应当负刑事责任 | | |
| | | 16 ≤ X < 18 | 应当负刑事责任 | | |
| | | 已满 75 周岁 | 应当负刑事责任 | （1）故意犯罪的，可以从轻或减轻处罚；（2）过失犯罪的，应当从轻或减轻处罚 | |

# 第三节 法律责任

| 责任类型 | | 具体内容 |
|---|---|---|
| 民事责任 | | 停止侵害，排除妨碍，消除危险，返还财产，恢复原状，修理、重作、更换，继续履行，赔偿损失，支付违约金，消除影响、恢复名誉，赔礼道歉 |
| 行政责任 | 行政处罚（针对行政相对人） | （1）声誉罚：警告、通报批评；（2）财产罚：罚款、没收违法所得、没收非法财物；（3）行为罚：暂扣许可证件、降低资质等级、吊销许可证件、限制开展生产经营活动、责令停产停业，责令关闭、限制从业；（4）人身罚：行政拘留 |
| | 行政处分（针对公职人员） | 警告、记过、记大过、降级、撤职、开除【2021年多选题】 |
| 刑事责任 | 主刑【2022年单选题】 | （1）管制：不实行关押，但是限制其一定的自由；3个月以上2年以下，最高3年；（2）拘役：1个月以上6个月以下，最高1年；（3）有期徒刑：6个月以上15年以下；（4）无期徒刑；（5）死刑：立即执行、缓期2年执行 |
| | 附加刑 | （1）附加刑可以附加于主刑之后作为主刑的补充，同主刑一起适用，也可以独立适用；（2）附加刑包括罚金、剥夺政治权利、没收财产、驱逐出境 |
| | 数罪并罚 | （1）总和刑期不满35年的，最高不能超过20年，总和刑期在35年以上的，最高不能超过25年；（2）数罪中有判处附加刑的，附加刑仍须执行，其中附加刑种类相同的，合并执行，种类不同的，分别执行 |

【上岸熊总结：（1）"赔偿损失、支付违约金"属于民事责任；（2）"罚款、没收违法所得、没收财物"属于行政责任；（3）"罚金、没收财产"属于刑事责任】

# 第二章 会计法律制度

## 第一节 会计法律制度概述

### 一、会计法律制度

会计法律制度是指国家权力机关和行政机关制定的调整会计关系的法律规范的总称。

| 法的形式 | 制定机关 | 法律文件 |
|---|---|---|
| 法律 | 全国人民代表大会常务委员会 | 《中华人民共和国会计法》 |
| 行政法规 | 国务院 | 《总会计师条例》《企业财务会计报告条例》 |
| 部门规章 | 财政部 | 《会计人员管理办法》《代理记账管理办法》 |
| | 财政部、国家档案局 | 《会计档案管理办法》 |
| | 财政部、人力资源和社会保障部 | 《会计专业技术人员继续教育规定》 |

### 二、会计工作管理体制

| 会计工作的主管部门 | 统一领导 | 国务院财政部门主管全国的会计工作 | |
|---|---|---|---|
| | 分级管理 | 县级以上地方各级人民政府财政部门管理本行政区域内的会计工作 | |
| 单位内部的会计工作管理 | 单位负责人 | 法人组织 | 单位法定代表人 |
| | | 非法人企业 | 法律、行政法规规定代表单位行使职权的主要负责人 |
| | 单位负责人的责任 | （1）对本单位的会计工作和会计资料的真实性、完整性负责；（2）保证会计机构、会计人员依法履行职责，不得授意、指使、强令会计机构、会计人员违法办理会计事项【2018 年单选题】 | |

## 第二节 会计核算与监督

### 一、会计核算

| 基本要求 | 依法建账 | （1）应当按照规定建立会计账册，进行会计核算；（2）不得违反规定私设会计账簿【上岸熊提示：不得私设账本及小金库，不得设两本账】 |
|---|---|---|

续表

| | | | |
|---|---|---|---|
| **基本要求** | 根据**实际发生的经济业务事项**进行会计核算 | | 各单位必须根据实际发生的经济业务事项进行会计核算，填制会计凭证，登记会计账簿，编制财务会计报告 |
| | 保证会计资料**真**实和完**整**【2018 年单选题】 | | （1）会计资料主要是指**会计凭证、会计账簿、财务会计报告**等会计核算专业资料；（2）会计资料的真实性和完整性，是会计资料最基本的质量要求，是会计工作的生命，各单位必须保证所提供的会计资料真实和完整；（3）伪造、变造是造成会计资料不真实、不完整重要手段之一【上岸熊提示：（1）**伪造是无中生有，以虚假的经济业务为前提来编制会计凭证和会计账簿，旨在以假充真；（2）变造是歪曲事实，用涂改、挖补等手段改变会计凭证和会计账簿的真实内容，以歪曲事实真相**】 |
| | 正确采用会计处理方法 | | （1）各单位的会计核算应当按照规定的会计处理方法进行，保证会计指标的口径一致、相互可比和会计处理方法前后各期一致，**不得随意变更**；（2）确有必要变更的，应当按照国家统一的会计制度的规定变更，并将变更的原因、情况及影响**在财务会计报告中说明** |
| | 正确使用会计记录文字【2020 年单选题】 | | （1）会计记录的**文字**应当使用**中文**；（2）在民族自治地方，会计记录**可以同时使用**当地通用的一种民族文字；（3）在中国境内的外商投资企业、外国企业和其他外国组织的会计记录**可以同时使用**一种外国文字 |
| | 会计电算化必须符合法律规定 | | 使用电子计算机进行会计核算的，其**软件**及其**生成的会计凭证、会计账簿、财务会计报告和其他会计资料**，必须符合规定 |
| **主要内容** | （1）款项和有价证券的收付；（2）财物的收发、增减和使用；（3）债权债务的发生和结算；（4）资本、基金的增减；（5）收入、支出、费用、成本的计算；（6）财务成果的计算和处理 | | |
| **会计年度** | 我国是以公历年度为会计年度，即以**每年公历的 1 月 1 日起至 12 月 31 日止**为一个会计年度。每一个会计年度还可以按照公历日期具体划分为半年度、季度、月度【2019 年判断题】 | | |
| **记账本位币** | 会计核算原则上以**人民币**为记账本位币。业务收支以**人民币以外**的货币为主的单位，可以选定其中一种货币作为记账本位币，但是编报的**财务会计报告应当折算为人民币**【2020 年多选题】 | | |
| **会计凭证** | 原始凭证 | 审核 | （1）对**不真实、不合法**的原始凭证有权**不予接受**，并向单位负责人报告；（2）对记载**不准确、不完整**的原始凭证**予以退回**，并要求按照国家统一的会计制度的规定更正、补充 |

续表

| | | | |
|---|---|---|---|
| **会计凭证** | 原始凭证 | 错误更正 | (1) 原始凭证记载的各项内容均**不得涂改**；(2) 原始凭证**有错误的**，应当由出具单位**重开或更正**，更正处应当加盖出具单位印章；(3) 原始凭证金额**有错误的**，应当由出具单位**重开**，不得在原始凭证上更正【上岸熊提示：原始凭证无论重开或更正，都仅和出具单位有关】 |
| | | 种类 | 收款凭证、付款凭证、转账凭证、通用记账凭证 |
| | | 填制要求 | (1) 记账凭证应当根据审核无误的原始凭证及有关资料编制；(2) 填制记账凭证时，应当对记账凭证进行连续编号；(3) 一笔经济业务需要填制**两张以上**记账凭证的，可以采用**分数编号法**编号；(4) 记账凭证可以根据**每一张**原始凭证、**若干张同类原始凭证汇总或原始凭证汇总表填制**，但不得将不同内容和类别的原始凭证汇总填制在一张记账凭证上 |
| | | 所附凭证 | **除结账、更正错误外，记账凭证必须附有原始凭证，并注明所附原始凭证的张数**【2021 年单选题】 |
| | | 错误更正 | 如果在**填制记账凭证时**发生错误，应当**重新填制** |
| | 会计凭证的保管 | 基本要求 | 会计凭证登记完毕后，应当按照分类和编号顺序保管，不得散乱丢失 |
| | | 原始凭证的保管 | 各种**经济合同、存出保证金收据以及涉外文件**等重要原始凭证，**应当另编目录，单独登记保管**，并在记账凭证和原始凭证上相互注明日期和编号 |
| | | 原始凭证的借阅 | (1) 原始凭证**不得外借**；(2) 其他单位如因特殊原因需要使用原始凭证时，经本单位会计机构负责人、会计主管人员批准，可以**复制**【2020 年判断题】 |
| | | 原始凭证的遗失 | (1) 能取得**原出具单位**盖有公章的证明，并注明原凭证号码、金额和内容等，由**经办单位**会计机构负责人、会计主管人员和单位负责人批准后，代作原始凭证；(2) 确实无法取得证明的：由**当事人**写出详细情况，由**经办单位**会计机构负责人、会计主管人员和单位负责人批准后，代作原始凭证 |
| **会计账簿** | 种类 | | **总账、明细账、日记账、其他辅助账簿** |
| | 启用会计账簿的基本要求 | 封面 | (1) 启用会计账簿时，应当在账簿封面上写明单位名称和账簿名称。(2) 在账簿扉页上应当附启用表。(3) 启用订本式账簿，应当从第一页到最后一页按顺序编定页数，不得跳页、缺号；使用活页式账页，应当按账户顺序编号，并须定期装订成册 |

| | | |
|---|---|---|
| **会计账簿** | 登记会计账簿的基本要求 | （1）各种账簿按页次顺序连续登记，不得跳行、隔页，如果发生跳行、隔页，应当将空行、空页画线注销，或者注明"此行空白""此页空白"字样，并由记账人员签名或盖章；（2）现金日记账和银行存款日记账必须逐日结出余额；（3）实行会计电算化的单位，用计算机打印的会计账簿必须连续编号，经审核无误后装订成册，并由记账人员和会计机构负责人、会计主管人员签字或盖章 |
| | 账簿记录错误的更正方法 | 账簿记录发生错误，不准涂改、挖补、刮擦或用药水消除字迹，不准重新抄写，必须按照下列方法进行更正：（1）登记账簿时发生错误，应当将错误的文字或数字画红线注销，但必须使原有字迹仍可辨认，然后在画线上方填写正确的文字或数字，并由记账人员在更正处盖章；（2）由于记账凭证错误而使账簿记录发生错误，应当按更正的记账凭证登记账簿【上岸熊提示：会计账簿的数字记录错误，应全部画红线更正，不得只更正其中的错误数字。对于文字错误，可只画去错误的部分】 |
| **财务会计报告**【2019、2020年单选题】 | 构成 | （1）财务会计报告由会计报表、会计报表附注和财务情况说明书组成；（2）企业财务会计报告按编制时间分为年度、半年度、季度和月度财务会计报告；（3）年度、半年度财务会计报告应当包括会计报表、会计报表附注、财务情况说明书，会计报表应当包括资产负债表、利润表、现金流量表及相关附表；（4）季度、月度财务会计报告通常仅指会计报表，会计报表至少应当包括资产负债表和利润表 |
| | 对外提供【2020年单选题】 | （1）向不同的会计资料使用者提供的财务会计报告，其编制依据应当一致；（2）须经注册会计师审计的，审计报告应当随同财务会计报告一并提供；（3）对外报送的财务会计报告应当由单位负责人和主管会计工作的负责人、会计机构负责人（会计主管人员）签名并盖章，设置总会计师的单位，还须由总会计师签名并盖章，单位负责人对财务会计报告的真实性、完整性负法律责任；（4）国有企业、国有控股或占主导地位的企业，应当至少每年一次向本企业的职工代表大会公布财务会计报告 |

| | | | |
|---|---|---|---|
| | 账务核对 | 要求 | 每年至少进行一次 |
| | | 账证核对 | 核对会计账簿记录与原始凭证、记账凭证是否相符 |
| | | 账账核对 | 核对不同会计账簿之间的账簿记录是否相符 |
| | | 账实核对 | 核对会计账簿记录与财产等实有数额是否相符 |
| | 财产清查 | | 在编制年度财务会计报告之前，必须进行财产清查【上岸熊提示：在会计信息处理流程中，前一环节是后一环节的依据，但必须有"审核"二字才能判断为正确。如记账凭证应当根据审核无误的原始凭证及有关资料编制，此说法正确；记账凭证以原始凭证为依据编制，此说法错误】 |

## 二、会计档案管理

| 内容 | (1) 会计档案包括通过计算机等电子设备形成、传输和存储的电子会计档案；(2) 单位的预算、计划、制度等文件材料属于文书档案，不属于会计档案【2020年判断题】 | |
|---|---|---|
| **归档** | 归档范围 | (1) 会计凭证，包括原始凭证、记账凭证；(2) 会计账簿，包括总账、明细账、日记账、固定资产卡片及其他辅助性账簿；(3) 财务会计报告，包括月度、季度、半年度、年度财务会计报告；(4) 其他会计资料，包括银行存款余额调节表、银行对账单、纳税申报表、会计档案移交清册、会计档案保管清册、会计档案销毁清册、会计档案鉴定意见书及其他具有保存价值的会计资料【2019年多选题】 |
| | 电子会计档案的归档要求 | (1) 单位可以利用计算机、网络通信等信息技术手段管理会计档案。(2) 同时满足下列条件的，单位内部形成的属于归档范围的电子会计资料可仅以电子形式保存，形成电子会计档案：①形成的电子会计资料来源真实有效，由计算机等电子设备形成和传输；②使用的会计核算系统能够准确、完整、有效接收、读取、输出符合规定的会计资料，设定了经办、审核、审批等必要的审签程序；③电子档案管理系统能够有效接收、管理、利用电子会计档案，符合长期保管要求，并建立了与相关联的纸质会计档案的检索关系；④采取有效措施，能防止被篡改；⑤建立备份制度；⑥不属于具有永久保存或其他重要保存价值的会计档案。(3) 单位从外部接收的电子会计资料，还需附有符合《中华人民共和国电子签名法》规定的电子签名 |
| | 负责人员 | 单位的会计机构或会计人员所属机构按照归档范围和归档要求，负责定期将应当归档的会计资料整理立卷，编制会计档案保管清册 |
| | 临时保管 | (1) 当年形成的会计档案，在会计年度终了后，可由单位会计管理机构临时保管1年；(2) 需推迟移交的，应经单位档案管理机构同意，由单位会计管理机构临时保管最长不超过3年；(3) 临时保管期间，出纳人员不得兼管会计档案【2018年单选题】 |
| **会计档案的移交和利用** | 会计档案的移交 | (1) 单位会计管理机构在办理会计档案移交时，应当编制会计档案移交清册；(2) 纸质会计档案移交时应当保持原卷的封装；(3) 电子会计档案移交时应当将电子会计档案及其元数据一并移交；(4) 单位档案管理机构接收电子会计档案时，应当对电子会计档案的准确性、完整性、可用性、安全性进行检测，符合要求的才能接收 |
| | 会计档案的利用 | (1) 进行会计档案查阅、复制、借出时履行登记手续，严禁篡改和损坏；(2) 会计档案一般不得对外借出，确因工作需要且根据国家有关规定必须借出的，应当严格按规定办理相关手续 |

续表

| 保管期限 | 年度财务报告、会计档案保管清册、会计档案销毁清册、会计档案鉴定意见书 | 永久 |
|---|---|---|
| | 会计凭证、会计账簿、会计档案移交清册（固定资产卡片除外） | 30 年 |
| | 月度、季度、半年度财务报告，银行存款余额调节表，银行对账单，纳税申报表 | 10 年 |
| | 固定资产卡片（自固定资产报废清理后起算） | 5 年 |

| 会计档案的鉴定和销毁 | 会计档案的鉴定 | | （1）单位应当定期对已到保管期限的会计档案进行鉴定，并形成会计档案鉴定意见书。（2）经鉴定，仍需继续保存的会计档案，应当重新划定保管期限；对保管期满，确无保存价值的会计档案，可以销毁。（3）会计档案鉴定工作应当由单位档案管理机构牵头，组织单位会计、审计、纪检监察等机构或人员共同进行 |
|---|---|---|---|
| | 销毁的基本程序和要求 | 编制清册 | （1）单位档案管理机构编制会计档案销毁清册；（2）单位负责人、档案管理机构负责人、会计管理机构负责人、档案管理机构经办人、会计管理机构经办人在会计档案销毁清册上签署意见【2019 年单选题】 |
| | | 监销 | （1）单位档案管理机构负责组织会计档案销毁工作，并与会计管理机构共同派员监销。（2）监销人在会计档案销毁前，应当按照会计档案销毁清册所列内容进行清点核对；在会计档案销毁后，应当在会计档案销毁清册上签名或盖章。（3）电子会计档案的销毁还应当符合国家有关电子档案的规定，并由单位档案管理机构、会计管理机构和信息系统管理机构共同派员监销 |
| | 不得销毁的 | | 保管期满但未结清的债权债务会计凭证和涉及其他未了事项的会计凭证不得销毁，纸质会计档案应当单独抽出立卷，电子会计档案单独转存，保管到未了事项完结时止 |

| 特殊情况下的会计档案处置 | 单位分立 | 原单位存续 | 存续方统一保管，其他方可查阅、复制 |
|---|---|---|---|
| | | 原单位解散 | 各方协商后由一方代管，各方可查阅、复制 |
| | 单位合并 | 原单位存续 | 原各单位保管 |
| | | 一方或多方解散的 | 合并后单位统一保管 |
| | 建设单位 | | 建设单位在项目建设期间形成的会计档案，需要移交给建设项目接收单位的，应当在办理竣工财务决算后及时移交，并按照规定办理交接手续 |
| | 单位之间交接会计档案 | | 单位之间交接会计档案时，交接双方应当办理会计档案交接手续 |
| | | 交接前 | 移交会计档案的单位，应当编制会计档案移交清册 |
| | | 交接时 | 交接双方应当按照会计档案移交清册所列内容逐项交接，并由交接双方的单位有关负责人负责监督 |
| | | 交接后 | 交接双方经办人和监督人应当在会计档案移交清册上签名或盖章 |

# 三、会计监督

| | | | | |
|---|---|---|---|---|
| **单位内部监督** | 主体 | 各单位的会计机构、会计人员【2020 年判断题】 | | |
| | 对象 | 单位的经济活动 | | |
| | 制度要求 | （1）记账人员与经济业务事项和会计事项的审批人员、经办人员、财务保管人员的职责权限应当明确，并相互分离、相互制约；（2）重大对外投资、资产处置、资金调度和其他重要业务事项的决策和执行的相互监督、相互制约程序应当明确；（3）财产清查的范围、期限和组织程序应当明确；（4）对会计资料定期进行内部审计的办法和程序应当明确 | | |
| | 违规处理 | （1）会计机构、会计人员对违反规定的会计事项，有权拒绝办理或按照职权予以纠正。（2）发现会计账簿记录与实物、款项及有关资料不相符，有权自行处理的，应当及时处理；无权自行处理的，应当立即向单位负责人报告，请求查明原因，作出处理 | | |
| | 单位内部控制制度<br>【多次出现单选、多选题】 | 原则 | 一般企业 | 全面性原则、重要性原则、制衡性原则、适应性原则、成本效益原则【上岸熊提示：一本全要知（制）识（适）】 |
| | | | 小企业 | 风险导向原则、适应性原则、成本效益原则、实质重于形式原则【上岸熊提示：小风应诚（成）实】 |
| | | 措施<br>【上岸熊提示：不受（授）贿（会）才（财）算赢(营)绩效】 | 不相容职务分离控制 | 不相容职务主要包括：（1）授权批准与业务经办；（2）业务经办与会计记录；（3）会计记录与财产保管；（4）授权批准与监督检查；（5）业务经办与稽核检查【上岸熊提示：还有常考不相容职务为"出纳人员与稽核、会计档案保管与收入、支出、费用、债权债务账目的记账工作"】 |
| | | | 其他措施 | 授权审批控制、会计系统控制、财产保护控制、预算控制、运营分析控制、绩效考评控制 |
| **政府监督** | 概念 | 主要是指财政部门代表国家对各单位和单位中相关人员的会计行为实施监督检查，对发现的会计违法行为实施行政处罚 | | |
| | 监督主体 | 财政部门 | 财政部门是指国务院财政部门、省级以上人民政府财政部门的派出机构和县级以上人民政府财政部门 | |
| | | 其他部门 | 除财政部门外，审计、税务、银行监管、证券监管、保险监管等部门依照有关法律、行政法规规定的职责和权限，可以对有关单位的会计资料实施监督检查 | |
| | 监督内容 | （1）是否依法设置会计账簿；（2）会计凭证、会计账簿、财务会计报告和其他会计资料是否真实、完整；（3）会计核算是否符合《中华人民共和国会计法》和国家统一的会计制度的规定；（4）从事会计工作的人员是否具备专业能力、遵守职业道德 | | |

| 社会监督 | 监督主体 | 注会与会计师事务所 | 主要是指注册会计师及其所在的会计师事务所等中介机构接受委托，依法对单位的经济活动进行审计，出具审计报告，发表审计意见的一种监督制度 | | |
| --- | --- | --- | --- | --- | --- |
| | | **单位和个人** | 任何单位和个人对违反制度规定的行为，有权检举。鼓励任何单位和个人检举违法会计行为，也属于会计工作社会监督的范畴 | | |
| | 注册会计师审计报告 | 审计报告是指注册会计师根据审计准则的规定，在执行审计工作的基础上，对被审计单位财务报表发表审计意见的书面文件 | | | |
| | | 审计报告种类 | 标准审计报告 | **(1) 无保留意见；(2) 不含有**说明段、强调事项段、其他事项段；(3) 可以包含**其他报告责任段** | |
| | | | 非标准审计报告 | 无保留意见的审计报告 | 含有强调事项段或其他事项段 |
| | | | | **保留**意见、**否定**意见、**无法表示**意见 | |
| | | 审计意见类型 | 无保留意见 | 财务报表在所有重大方面按照适用的财务报告编制基础编制并实现公允反映 | |
| | | | 非无保留意见 | 导致发表非无保留意见事项的性质 | 重大但不具有广泛性 | 重大且具有广泛性 |
| | | | | **已经获取**充分、适当的审计证据 | **保留意见** | **否定意见** |
| | | | | **无法获取**充分、适当的审计证据 | **保留意见** | **无法表示意见** |

# 第三节 会计机构和会计人员

## 一、会计机构和代理记账机构

| | | | |
|---|---|---|---|
| 会计机构 | 会计机构是指各单位办理会计事务的职能部门。各单位应依据会计业务的需要，设置会计机构，或者在有关机构中设置会计人员并指定会计主管人员；**不具备设置条件的，应当委托经批准设立从事会计代理记账业务的中介机构代理记账** | | |
| 代理记账机构 | 代理记账机构的审批 | | （1）除会计师事务所以外的机构从事代理记账业务，**应当经县级以上人民政府财政部门批准，**并领取由财政部统一规定样式的代理记账许可证书。（2）会计师事务所及其分所可以依法从事代理记账业务。（3）申请代理记账资格的机构应同时具备以下条件：①为依法设立的企业；②**专职从业人员不少于 3 名，**专职从业人员是指仅在一个代理记账机构从事代理记账业务的人员；③主管代理记账业务的负责人**具有会计师以上专业技术职务资格或从事会计工作不少于 3 年，且为专职从业人员；**④有健全的代理记账业务内部规范【2017 年单选题】 |
| | 代理记账的业务范围 | | （1）根据委托人提供的原始凭证和其他相关资料，按照国家统一的会计制度的规定进行**会计核算，**包括审核原始凭证、填制记账凭证、登记会计账簿、编制财务会计报告等；（2）**对外提供财务会计报告；**（3）向税务机关**提供税务资料；**（4）委托人委托的其他会计业务 |
| | 委托人、代理记账机构及其从业人员各自的义务 | | 双方应当在相互协商的基础上，订立**书面委托合同** |
| | | 委托人的义务 | （1）对本单位发生的经济业务事项，应当填制或取得符合国家统一的会计制度规定的原始凭证；（2）应当**配备专人负责日常货币收支和保管；**（3）及时向代理记账机构提供真实、完整的原始凭证和其他相关资料；（4）对于代理记账机构退回的，要求按规定进行更正、补充的原始凭证，应当及时予以更正、补充 |
| | | 代理记账机构的义务 | （1）遵守法律法规，按照委托合同办理代理记账业务；（2）对在执行业务中知悉的商业秘密**予以保密；**（3）对委托人要求其作出不当的会计处理，提供不实的会计资料等非法要求，**予以拒绝；**（4）对委托人提出的有关会计处理相关问题予以**解释** |
| | | 报告签章 | 代理记账机构为委托人编制的财务会计报告，**经代理记账机构负责人和委托人负责人签名并盖章后，**按照规定对外提供 |
| | 对代理记账机构的管理 | | （1）代理记账机构及其设立的分支机构，**应当于每年 4 月 30 日之前**向其所在地的审批机关报送的材料包括代理记账机构基本情况表、专职人员变动情况。（2）县级以上人民政府财政部门对代理记账机构及其从事代理记账业务情况**实施监督。**（3）代理记账机构存在下列情形之一的，审批机关应当办理**注销手续，**收回代理记账许可证书并予以公告：①代理记账机构依法终止的；②代理记账资格被依法撤销或撤回的；③其他应予以注销情形【2022 年判断题】 |

## 二、会计工作岗位设置

| 概念 | 会计工作岗位是指一个单位会计机构内部根据业务分工而设置的职能岗位。根据《会计基础工作规范》的要求，各单位应当根据会计业务需要设置会计工作岗位 |
|---|---|
| 会计工作岗位 | 财产物资核算、成本费用核算、财务成果核算、资金核算、工资核算、会计机构负责人或会计主管人员、出纳、稽核、往来结算、总账报表、档案管理（会计机构内）等 |
| 设置要求 | （1）会计工作岗位，可以一人一岗、一人多岗或一岗多人；（2）出纳人员不得兼任（兼管）稽核，会计档案保管和收入、支出、费用、债权债务账目的登记工作；（3）会计人员的工作岗位应当有计划地进行轮换【上岸熊提示：（1）开展会计电算化和管理会计的单位，可以根据需要设置相应工作岗位，也可以与其他工作岗位相结合；（2）档案管理部门的人员管理会计档案，不属于会计岗位】 |

## 三、会计人员

| 范围 | | | 出纳、稽核、资产、负债和所有者权益的核算，收入、费用（支出）的核算，财务成果（政府预算执行结果）的核算，财务会计报告（决算报告）编制，会计监督，会计机构内会计档案管理等【上岸熊提示：担任单位会计机构负责人（会计主管人员）、总会计师的人员属于会计人员】 |
|---|---|---|---|
| 任职要求 | 一般要求 | | （1）遵守法律法规；（2）具备良好的职业道德；（3）按规定参加继续教育；（4）具备从事会计工作所需要的专业能力 |
| | 会计机构负责人（会计主管人员） | 地位 | 在一个单位内具体负责会计工作的中层领导人员 |
| | | 资格 | （1）坚持原则，廉洁奉公；（2）具备会计师以上专业技术职务资格或从事会计工作不少于3年；（3）熟悉国家财经法律、法规、规章和方针、政策，掌握本行业业务管理的有关知识；（4）有较强的组织能力；（5）身体状况能够适应本职工作的要求 |
| | 总会计师【2021年多选题】 | 地位 | 是主管本单位会计工作的行政领导，是单位行政领导成员，协助单位主要行政领导人工作，直接对单位主要行政领导人负责 |
| | | 资格 | 由具有会计师以上专业技术资格的人员担任 |
| | | 设置要求 | （1）国有的和国有资产占控股地位或主导地位的大、中型企业必须设置总会计师；（2）大、中型企业，事业单位，业务主管部门应当根据规定设置总会计师；（3）其他单位可根据需要自行决定是否设置总会计师 |
| 回避制度 | | | （1）国家机关、国有企业、事业单位任用会计人员应当实行回避制度；（2）会计机构负责人、会计主管人员的直系亲属不得在本单位会计机构中担任出纳工作；（3）会计单位领导人的直系亲属不得担任本单位的会计机构负责人、会计主管人员；（4）需要回避的直系亲属为夫妻、直系血亲、三代以内旁系血亲和姻亲关系 |

| 继续 教育 | 参加人员 | （1）具有会计专业技术资格的人员。（2）不具有会计专业技术资格但从事会计工作的人员 |
|---|---|---|
| | 起始时间 | 自取得会计专业技术资格的**次年**或从事会计工作的**次年** |
| | 学分要求 | 每年参加继续教育的学分**不少于 90 学分**，专业科目一般不少于总学分的 2/3 |

## 四、会计专业职务（会计职称）与会计专业技术资格

| 初级职务 | 助理会计师 | 初级资格 | **全国统一考试制度** |
|---|---|---|---|
| **中级职务** | 会计师 | 中级资格 | |
| **副高级职务** | 高级会计师 | 高级资格 | **考试与评审相结合** |
| **正高级职务** | 正高级会计师 | — | — |

## 五、会计工作

| 禁入 规定 | 终身禁入 | 因提供虚假财务会计报告，做假账，隐匿或故意销毁会计凭证、会计账簿、财务会计报告，贪污、挪用公款，职务侵占等与**会计职务有关的违法行为被依法追究刑事责任的人员**，不得再从事会计工作 |
|---|---|---|
| | 5 年禁入 | （1）因伪造、变造会计凭证、会计账簿，编制虚假财务会计报告，隐匿或故意销毁依法应当保存的会计凭证、会计账簿、财务会计报告，**尚不构成犯罪的，5 年内不得从事会计工作**；（2）会计人员有违反国家统一的会计制度的**一般违法行为，情节严重的，5 年内不得从事会计工作** |
| 交接 | 适用情形 | （1）会计人员工作调动或因故离职；（2）会计人员临时离职或因病不能工作且需要接替或代理；（3）临时离职或因病不能工作的会计人员恢复工作；（4）单位撤销时，必须留有必要的会计人员，会同有关人员办理清理工作，编制决算 |
| | 双方责任 | （1）没有办清交接手续的，不得调动或离职；（2）**移交人员**对所移交的会计凭证、会计账簿、会计报表和其他有关资料的合法性、真实性承担法律责任；（3）接替人员应当认真接管移交工作，并继续办理移交的未了事项；接替人员应当继续使用移交的会计账簿，不得自行另立新账，以保持会计记录的连续性；（4）移交人员因病或其他特殊原因不能亲自办理移交的，**经单位领导人批准**，可由移交人员**委托他人代办**移交，但**委托人**应当对所移交的会计资料的**合法性、真实性**负责 |

续表

| 交接 | 交接前准备工作 | | （1）已经受理的经济业务尚未填制会计凭证的，应当填制完毕；（2）尚未登记的账目，应当登记完毕，并在最后一笔余额后加盖经办人员印章；（3）整理应该移交的各项资料，对未了事项写出书面材料；（4）编制移交清册，列明应当移交的会计资料和物品等内容，实行会计电算化的单位，从事该项工作的移交人员还应当在移交清册中列明会计软件及密码、会计软件数据磁盘（磁带等）及有关资料、实物等内容 |
|------|------|------|------|
| | 交接时 | 监交 | （1）会计人员办理交接手续，必须有监交人员负责监交；（2）一般会计人员办理交接手续，由会计机构负责人（会计主管人员）监交；（3）会计机构负责人（会计主管人员）办理交接手续，由单位负责人监交，必要时主管单位可以派人会同监交【2021年多选题】 |
| | | 移交 | 移交人员在办理移交时，要按移交清册逐项移交，接替人员要逐项核对点收。（1）库存现金、有价证券必须与会计账簿记录保持一致。不一致时，移交人员应当限期查清。（2）会计凭证、会计账簿、会计报表和其他会计资料必须完整无缺。如有短缺，移交人员应当查清原因，并在移交清册中注明。（3）银行存款账户余额要与银行对账单核对，如不一致，应当编制银行存款余额调节表调节相符，各种财产物资和债权债务的明细账户余额要与总账有关账户余额核对相符；必要时，要抽查个别账户的余额，与实物核对相符，或者与往来单位、个人核对清楚。（4）移交人员经管的票据、印章和其他实物等，必须交接清楚；移交人员从事会计电算化工作的，要对有关电子数据在实际操作状态下进行交接。（5）会计机构负责人（会计主管人员）移交时，还应当将全部财务会计工作、重大财务收支和会计人员的情况等，向接替人员详细介绍。对需要移交的遗留问题，应当写出书面材料 |
| | 交接完毕后 | | （1）交接完毕后，交接双方和监交人要在移交清册上签名或盖章，并应在移交清册上注明：单位名称、交接日期，交接双方和监交人的职务、姓名，移交清册页数及需要说明的问题和意见等。（2）移交清册一般应当填制一式三份，交接双方各执一份，存档一份【2020年判断题】 |

# 第四节 会计法律责任

## 一、违反国家统一的会计制度的法律责任

| 违反国家统一的会计制度的行为 | 法律责任 |
|---|---|
| （1）不依法设置会计账簿；（2）私设会计账簿；（3）未按照规定填制、取得原始凭证或填制、取得的原始凭证不符合规定；（4）以未经审核的会计凭证为依据登记会计账簿或登记会计账簿不符合规定；（5）随意变更会计处理方法；（6）向不同的会计资料使用者提供的财务会计报告编制依据不一致；（7）未按照规定使用会计记录文字或记账本位币；（8）未按照规定保管会计资料，致使会计资料毁损、灭失；（9）未按照规定建立并实施单位内部会计监督制度或拒绝依法实施的监督或不如实提供有关会计资料及有关情况；（10）任用会计人员不符合《中华人民共和国会计法》的规定 | （1）由县级以上人民政府财政部门责令限期改正，可以对单位并处3000元以上5万元以下的罚款；（2）对其直接负责的主管人员和其他直接责任人员，可以处2000元以上2万元以下的罚款；（3）属于国家工作人员的，还应当由其所在单位或有关单位依法给予行政处分；（4）构成犯罪的，依法追究刑事责任；（5）会计人员有上述所列行为之一且情节严重的，5年内不得从事会计工作 |

## 二、与会计凭证、会计账簿和财务会计报告相关的法律责任

| | |
|---|---|
| 伪造、变造会计资料及编制虚假财务会计报告 | （1）尚不构成犯罪的，由县级以上人民政府财政部门予以通报，可以对单位并处5000元以上10万元以下的罚款；对其直接负责的主管人员和其他直接责任人员，可以处3000元以上5万元以下的罚款。（2）属于国家工作人员的，还应由其所在单位或有关单位依法给予撤职直至开除的行政处分，构成犯罪的，依法追究刑事责任。（3）其中的会计人员，5年内不得从事会计工作 |
| 隐匿或故意销毁会计资料 | （1）由县级以上人民政府财政部门予以通报，可以对单位并处5000元以上10万元以下的罚款；对其直接负责的主管人员和其他直接责任人员，可以处3千元以上5万元以下的罚款。（2）属于国家工作人员的，还应由其所在单位或有关单位依法给予撤职直至开除的行政处分。其中的会计人员，5年内不得从事会计工作。（3）情节严重的，处5年以下有期徒刑或拘役，并处或单处2万元以上20万元以下罚金。单位犯罪的，对单位判处罚金，并对其直接负责的主管人员和其他直接责任人员，依照规定处罚 |
| 授意、指使、强令会计机构及人员从事会计违法行为 | （1）尚不构成犯罪的，可以处5000元以上5万元以下的罚款；（2）属于国家工作人员的，还应当由其所在单位或有关单位依法给予降级、撤职、开除的行政处分；（3）构成犯罪的，依法追究刑事责任 |

### 三、单位负责人打击报复的法律责任

| | |
|---|---|
| 刑事责任 | 单位负责人对会计人员实行打击报复，构成犯罪的，依法追究刑事责任；情节恶劣的，**处 3 年以下有期徒刑或拘役** |
| 行政处分 | 单位负责人对会计人员实行打击报复，尚不构成犯罪的，由其所在单位或有关单位依法给予行政处分 |
| 恢复名誉 | 对受打击报复的会计人员，应当恢复其名誉和原有职务、级别 |

### 四、财政部门及有关行政部门工作人员职务违法的法律责任

财政部门及有关行政部门的工作人员在实施监督管理中**滥用职权、玩忽职守、徇私舞弊或泄露国家秘密、商业秘密**，构成犯罪的，依法追究刑事责任，尚不构成犯罪的，依法给予行政处分。

收到对违反《中华人民共和国会计法》和国家统一的会计制度规定的行为检举部门及负责处理检举的部门，将检举人姓名和检举材料转给被检举单位和被检举人个人的，**由所在单位或有关单位依法给予行政处分。**

# 第三章 支付结算法律制度

## 第一节 支付结算概述

| | | | |
|---|---|---|---|
| 概念 | 支付结算是指单位、个人在社会经济活动中使用票据、银行卡和汇兑、托收承付、委托收款以及电子支付等结算工具或方式进行货币给付及资金清算的行为 | | |
| 服务组织 | 中央银行 | 负责建设运行支付清算系统，向银行、特许清算机构、支付机构提供账户、清算等服务 | |
| | 银行业金融机构 | 面向广大单位和个人提供账户、支付工具、结算等服务 | |
| | 特许清算机构 | 主要向其成员机构提供银行卡、电子商业汇票等特定领域的清算服务 | |
| | 非金融支付机构 | 主要为个人和中小微企业提供网络支付、银行卡收单和多用途预付卡发行与受理等支付服务 | |
| 工具 | 三票一卡【2021年多选题】 | 汇票 | 银行汇票 |
| | | | 商业汇票　　商业承兑汇票和银行承兑汇票 |
| | | 本票 | 银行本票 |
| | | 支票 | 现金支票、转账支票和普通支票 |
| | | 银行卡 | |
| | 结算方式 | 汇兑、托收承付、委托收款 | |
| | 电子支付 | 网上银行、条码支付、网络支付 | |
| 原则 | (1) 恪守信用、履约付款原则；(2) 谁的钱进谁的账、由谁支配原则；(3) 银行不垫款原则 | | |
| 凭证使用 | 单位、个人和银行办理支付结算，必须使用按中国人民银行统一规定印制的票据凭证和结算凭证【上岸熊提示：不是必须使用"中国人民银行印制"的票据】【2017年判断题】 | | |
| 填写规范 | 收款人名称 | 单位和银行的名称应当记载全称或规范化简称 | |
| | 出票日期【2021年单选题】 | (1) 票据的出票日期必须使用中文大写；(2) 为防止变造票据的出票日期，在填写月、日时：月为壹、贰和壹拾的，日为壹至玖、壹拾、贰拾和叁拾的，应当在其前加零；日为拾壹至拾玖的，应当在其前加壹 | |
| | 金额 | 票据和结算凭证金额以中文大写和阿拉伯数码同时记载，二者必须一致。二者不一致的票据无效；二者不一致的结算凭证银行不予受理 | |
| 签章要求 | (1) 票据和结算凭证上的签章为签名、盖章或签名加盖章；(2) 单位、银行在票据上的签章和单位在结算凭证上的签章，为该单位、银行的盖章加其法定代表人或其授权的代理人的签名或盖章；(3) 个人在票据和结算凭证上的签章，应为该个人本人的签名或盖章 | | |

续表

| 更改要求 | （1）**出票金额、出票日期、收款人名称不得更改**【上岸熊提示："金收日"不得改】，更改的票据无效；更改的结算凭证，银行不予受理；（2）**对票据和结算凭证上的其他记载事项，原记载人可以更改**，更改时应当由原记载人在更改处签章证明【2022年多选题】 |
|---|---|
| 伪造与变造 | （1）**伪造**是指无权限人**假冒**他人或虚构他人名义签章的行为；（2）**变造**是指**无权更改票据内容的人**，对票据上签章以外的记载事项加以**改变**的行为；（3）伪造、变造票据属于欺诈行为，构成犯罪的应追究其刑事责任 |

# 第二节 银行结算账户

## 一、银行结算账户概述

| 概念 | | | 银行结算账户是指银行为存款人开立的办理资金收付结算的人民币活期存款账户 | |
|---|---|---|---|---|
| 种类 | 单位银行结算账户 | | **基本存款账户，一般存款账户，专用存款账户，临时存款账户** | |
| | 个人银行结算账户 | | 包括**I类、II类、III类银行账户** | |
| 开立 | 签章 | 开户申请的签章要求 | 单位 | **单位公章和法定代表人（单位负责人）或其授权代理人的签名或盖章** |
| | | | 个人 | **个人签章** |
| | | 预留银行签章要求 | 单位 | 预留签章为该单位的公章或财务专用章，加其法定代表人（单位负责人）或其授权的代理人的签名或盖章 |
| | | | 个人 | 预留签章为该个人的签名或盖章 |
| | 存款人申请开立银行结算账户时，应填制开立银行结算账户申请书，银行应对存款人的开户申请书填写的事项和相关证明文件的**真实性、完整性、合规性**进行认真审查 | | | |
| | 开户核准与备案【2022年多选题】 | 核准 | 需要中国人民银行核准的账户包括**基本存款账户（企业除外）、临时存款账户（因注册验资和增资验资开立的除外）、预算单位专用存款账户和合格境外机构投资者在境内从事证券投资开立的人民币特殊账户和人民币结算资金账户** | |
| | | 备案 | 企业（在境内设立的企业法人、非法人企业和个体工商户）开立基本存款账户、临时存款账户已取消核准制，由银行向中国人民银行当地分支机构备案即可 | |

续表

| 开立 | 签订协议 | (1) 开立银行结算账户时，银行应与存款人签订银行结算账户管理协议，明确双方的权利与义务；(2) 对存在法定代表人或单位负责人对单位经营规模及业务背景等情况不清楚、注册地和经营地均在异地等情况的单位，银行应当与其法定代表人或单位负责人面签银行结算账户管理协议，并留存视频、音频资料等，且开户初期原则上不开通非柜面业务，待后续了解后再审慎开通；(3) 银行在为存款人开通非柜面（网银）转账业务时，双方应签订协议，约定非柜面渠道向非同名银行账户和支付账户转账的日累计限额、笔数和年累计限额等，超出限额和笔数的，应到银行柜面办理 | | |
|---|---|---|---|---|
| | 业务办理起始时间 | (1) 企业银行结算账户：自开立之日起即可办理收付款业务（另有规定除外）；(2) 企业以外的其他单位银行结算账户（机关、事业单位等）：自开立之日起3个工作日后，方可使用该账户办理付款业务，但注册验资的临时存款账户转为基本存款账户和因借款转存开立的一般存款账户除外 | | |
| 变更 | 变更是指存款人的账户信息资料发生变化或改变。 | | | |
| | 需要变更的情形 | 企业主动变更 | 存款人更改名称，但不改变开户银行及账号 | 5个工作日提出申请 |
| | | | 法定代表人或主要负责人、住址及其他开户资料发生变更 | 5个工作日书面通知 |
| | | 银行通知变更 | (1) 银行发现企业名称、法定代表人或单位负责人发生变更的，应及时通知企业办理变更手续；企业自通知送达之日起在合理期限内仍未办理变更手续，且未提出合理理由的，银行有权采取措施适当控制账户交易。(2) 企业营业执照、法定代表人或单位负责人有效身份证件列明有效期限的，银行应当于到期日前提示企业及时更新，有效期到期后，在合理期限内企业仍未更新，且未提出合理理由的，银行应当按规定中止其办理业务 | |
| | 原开户许可证的处理 | 企业名称、法定代表人或单位负责人变更，账户管理系统重新生成新的基本存款账户编号，银行应当打印"基本存款账户信息"并交付企业 | | |
| 撤销 | 撤销情形及要求 | 被撤并、解散、宣告破产或关闭的 | 应于5个工作日内向开户银行提出撤销银行结算账户的申请 | |
| | | 注销、被吊销营业执照的 | | |
| | | 因迁址需要变更开户银行的 | 撤销原基本存款账户后，需要重新开立基本存款账户的，应在撤销其原基本存款账户后10日内申请重新开立基本存款账户 | |
| | | 因其他原因需要撤销银行结算账户的 | | |

续表

| | | |
|---|---|---|
| 撤销 | 撤销程序<br>【2020年<br>单选题】 | （1）存款人撤销银行结算账户，必须与开户银行**核对银行结算账户存款余额，交回**各种重要**空白票据**及**结算凭证**和**开户许可证**（不含取消企业银行账户许可之后无开户许可证的企业），银行核对无误后方可办理销户手续；（2）**撤销银行结算账户时，应先撤销一般存款账户、专用存款账户、临时存款账户，将账户资金转入基本存款账户后，方可办理基本存款账户的撤销；**【上岸熊提示：基本存款账户最后撤销】（3）存款人尚未清偿其开户银行债务的，不得申请撤销该银行结算账户；（4）对于按照账户管理规定应撤销而未办理销户手续的单位银行结算账户，银行通知该单位银行结算账户的存款人**自发出通知之日起30日内**办理销户手续，逾期视同自愿销户，未划转款项列入久悬未取专户管理 |

## 二、各类银行结算账户的开立和使用

### 1. 基本存款账户

| | |
|---|---|
| 概念 | 基本存款账户是存款人因办理**日常转账结算和现金收付**需要开立的银行结算账户 |
| 范围 | （1）企业法人；（2）非法人企业（如个人独资企业和合伙企业）；（3）机关、事业单位；（4）团级（含）以上军队、武警部队及分散执勤的支（分）队；（5）社会团体；（6）民办非企业组织；（7）异地常设机构；（8）外国驻华机构；（9）个体工商户；（10）居民委员会、村民委员会、社区委员会；（11）单位设立的独立核算的附属机构，包括食堂、招待所、幼儿园；（12）其他组织（如业主委员会、村民小组等）；（13）境外机构 |
| 特征 | **基本存款账户是存款人的主办账户，一个单位只能开立一个基本存款账户。存款人日常经营活动的资金收付，以及存款人的工资、奖金和现金的支取，应通过该账户办理**【2020年多选题】 |

### 2. 一般存款账户

| | |
|---|---|
| 概念 | 一般存款账户是存款人**因借款或其他结算需要，**在基本存款账户开户银行**以外**的银行营业机构开立的银行结算账户【2019年单选题】 |
| 特征 | 一般存款账户可以用于办理存款人借款转存、借款归还和其他结算的资金收付。可以办理现金缴存，但**不得办理现金支取** |

### 3. 专用存款账户

| | | |
|---|---|---|
| 概念 | 专用存款账户是存款人对特定用途资金进行专项管理和使用而开立的银行结算账户 | |
| 适用范围和<br>使用规定 | （1）财政预算、外资金账户；（2）证券交易结算资金账户；（3）期货交易保证金账户；（4）信托基金专用存款账户 | **不得支取现金** |

续表

| 适用范围和使用规定 | （1）基本建设资金账户；（2）更新改造资金账户；（3）政策性房地产开发资金账户；（4）金融机构存放同业资金账户 | 需要支取现金的，应在开户时报中国人民银行当地分支机构批准 |
|---|---|---|
| | （1）粮、棉、油收购资金账户；（2）社会保障基金账户；（3）住房基金账户；（4）党、团、工会经费账户 | 支取现金应按照国家现金管理的规定办理 |
| | 收入汇缴资金账户和业务支出资金：除向其基本存款账户或预算外资金财政专用存款账户划缴款项外，只收不付，不得支取现金【2019 年单选题】 | |
| | 业务支出资金账户：除从其基本存款账户拨入款项外，只付不收，可以按规定支取现金 | |

## 4. 预算单位零余额账户

| 概念 | 预算单位零余额账户是预算单位经财政部门批准，在国库集中支付代理银行和非税收入收缴代理银行开立的，用于办理国库集中收付业务的银行结算账户 |
|---|---|
| 性质 | 该账户为基本存款账户或专用存款账户【上岸熊提示：是何种账户看预算单位是否开立基本存款账户，若未开立，则该账户为基本存款账户，否则为专用存款账户】 |
| 数量 | 一个基层预算单位开设一个零余额账户【2020 年判断题】 |
| 使用规定 | （1）用于财政授权支付，可以办理转账、提取现金等结算业务；（2）可以向本单位按账户管理规定保留的相应账户划拨工会经费、住房公积金及提租补贴，以及财政部门批准的特殊款项；（3）不得违反规定向本单位其他账户和上级主管单位、所属下级单位账户划拨资金 |

## 5. 临时存款账户

| 概念 | 临时存款账户是存款人因临时需要并在规定期限内使用而开立的银行结算账户 |
|---|---|
| 适用范围 | （1）设立临时机构（如工程指挥部、摄制组等）；（2）异地临时经营活动（如建筑施工及安装单位等在异地的临时经营活动）；（3）注册验资、增资；（4）军队、武警单位承担基本建设或异地执行作战、演习、抢险救灾、应对突发事件等临时任务 |
| 特征 | 临时存款账户的有效期最长不得超过 2 年。临时存款账户可以支取现金，但应当按国家现金管理的规定办理。注册验资的临时存款账户在验资期间只收不付【2020 年单选题】 |

## 6. 个人银行结算账户

（1）分类及功能

| 分类 | 功能 |
|---|---|
| Ⅰ类账户 | 【全功能】为存款人提供存款、购买投资理财产品等金融产品、转账、消费和缴费支付、支取现金等服务 |
| Ⅱ类账户 | 【全功能＋限额】办理存款、购买投资理财产品等金融产品、限额消费和缴费、限额向非绑定账户转出资金业务，可以配发银行卡实体卡片。经银行柜面、自助设备加以银行工作人员现场面对面确认身份的，还可以办理限额存取现金、非绑定账户资金限额转入业务。日累计限额合计为1万元，年累计限额合计为20万元【2022年单选题】 |
| Ⅲ类账户 | 【限额】办理限额消费和缴费、限额向非绑定账户转出资金业务。经银行柜面、自助设备加以银行工作人员现场面对面确认身份的，还可以办理非绑定账户资金转入业务。任一时点账户余额不得超过2000元【2018年判断题】 |
| 【上岸熊提示：银行通过Ⅱ类账户放贷并通过Ⅱ类账户还款，不受转账限额规定；Ⅱ类账户不得发放实体介质（卡、折）】 ||

（2）开户方式

| 方式 | 可开立账户 ||
|---|---|---|
| 柜面开户 | Ⅰ类账户、Ⅱ类账户、Ⅲ类账户 ||
| 自助机具开户 | 工作人员现场核验 | Ⅰ类账户、Ⅱ类账户、Ⅲ类账户 |
| | 工作人员未现场核验 | Ⅱ类账户、Ⅲ类账户 |
| 电子渠道开户 | Ⅱ类账户、Ⅲ类账户 ||

# 第三节 银行非现金支付业务——票据

## 一、票据基本内容及票据权利【多次出现单选、多选及判断题】

| 概念 | 《中华人民共和国票据法》中规定的票据包括汇票、本票和支票，是指由出票人签发的、约定自己或委托付款人在见票时或指定的日期向收款人或持票人无条件支付一定金额的有价证券 ||
|---|---|---|
| 票据当事人 | 基本当事人 | 出票人、付款人、收款人 |
| | 非基本当事人 | 承兑人、背书人、被背书人、保证人 |
| 票据行为 | 票据当事人以发生票据债务为目的，以在票据上签名或盖章为权利和义务成立要件的法律行为。票据行为包括出票、背书、承兑和保证 ||

续表

| 票据权利 | 概念 | 票据权利是指票据持票人向票据债务人请求支付票据金额的权利 | | |
|---|---|---|---|---|
| | 分类 | 付款请求权（第一顺位权利） | 持票人向汇票的**承兑人、本票的出票人、支票的付款人**出示票据要求付款的权利 | **权利行使人：票据记载的收款人或最后的被背书人** |
| | | 追索权（第二顺位权利） | 持票人行使付款请求权遭到拒绝或有其他法定原因存在时，向其**前手**请求偿还票据金额及其他法定费用的权利 | **权利行使人：票据记载的收款人或最后的被背书人或代为清偿票据债务的保证人、背书人** |
| | 权利的取得 | 取得票据享有票据权利的情形 | 依法接受出票人签发的票据 | 取得票据时，必须给付对价 |
| | | | 依法接受背书转让的票据 | |
| | | | 因税收、继承、赠与可以依法无偿取得的票据 | 取得票据不受给付对价的限制，但**所享有的票据权利不得优于其前手** |
| | | 取得票据不享有票据权利的情形 | （1）以**欺诈、偷盗或胁迫**等手段取得票据的，或者明知有前列情形，出于恶意取得票据的；（2）持票人因**重大过失取得**不符合《中华人民共和国票据法》规定的票据的 | |
| | 票据权利丧失补救 | 挂失止付 | 规定 | （1）失票人将丧失票据的情况通知付款人或代理付款人，由接受通知的付款人或代理付款人审查后暂停支付的一种方式；（2）**挂失止付并不是票据丧失后采取的必经措施，而只是一种暂时的预防措施，最终要通过申请公示催告或提起普通诉讼来补救票据权利；**（3）付款人或代理付款人自收到挂失止付通知书之日起**12日**内没有收到人民法院的止付通知书的，自第**13日**起不再承担止付责任，持票人提示付款时即依法向持票人付款 |
| | | | 可以挂失止付的票据 | **确定付款人或代理付款人**<br><br>**（1）已承兑的商业汇票；（2）支票；（3）填明"现金"字样和代理付款人的银行汇票；（4）填明"现金"字样的银行本票** |

| 票据权利 | 票据权利丧失补救 | 公示催告 | （1）公示催告是指在票据丧失后由失票人向人民法院申请，请求人民法院以公告方式通知不确定的利害关系人限期申报权利，逾期未申报者，则权利无效，而由法院通过除权判决宣告所丧失的票据无效的制度或程序；（2）失票人应当在通知挂失止付后的**3日**内，依法向票据支付地人民法院申请公示催告或提起普通诉讼，也可以在票据丧失后直接向人民法院申请公示催告或提起普通诉讼；（3）**申请公示催告的主体必须是可以背书转让的票据的最后持票人** | | |
|---|---|---|---|---|---|
| | | 普通诉讼 | （1）普通诉讼是指以丧失票据的人为原告，以承兑人或出票人为被告，请求人民法院判决其向失票人付款的诉讼活动；（2）如果与票据上的权利有利害关系的人是明确的，无须公示催告，可按一般的票据纠纷向人民法院提起诉讼 | | |
| | 票据权利时效 | 对出票人或承兑人的权利 | 商业汇票 | **自票据到期日起** | **2年** |
| | | | 银行汇票、银行本票 | **自出票日起** | |
| | | | 支票 | | |
| | | 对前手的追索权 | 汇票、本票、支票 | **自被拒绝承兑或被拒绝付款之日起** | **6个月** |
| | | 对前手的再追索权 | | **自清偿日或被提起诉讼之日起** | **3个月** |
| 票据抗辩 | 票据债务人可以对不履行约定义务的与自己有直接债权债务关系的持票人进行抗辩。但票据债务人不得以自己与出票人或与持票人的前手之间的抗辩事由，对抗持票人 | | | | |

## 二、商业汇票

| 概念 | 商业汇票是由出票人签发的，委托付款人在指定日期无条件支付确定的金额给收款人或持票人的票据 | | |
|---|---|---|---|
| 分类 | 载体不同 | 纸质商业汇票 | 单张出票金额在**100万元以上**的商业汇票**原则**上应全部通过**电子商业汇票**办理；单张出票金额在**300万元以上**的商业汇票**应全部通过电子商业汇票**办理 |
| | | 电子商业汇票 | — |
| | 承兑人不同 | 银行承兑汇票 | 纸质：由银行承兑<br>电子：由银行业金融机构、财务公司承兑 |
| | | 商业承兑汇票 | 纸质：由银行以外的付款人承兑<br>电子：由金融机构以外的法人或其他组织承兑 |

续表

| 分类 | 付款日期（到期日）不同 | 即期商业汇票 | | 见票即付 |
|---|---|---|---|---|
| | | 远期商业汇票 | | 定日付款、出票后定期付款和见票后定期付款 |
| 出票 | 出票人 | 商业承兑汇票可以由付款人签发并承兑，也可以由收款人签发交由付款人承兑。银行承兑汇票应由在承兑银行开立存款账户的存款人签发 | | |
| | 必须记载事项 | 纸质商业汇票 | | 表明"商业承兑汇票"或"银行承兑汇票"的字样；无条件支付的委托；确定的金额；付款人名称；收款人名称；出票日期；出票人签章 |
| | | 电子商业汇票 | | 表明"电子商业承兑汇票"或"电子银行承兑汇票"的字样；无条件支付的委托；确定的金额；出票人名称；付款人名称；收款人名称；出票日期；票据到期日；出票人签章 |
| | 付款期限 | 纸质商业汇票的付款期限（自出票日至到期日），**不得超过 6 个月**。电子商业汇票的付款期限，**不得超过 1 年** | | |
| 背书 | 种类 | 以背书的目的为标准 | 转让背书 | 以转让票据权利为目的的背书；票据贴现属于转让背书 |
| | | | 非转让背书（授予他人一定的票据权利） 委托收款背书 | 被背书人有权代背书人行使被委托的票据权利。但是，被背书人不得再以背书转让票据权利【上岸熊提示：有行使权利，无转让权利】 |
| | | | 非转让背书（授予他人一定的票据权利） 质押背书 | （1）以担保债务而在票据上设定质权为目的的背书；（2）被背书人依法实现其质权时，可以行使票据权利；（3）债务人履行债务，质权人只需返还票据，无须再次做成背书 |
| | 记载事项 | **必须记载事项** | | （1）背书人签章；（2）被背书人名称（可授权补记）：背书人未记载被背书人名称即将票据交付他人的，持票人在被背书人栏内记载自己的名称与背书人记载具有同等法律效力；（3）委托收款背书应记载"委托收款"字样、被背书人和背书人签章；（4）质押背书应记载"质押"字样、质权人和出质人签章 |
| | | 相对记载事项 | | 背书日期为相对记载事项，背书日期未记载的，视为到期日前背书 |
| | 背书效力 | 背书人以背书转让票据后，即**承担保证其后手所持票据承兑和付款的责任** | | |

| | | | |
|---|---|---|---|
| **背书** | 背书连续 | **第一背书人为票据收款人，最后持票人为最后背书的被背书人，中间的背书人为前手背书的被背书人。**已背书转让的票据，背书应当连续。持票人以背书的连续，证明其票据权利。非经背书转让，而以其他合法方式取得票据的，依法举证证明其票据权利 | |
| | 特别规定 | 条件背书 | **背书不得附有条件，背书时附有条件的，所附条件不具票据上的效力【上岸熊提示：背书有效，条件无效】** |
| | | 部分背书、多头背书 | **将票据金额的一部分转让或将票据金额分别转让给两人以上的背书，属于无效背书【上岸熊提示：背书无效】** |
| | | 限制背书 | （1）出票人记载"不得转让"字样，票据不得背书转让；（2）背书人在汇票上记载"不得转让"字样，其后手再背书转让的，**原背书人对后手的被背书人不承担保证责任，其只对直接的被背书人承担责任** |
| | | 期后背书 | 票据被拒绝承兑、被拒绝付款或超过付款提示期限的，不得背书转让 |
| **贴现** | 概念 | 贴现是持票人在商业汇票到期之前，为提前获得现金向银行贴付一定利息而发生的票据转让 | |
| | **条件** | （1）票据未到期；（2）票据未记载不得转让字样；（3）持票人是在银行开立存款账户的企业法人及其他组织；（4）持票人与出票人或直接前手之间具有真实的商品交易关系 | |
| | 贴现期 | （1）自贴现日起至票据到期日止；（2）实付贴现金额按票面金额扣除贴现日至汇票**到期日前1日**的利息计算【上岸熊提示：算头不算尾】；（3）承兑人在**异地**的纸质商业汇票，贴现的期限及贴现利息的计算应另加**3天的划款时间** | |
| | 计算公式 | **（1）贴现利息＝票面金额×日贴现率×贴现期；（2）日贴现率＝年贴现率÷360**<br>贴现到期，贴现银行应向付款人收取票款；不获付款的，贴现银行应向其前手追索票款；贴现银行追索票款时可从申请人的存款账户直接收取票款 | |
| **承兑** | 概念 | 承兑是汇票付款人于汇票到期前在票面上作出表示，承诺在汇票到期日支付汇票金额并签章的票据行为【上岸熊提示：承兑仅适用于商业汇票】 | |
| | 提示承兑 | 持票人向付款人出示汇票，并要求付款人承诺付款的行为 | |
| | | 见票即付 | **无须提示承兑** |
| | | 定日付款或出票后定期付款 | **到期日前**提示承兑 |
| | | 见票后定期付款 | 自**出票之日起1个月内**提示承兑 |
| | | 未按规定期限提示承兑的，持票人丧失对其前手的追索权，但不丧失对出票人的权利 | |
| | 受理承兑 | 付款人应当在自收到提示承兑的汇票之日起**3日内**承兑或拒绝承兑 | |

续表

| 承兑 | 记载事项 | 必须记载事项 | 表明承兑的字样、承兑人签章 |
|---|---|---|---|
| | | 相对记载事项 | 承兑日期 |
| | | 汇票上未记载承兑日期的，以收到提示承兑的汇票之日起 3 日内的最后 1 日为承兑日期；见票后定期付款的汇票，应当在承兑时记载付款日期【上岸熊提示：承兑不得附有条件，若附有条件，则视为拒绝承兑】 | |
| 保证 | 保证人 | 票据债务人以外的人。以公益为目的的事业单位、社会团体作为票据保证人的，票据保证无效 | |
| | 记载事项 | 必须记载事项 | 表明"保证"的字样、保证人签章、保证人的名称和住所、被保证人的名称、保证日期 |
| | | 未记载保证人的名称和住所 | 以保证人的营业场所、住所或经常居住地为保证人住所 |
| | | 未记载被保证人的名称 | 已承兑的汇票承兑人为被保证人；未承兑的汇票以出票人为被保证人 |
| | | 未记载保证日期 | 出票日期为保证日期 |
| | 责任 | 保证人应当与被保证人对持票人承担连带责任 | |
| | | 票据到期后得不到付款的，持票人有权向保证人请求付款，保证人应当足额付款 | |
| | | 保证人为 2 人以上的，保证人之间承担连带责任 | |
| | 效力 | 保证人对合法取得汇票的持票人所享有的票据权利，承担保证责任。但被保证人的债务因汇票记载事项欠缺而无效的除外 | |
| | | 保证不得附有条件，附有条件的，不影响对票据的保证责任 | |
| | | 保证人清偿票据债务后，可以行使持票人对被保证人及其前手的追索权 | |
| 付款 | 提示付款期限 | （1）远期商业汇票的提示付款期限，自汇票到期日起 10 日；即付商业汇票的提示付款期限，自出票日起 1 个月；（2）持票人未按规定期限提示付款，持票人开户银行不予受理，但在持票人作出说明后，承兑人或付款人仍应当继续对持票人承担付款责任 | |
| | 应答时间 | （1）持票人在提示付款期内通过票据市场基础设施提示付款的，承兑人应当在提示付款当日进行应答或委托其开户行进行应答；（2）承兑人存在合法抗辩事由拒绝付款的，应当在提示付款当日出具或委托其开户行出具拒绝付款证明，并通过票据市场基础设施通知持票人；（3）承兑人或承兑人开户行在提示付款当日未作出应答的，视为拒绝付款，票据市场基础设施提供拒绝付款证明并通知持票人 | |

续表

| 付款 | 付款情形 | 商业承兑汇票 | 承兑人账户余额充足 | 承兑人开户行代承兑人作出同意付款应答，并于提示付款日向持票人付款 |
|---|---|---|---|---|
| | | | 承兑人账户余额不足 | （1）视同承兑人拒绝付款；（2）承兑人开户行应当于提示付款日代承兑人作出拒付应答并说明理由，同时通过票据市场基础设施通知持票人 |
| | | 银行承兑汇票 | 承兑人已进行付款确认 | 票据市场基础设施根据承兑人的委托于提示付款日代承兑人发送指令划付资金至持票人资金账户 |
| 追索权 | 票据追索适用情形 | 到期后追索 | | 票据到期后被拒绝付款的，持票人对出票人、背书人及票据的其他债务人行使的追索 |
| | | 到期前追索 | | 在汇票到期日前，有下列情形之一的，持票人可以行使追索权：（1）汇票被拒绝承兑的；（2）承兑人或付款人死亡、逃匿的；（3）承兑人或付款人被依法宣告破产的；（4）承兑人或付款人因违法被责令终止业务活动的 |
| | 被追索人的确定 | | | 出票人、背书人、承兑人和保证人对持票人承担连带责任：（1）持票人可以不按照汇票债务人的先后顺序，对其中任何一人、数人或全体行使追索权；（2）持票人对汇票债务人中的一人或数人已经开始进行追索的，对其他汇票债务人仍可行使追索权 |
| | 追索内容 | 首次追索权 | | （1）被拒绝付款的汇票金额（本金）；（2）汇票金额从到期日或提示付款日起至清偿日止，按照中国人民银行规定的利率计算的利息（利息）；（3）取得有关拒绝证明和发出通知书的费用（费用） |
| | | 再追索权 | | （1）已经清偿的全部金额（新本金）；（2）前项金额自清偿日起至再追索清偿日止，按照中国人民银行规定的利率计算的利息——再发生的利息（新利息）；（3）发出通知书的费用（新费用） |
| | 行使追索权 | 获得相关证明 | | （1）持票人行使追索权，应当提供被拒绝承兑或拒绝付款的证明；（2）持票人应当自收到被拒绝承兑或被拒绝付款的有关证明之日起3日内，将被拒绝事由书面通知其前手，其前手应当自收到通知之日起3日内书面通知其再前手；（3）如果持票人不能出示相关证明的，将丧失对其前手的追索权，但承兑人或付款人、出票人仍应当对持票人承担票据责任 |
| | | 发出追索通知 | | 持票人未按照规定期限（3日内）发出追索通知的，持票人仍可以行使追索权。因延期通知给其前手或出票人造成损失的，由其承担该损失的赔偿责任，但所赔偿的金额以汇票金额为限 |

## 三、银行汇票

| 概念 | 银行汇票是出票银行签发的，由其在见票时按照实际结算金额无条件支付给收款人或持票人的票据 | |
|---|---|---|
| 适用范围 | 转账银行汇票 | 单位和个人各种款项结算，均可使用 |
| | 现金银行汇票（**填明现金字样的银行汇票**） | 申请人和收款人必须均为个人 |
| **必须记载事项** | （1）表明银行汇票的字样；（2）无条件支付的承诺；（3）出票金额；（4）付款人名称；（5）收款人名称；（6）出票日期；（7）出票人签章 | |
| 实际结算金额 | （1）银行汇票的实际结算金额低于出票金额的，银行应按照实际结算金额办理结算，**多余金额由出票银行退交申请人；**（2）未填明实际结算金额和多余金额或实际结算金额**超过出票金额的，银行不予受理；**（3）实际结算金额一经填写不得更改，**更改实际结算金额的银行汇票无效；**（4）银行汇票的背书转让以不超过出票金额的实际结算金额为准，未填写实际结算金额或实际结算金额超过出票金额的银行汇票**不得背书转让** | |
| 提示付款 | （1）银行汇票的提示付款期限自出票日起**1个月**，持票人超过付款期限提示付款的，代理付款银行不予受理；（2）持票人向银行提示付款时，**必须同时提交银行汇票和解讫通知**，缺少任何一联，银行不予受理；（3）持票人超过付款期限向代理付款银行提示付款被拒绝付款的，必须在票据权利时效内向出票银行作出说明，并提供本人身份证件或单位证明，**持银行汇票和解讫通知向出票银行请求付款；**（4）未在银行开立存款账户的银行汇票个人持票人可向任一家银行提示付款 | |
| 退款 | （1）申请人缺少解讫通知要求退款的，出票银行应于银行汇票提示付款期满**1个月**后办理；（2）银行汇票丧失，失票人可凭人民法院出具的其享有票据权利的证明，向出票银行请求付款或退款 | |

## 四、银行本票

| 概念 | 银行本票是出票人签发的，承诺自己在见票时无条件支付确定的金额给收款人或持票人的票据。在我国本票仅限于银行本票，即银行出票、银行付款【上岸熊提示：出票人和付款人均为银行】 | | |
|---|---|---|---|
| 适用范围 | 转账银行本票（记载**"转账"**字样） | 单位和个人均可使用 | **可以背书转让** |
| | 现金银行本票（记载**"现金"**字样） | 申请人和收款人均为个人 | **不得背书转让** |
| **必须记载事项** | （1）表明"银行本票"的字样；（2）无条件支付的承诺；（3）确定的金额；（4）收款人名称；（5）出票日期；（6）出票人签章 | | |
| 提示付款期限 | （1）银行本票见票即付。银行本票的提示付款期限自出票日起最长不得超过**2个月**。（2）持票人超过提示付款期限不获付款的，在票据权利时效内（**自出票之日起2年**）向出票银行作出说明，并提供本人身份证件或单位证明，可持银行本票向出票银行请求付款 | | |

# 五、支票

| 基本内容 | （1）支票是出票人签发的、委托办理支票存款业务的银行在见票时无条件支付确定的金额给收款人或持票人的票据。（2）支票的基本当事人包括出票人、付款人和收款人。出票人即存款人，单位和个人均可使用支票。付款人指出票人的开户银行。收款人包括：①出票人可以在支票上记载自己为收款人；②持票人可以是票面填明的收款人，也可以是经背书转让的被背书人 | | |
|---|---|---|---|
| 类型 | 现金支票 | 支票上印有"现金"字样 | 只能用于支取现金 |
| | 转账支票 | 支票上印有"转账"字样 | 只能用于转账 |
| | 普通支票 | 支票上未印有"现金"或"转账"字样 | （1）普通支票可以用于支取现金，也可用于转账；（2）在普通支票左上角划两条平行线的，为划线支票，划线支票只能用于转账，不能支取现金 |
| 适用范围 | 单位和个人在同一票据交换区域的各种款项结算，均可以使用支票。支票影像业务可在全国通用 | | |
| 注意事项 | 必须记载事项 | 表明"支票"的字样；无条件支付的委托；确定的金额；出票日期；付款人名称；出票人签章 | |
| | 授权补记事项 | 支票的金额、收款人名称，可以由出票人授权补记，未补记前不得背书转让和提示付款 | |
| | 相对记载事项 | 支票上未记载付款地的 | 付款地为付款人的营业场所 |
| | | 支票上未记载出票地的 | 出票地为出票人的营业场所、住所地或经常居住地 |
| | 空头支票 | （1）出票人签发的支票金额超过其付款时在付款人处实有的存款金额的，为空头支票；（2）禁止签发空头支票 | |
| | 预留签章 | （1）出票人为单位的：签章为与该单位在银行预留签章一致的财务专用章或公章（不包括合同专用章），加其法定代表人或其授权的代理人的签名或盖章；（2）出票人为个人的，签章为与该个人在银行预留签章一致的签名或盖章 | |
| 支票付款 | 提示付款 | 支票见票即付，提示付款期限自出票日起10日内 | |
| | 委托收款 | （1）持票人可委托开户银行收款或直接向付款人提示付款，用于支取现金的支票仅限于收款人向付款人提示付款；（2）持票人委托开户银行收款时，作委托收款背书 | |

# 第四节 银行非现金支付业务

| | | |
|---|---|---|
| **汇兑** | 概念 | 汇税是指汇款人委托银行将其款项支付给收款人的结算方式 |
| | 种类 | **信汇、电汇两种,** 单位和个人各种款项的结算,均可使用汇兑结算方式 |
| | 回单与收账通知 | 汇款回单只能作为汇出银行受理汇款的依据,不能作为该笔汇款已转入收款人账户的证明。**收账通知是银行将款项确已收入收款人账户的凭据** |
| | 撤销 | 汇款人对汇出银行尚未汇出的款项**可以申请撤销** |
| **委托收款** | 概念 | 委托收款是收款人委托银行向付款人收取款项的结算方式 |
| | 适用范围 | 单位和个人凭已经承兑的商业汇票、债券、存单等付款人债务证明办理款项的结算,均可以使用委托收款结算方式。委托收款在同城、异地均可以使用 |
| | 签发委托收款凭证 | (1) **必须记载事项:** ①表明"委托收款"的字样;②确定的金额;③付款人名称;④收款人名称;⑤委托收款凭据名称及附寄单证张数;⑥委托日期;⑦收款人签章。<br>(2) 开户行的记载:①银行不是付款人的,必须记载付款人开户行名称;②银行不是收款人的,必须记载收款人开户行名称;③**未在银行开立存款账户的个人为收款人的,委托收款凭证必须记载被委托银行名称,否则,银行不予受理** |
| | 付款<br>**【2022年单选题】** | (1) 以银行为付款人的,银行应当在当日将款项主动支付给收款人。(2) 以单位为付款人的,付款人应于接到银行通知的当日书面通知银行付款;付款人未在**接到通知日的次日起3日内**通知银行付款的,视同付款人同意付款,银行应于付款人**接到通知日的次日起第4日**上午开始营业时,将款项划给收款人。银行在办理划款时,付款人存款账户不足支付的,应通过被委托银行向收款人发出未付款项通知书。(3) 银行、单位拒绝付款的,应自收到凭证次日或接到通知起3日内出具拒绝证明 |
| **银行卡** | 概念 | 银行卡是指经批准由商业银行向社会发行的具有消费信用、转账结算、存取现金等全部或部分功能的信用支付工具 |

| 分类 | 按币种分 | | 人民币卡、外币卡 |
|---|---|---|---|
| | 按透支功能分 | **信用卡** | 贷记卡、准贷记卡 |
| | | **借记卡** | 转账卡、专用卡、储值卡 |
| | 按发行对象分 | | 单位卡、个人卡 |
| | 按信息载体分 | | 磁条卡、芯片卡 |

| | | |
|---|---|---|
| | 申领 | (1) 年满18周岁,有固定职业和稳定收入,工作单位和户口在常住地的城乡居民;(2) 填写申请表,并在持卡人处亲笔签字;(3) 提供本人及附属卡持卡人、担保人的身份证复印件 |
| | 注销 | (1) 持卡人在还清全部交易款项、透支本息和有关费用后,可申请销户;(2) 发卡行受理注销之日起45日后,被注销信用卡账户方能清户 |

| | 挂失 | 丧失银行卡的，应立即持本人身份证件或其他证明，向发卡银行或代办银行申请挂失 | |
|---|---|---|---|
| 银行卡 | 交易 | 信用卡预借现金业务 | 业务种类 | 现金提取、现金转账和现金充值 |
| | | | 提现限额 | 信用卡持卡人通过 ATM 机等自助机具办理现金提取业务，每卡每日累计**不得超过人民币 1 万元**；借记卡持卡人通过 ATM 机等自助机具办理现金提取业务，每卡每日累计**不得超过人民币 2 万元**；储值卡面值或卡内币值**不得超过人民币 1000 元** |
| | | 免息还款期和最低还款额 | | （1）贷记卡持卡人非现金交易**可享受免息还款期和最低还款额待遇**；（2）银行记账日到发卡银行规定的到期还款日之间为免息还款期，持卡人在到期还款日前偿还所使用全部银行款项有困难的，可按照发卡银行规定的最低还款额还款；（3）持卡人透支消费享受免息还款期和最低还款额待遇的条件和标准等，**由发卡机构自主确定** |
| | | 发卡银行追偿途径 | | 发卡银行追偿透支款项和诈骗款项的途径：（1）扣减持卡人保证金、依法处理抵押物和质物；（2）向保证人追索透支款项；（3）通过司法机关的诉讼程序进行追偿 |
| | | 透支计息 **【2021 年单选题】** | | （1）**信用卡透支利率**由发卡机构与持卡人自主协商确定；（2）**信用卡透支款的计结息方式**，以及对信用卡溢缴款是否计付利息及其利率标准，由发卡机构自主确定；（3）发卡机构调整信用卡利率的，**应至少提前 45 个自然日按照约定方式通知持卡人**；（4）对向持卡人收取的违约金、年费、取现手续费、货币兑换费等**不得计收利息**；（5）**取消信用卡滞纳金**，对于违约逾期未还款的，发卡机构与持卡人协商约定是否收取违约金，及相关收取方式和标准；（6）超过授信额度用卡的，**不得收取超限费** |
| | 银行卡收单 | 概念 | | 银行卡收单是指收单机构与特约商户签订银行卡受理协议，持卡人在特约商户刷卡消费后，银行将持卡人刷卡消费的资金在规定周期内结算给商户，并向商户扣取一定比例的手续费 |
| | | 收单机构 | | （1）从事银行卡收单业务的**银行业金融机构**；（2）获得银行卡收单业务许可、为实体特约商户提供银行卡受理并完成资金结算服务的**支付机构**；（3）获得**网络支付业务许可**、为网络特约商户提供银行卡受理并完成资金结算服务的支付机构 |
| | | 特约商户的管理 | | （1）**实名制管理**；（2）应当与特约商户签订银行卡**受理协议**；（3）收单机构应进行本地化经营，**不得跨省开展收单业务** |

续表

| | | | |
|---|---|---|---|
| 银行卡 | 银行卡收单 | 业务与风险管理 | (1) 对实体特约商户、网络特约商户分别进行风险评级，对于风险等级较高的特约商户，收单机构应当对其开通的受理卡种和交易类型进行限制，并采取强化交易监测、设置交易限额等措施；(2) 发现特约商户发生疑似套现、洗钱、欺诈等风险事件的，应采取延迟资金结算、收回受理终端等措施；(3) 涉嫌违法犯罪的，及时报案 |
| | | 资金结算 | 收单机构应按协议约定及时将交易资金结算到特约商户的收单银行结算账户，资金结算时限最迟不得超过持卡人确认可直接向特约商户付款的支付指令生效日后**30 个自然日**，因涉嫌违法违规等风险交易需延迟结算的除外 |
| | | 结算收费 | (1) 收费项目包括**收单服务费、发卡行服务费、网络服务费**等；(2) 对**非营利性的**医疗机构、教育机构、社会福利机构、养老机构、慈善机构刷卡交易，实行发卡行服务费、网络服务费全额减免 |
| 银行电子支付 | 网上银行 | 分类 | 按主要服务对象分为**企业网上银行和个人网上银**行；按经营组织分为分支型网上银行和纯网上银行 |
| | | 企业网银的功能 | (1) 账户信息查询；(2) 支付指令；(3) B2B 网上支付；(4) 批量支付 |
| | | 个人网银的功能 | (1) 账户信息查询；(2) 人民币转账业务；(3) 银证转账业务；(4) 外汇买卖业务；(5) 账户管理业务；(6) B2C 网上支付 |
| | 条码支付 | 概念 | 条码支付是指银行、支付机构应用条码技术，实现收付款人之间货币资金转移的业务活动 |
| | | 类别 — 付款扫码 | 付款人通过移动终端识读收款人展示的条码完成支付的行为 |
| | | 类别 — 收款扫码 | 收款人通过识读付款人移动终端展示的条码使付款人完成支付的行为 |
| | | 交易验证及限额要求 | (1) **仅客户本人知悉的要素**，如静态密码等；(2) 仅客户**本人持有并特有的，不可复制或不可重复利用的要素**，如经过安全认证的数字证书、电子签名，以及通过安全渠道生成和传输的一次性密码等；(3) 客户**本人生物特征要素**，如指纹等 |
| | | 商户管理 | (1) 一般商户：落实实名制要求，严格审核身份；(2) 实体特约商户：审核身份证明和辅助证明材料；(3) 收款限额：以同一身份证在同一家银行或支付机构办理的全部小微商户基于信用卡的条码支付收款金额**日累计不超过 1000 元，月累计不超过 1 万元** |

# 第五节 支付机构非现金支付业务

## 一、支付机构的概念

支付机构是指依法取得《支付业务许可证》，在收付款人之间作为中介机构提供以下部分或全部货币资金转移服务的非金融机构：①网络支付；②预付卡的发行与受理；③银行卡收单；④其他支付业务。

| 分类 | 内容 |
|---|---|
| 网络支付 | 依托公共网络或专用网络在收付款人之间转移货币资金的行为，如货币汇兑、互联网支付等 |
| 预付卡 | 采取磁条、芯片等技术以卡片、密码等形式发行的预付卡 |
| 银行卡收单 | 通过销售点（POS）终端等为银行卡特约商户代收货币资金的行为 |

## 二、网络支付

| 支付机构类型 | 金融型支付企业 | 为用户提供支付产品和支付系统解决方案，无担保功能，侧重行业需求和开拓行业应用（立足于企业端） |
|---|---|---|
| | 互联网支付企业 | 依托于自有的电子商务网站并提供担保功能，以在线支付为主（立足于个人消费者端） |
| 支付账户 | 概念 | 指获得互联网支付业务许可的支付机构，根据客户的真实意愿为其开立的，用于记录预付交易资金余额、客户凭以发起支付指令、反映交易明细信息的电子簿记 |
| | 注意事项 | 支付账户不得透支，不得出借、出租、出售，不得利用支付账户从事或协助他人从事非法活动【2018 年判断题】 |
| 交易验证及限额要求 | | （1）采用包括数字证书或电子签名在内的两类（含）以上有效要素进行验证：单日累计限额由支付机构与客户通过协议自主约定；（2）采用不包括数字证书、电子签名在内的两类（含）以上有效要素进行验证：单个客户所有支付账户单日累计金额应不超过 5000 元（不包括支付账户向客户本人同名银行账户转账）；（3）采用不足两类有效要素进行验证：单个客户所有支付账户单日累计金额应不超过 1000 元（不包括支付账户向客户本人同名银行账户转账） |
| 业务与风险管理 | | （1）银行应当事先或在首笔交易时自主识别客户身份并与客户直接签订授权协议，明确约定扣款适用范围和交易验证方式，设立与客户风险承受能力相匹配的单笔和单日累计交易限额，承诺无条件全额承担此类交易的风险损失先行赔付责任。（2）除单笔金额不超过 200 元的小额支付业务，公共事业缴费、税费缴纳、信用卡还款等收款人固定并且定期发生的支付业务，支付机构不得代替银行进行交易验证。（3）被人民银行评价为"A"类的支付机构可与银行通过协议自主约定由支付机构代替进行交易验证。银行应核实支付机构验证手段或渠道的安全性，且对客户资金安全的管理责任不因支付机构代替验证而转移 |

## 三、预付卡

### 1. 预付卡的分类

| 项目 | 单用途预付卡 | 多用途预付卡 |
|---|---|---|
| 发行主体 | 商业企业 | 专营发卡机构 |
| 使用范围 | 只在本企业或同一品牌连锁商业企业购买商品、服务 | 可跨地区、跨行业、跨法人使用 |
| 监管要求 | 开展业务之日起 30 日内在商务部门进行备案 | 需要取得中国人民银行核准颁发的《支付业务许可证》，中国人民银行对备付金实行集中存管 |

### 2. 多用途预付卡相关规定【多次出现单选、多选题】

预付卡按是否记载持卡人身份信息分为记名预付卡和不记名预付卡，预付卡以人民币计价，不具有透支功能。

| 分类 | 记名预付卡 | 不记名预付卡 |
|---|---|---|
| 区分标准 | 记载持卡人身份信息 | 不记载持卡人身份信息 |
| 单张资金限额 | 5000 元 | 1000 元 |
| 挂失 | 可挂失 | 不可挂失 |
| 赎回 | 购卡后 3 个月可赎回 | 不可赎回 |
| 有效期 | 不得设置有效期 | 不得低于 3 年（超期可延期、激活、换卡） |
| 提供身份证 | 需要 | 一次性购买 1 万元以上需要 |

### 3. 其他【多次出现单选、多选题】

| | |
|---|---|
| 购买 | （1）单位一次性购买预付卡 5000 元以上，个人一次性购买预付卡 5 万元以上的，应当通过银行转账等非现金结算方式购买，不得使用现金；（2）不得使用信用卡购买预付卡 |
| 充值 | （1）只能通过现金或银行转账方式充值，不得使用信用卡为预付卡充值；（2）一次性充值 5000 元以上，不得使用现金 |
| 使用 | （1）预付卡在发卡机构拓展、签约的特约商户中使用，不得用于或变相用于提取现金；（2）不得用于购买、交换非本发卡机构发行的预付卡、单一行业卡及其他商业预付卡或向其充值；（3）卡内资金不得向银行账户或向非本发卡机构开立的网络支付账户转移 |

# 第六节 支付结算纪律与法律责任

| 支付结算纪律 | 单位和个人限制 | （1）不准签发没有资金保证的票据或远期支票，套取银行信用；（2）不准签发、取得和转让没有真实交易和债权债务的票据，套取银行和他人资金；（3）不准无理拒绝付款，任意占用他人资金；（4）不准违反规定开立和使用账户 | | |
|---|---|---|---|---|
| | 银行限制 | （1）不准以任何理由压票、任意退票、截留挪用客户和他行资金；（2）不准无理拒绝支付应由银行支付的票据款项；（3）不准受理无理拒付、不扣少扣滞纳金；（4）不准违章签发、承兑、贴现票据，套取银行资金；（5）不准签发空头银行汇票、银行本票和办理空头汇款；（6）不准在支付结算制度之外规定附加条件，影响汇路畅通；（7）不准违反规定为单位和个人开立账户；（8）不准拒绝受理、代理他行正常结算业务 | | |
| 违反支付结算法律制度的法律责任 | 签发空头支票等 | 单位或个人签发空头支票或签发与其预留的签章不符、使用支付密码但密码错误的支票，不以骗取财物为目的的：（1）由中国人民银行处以票面金额5%但不低于1000元的罚款；（2）持票人有权要求出票人赔偿支票金额2%的赔偿金；（3）屡次签发空头支票的，银行有权停止为其办理支票或全部支付结算业务 | | |
| | 无理拒付、占用他人资金的行为 | 票据的付款人故意压票、拖延支付的，银行机构违反相关规定不予兑现，不予收付入账、压单、压票或违规退票的：（1）由国务院银行保险监督管理机构责令其改正，有违法所得的，没收违法所得；（2）违法所得5万元以上的，并处违法所得1倍以上5倍以下罚款，没有违法所得或违法所得不足5万元的，处5万元以上50万元以下罚款 | | |
| | 违反账户管理规定行为的法律责任 | （1）违反规定开立银行结算账户；（2）伪造、变造证明文件欺骗银行开立银行结算账户；（3）违反规定不及时撤销银行结算账户 | 给予非经营性存款人警告并处以1000元罚款 | 给予经营性存款人警告并处以1万元以上3万元以下罚款；构成犯罪的，移交司法机关依法追究刑事责任 |
| | | （1）违反规定将单位款项转入个人银行结算账户；（2）违反规定支取现金；（3）利用开立银行结算账户逃废银行债务；（4）出租、出借银行结算账户；（5）从基本存款账户之外的银行结算账户转账存入、将销货收入存入或现金存入单位信用卡账户 | 给予非经营性存款人警告并处以1000元罚款 | 给予经营性存款人警告并处以5000元以上3万元以下罚款 |

续表

| | | | | |
|---|---|---|---|---|
| **违反支付结算法律制度的法律责任** | 违反账户管理规定行为的法律责任 | 法定代表人或主要负责人、存款人地址及其他开户资料的变更事项未在规定期限内通知银行 | 给予警告并处以1000元罚款 | |
| | | 伪造、变造、私自印制开户许可证的存款人 | 对非经营性存款人处以1000元罚款 | 对经营性存款人处以1万元以上3万元以下罚款；构成犯罪的，追究刑事责任 |
| | 信用卡欺诈需承担刑事责任的行为 | 伪造信用卡行为 | | |
| | | 妨害信用卡管理行为 | （1）明知是伪造的信用卡而持有、运输的；（2）明知是伪造的空白信用卡而持有、运输，数量较大的；（3）非法持有他人信用卡，数量较大的；（4）使用虚假的身份证明骗领信用卡的；（5）出售、购买、为他人提供伪造的信用卡或以虚假的身份证明骗领信用卡的；（6）窃取、收买或非法提供他人信用卡信息资料的 | |
| | | 不正当使用行为 | （1）使用伪造的信用卡；（2）使用以虚假的身份证明骗领的信用卡；（3）使用作废的信用卡；（4）冒用他人信用卡；（5）恶意透支 | |
| | 非法出租、出借、出售、购买银行结算账户或支付账户的行为 | （1）银行和支付机构对经公安机关认定的出租、出借、出售、购买银行结算账户（含银行卡）或支付账户的单位和个人及相关组织者，假冒他人身份或虚构代理关系开立银行结算账户或支付账户的单位和个人，5年内暂停其银行账户非柜面业务、支付账户所有业务，并不得为其新开立账户。（2）惩戒期满后，受惩戒的单位和个人办理新开立账户业务的，银行和支付机构应加大审核力度。中国人民银行将上述单位和个人信息移送金融信用信息基础数据库并向社会公布 | | |

# 第四章 税法概述及货物和劳务税法律制度

## 第一节 税收法律制度概述

| 基本内容 | (1) 税收是以国家为主体，为实现国家职能，凭借政治权力，按照法定标准，无偿取得财政收入的一种特定分配形式；(2) 税收具有强制性、无偿性和固定性的特征【2018年多题】 | | |
|---|---|---|---|
| 税收法律关系 | 主体 | (1) 主体一方是代表国家行使征税职责的国家机关，包括国家各级税务机关、海关和财政机关；另一方是履行纳税义务的人，包括法人、自然人和其他组织。(2) 我国税收法律关系确定主体时，采取属地兼属人原则 | |
| | 客体 | 征税对象 | |
| | 内容 | 主体所享受的权利和所应承担的义务【上岸熊提示：这是税收法律关系中最实质的东西，是税法的灵魂】 | |
| 税法要素 | 纳税人 | 纳税人是指依法直接负有纳税义务的法人、自然人和其他组织 | |
| | 征税对象 | 指税收法律关系中权利和义务所指的对象，即"对什么征税"。不同的征税对象是区别不同税种的重要标志 | |
| | 税率【上岸熊提示：税收法律制度中的核心要素】 | 比例税率 | 对同一征税对象，不论其数额大小，均按同一比例征税的税率 |
| | | 定额税率 | 按征税对象的一定单位直接规定固定的税额 |
| | | 累进税率【2019年多选题】 | 根据征税对象数额的逐渐增大，按不同等级逐步提高的税率，分为全额累进税率（我国不采用）、超额累进税率、超率累进税率 |
| | 计税依据 | 计算应纳税额的依据或标准，包括：(1) 从价计征：计税金额为计税依据（应纳税额＝计税金额 × 适用税率）；(2) 从量计征：以征税对象的重量、体积、数量等为计税依据（应纳税额＝计税数量 × 单位适用税额） | |
| | 纳税环节 | 主要指税法规定的征税对象在从生产到消费的流转过程中应当缴纳税款的环节 | |
| | 纳税期限 | 依法缴纳税款的期限，包括纳税义务发生时间、纳税期限和缴库期限 | |
| | 纳税地点 | 具体申报缴纳税款的地点，如纳税人住所地、纳税人经营地、不动产所在地等 | |
| | 税收优惠 | (1) 减税和免税；(2) 起征点：是指对征税对象开始征税的数额界限；(3) 免征额：是指对征税对象中的一部分给予减免，只就减除后的剩余部分征税【2019年判断题】 | |

续表

| 税法要素 | 法律责任 | | 对违反国家税法规定的行为人采取的处罚措施，包括行政责任和刑事责任 |
|---|---|---|---|
| 税种及征收机关 | 征收机关 | | 我国税收征收管理机关有**税务机关、地方财政局和海关** |
| | 税种<br>【2019 年单选题】 | 海关征管 | **（1）关税；（2）船舶吨税；（3）委托代征的进口环节的增值税、消费税** |
| | | 税务征管 | （1）除海关负责的税种以外的其他所有税种；（2）部分非税收入和社会保险费的征收也由税务机关负责 |

# 第二节 增值税法律制度

## 一、增值税纳税人和扣缴义务人

| 纳税人 | 一般规定 | 在我国境内销售货物或加工、修理修配劳务，销售服务、无形资产、不动产及进口货物的单位和个人，为增值税纳税人 |
|---|---|---|
| | 特殊规定 | （1）单位以**承包、承租、挂靠方式经营的**，承包人（包括承租人、挂靠人）以发包人（包括出租人、被挂靠人）名义对外经营并由发包人承担相关法律责任的，以该发包人为纳税人；否则，以承包人为纳税人。（2）**资管产品**运营过程中发生的增值税应税行为，以资管产品管理人为增值税纳税人 |
| 纳税人分类 | 小规模纳税人 | （1）**标准：年应税销售额 500 万元及以下。**（2）特殊情况：①其他个人（非个体工商户）必须按小规模纳税人纳税；②非企业性单位、不经常发生应税行为的企业可以选择按小规模纳税人纳税。（3）计税规定：**①简易征税；②使用增值税普通发票；③小规模纳税人可以自愿使用增值税发票系统自行开具增值税专用发票** |
| | 一般纳税人 | （1）**标准：年应税销售额超过 500 万元。**（2）特殊情况：小规模纳税人如果"会计核算健全"，可以申请登记成为一般纳税人。（3）计税规定：**①执行税款抵扣制；②使用增值税专用发票**【2019 年判断题】 |
| 扣缴义务人 | | 我国境外的单位或个人在境内销售劳务，在境内未设有经营机构的，**以购买方为扣缴义务人** |

## 二、增值税征税范围

（1）**销售货物：**指有偿将货物的所有权转让。货物指有形动产，包括电力、热力、气体。

（2）**销售劳务**：指有偿提供加工、修理修配劳务。单位或个体工商户聘用的员工为本单位或雇主提供加工、修理修配劳务不包括在内。

（3）**销售无形资产**：指转让无形资产所有权或使用权的业务活动。其中"无形资产"包括：①技术（专利技术和非专利技术）；②商标、著作权；③商誉；④自然资源使用权，包括土地使用权、海域使用权、探矿权、采矿权、取水权等；⑤其他权益性无形资产，如基础设施资产经营权、公共事业特许权等。

**（4）销售不动产：**指转让不动产所有权的业务活动。

**（5）进口货物：**只要是报关进口的应税货物，均属增值税的征税范围，除免税货物外，在进口环节均应缴纳增值税。

**（6）销售服务。**【多次出现单选、多选及判断题】

| 销售服务 | 项目 | 内容 |
|---|---|---|
| 交通运输服务 | 陆路运输服务、水路运输服务、航空运输服务、管道运输服务 | （1）出租车公司向使用本公司自有出租车的出租车司机收取的管理费用，属于陆路运输服务。（2）水路运输的程租、期租业务属于水路运输服务；航空运输的湿租业务属于航空运输服务；水路运输的光租业务和航空运输的干租业务属于现代服务–租赁服务。【上岸熊提示：程租、期租、湿租是连人带交通工具一起租，实质是提供运输服务；光租、干租是只租交通工具不带人，实质是租赁】（3）航天运输属于航空运输服务。（4）无运输工具承运业务，按照交通运输服务缴纳增值税 |
| 邮政服务 | 邮政普遍服务、邮政特殊服务、其他邮政服务 | 包括邮票发行、报刊发行等邮政普遍服务，机要通信等邮政特殊服务和邮品销售、邮政代理等其他邮政服务【上岸熊提示：邮政汇兑属于邮政服务，但邮政储蓄业务按金融服务缴纳增值税】 |
| 电信服务 | 基础电信服务、增值电信服务 | （1）基础电信服务包括通话、出租带宽等；（2）增值电信服务包括短（彩）信、互联网接入、卫星电视信号落地转接等 |
| 建筑服务 | 工程服务、安装服务修缮服务、装饰服务、其他建筑服务 | （1）固定电话、有线电视、宽带、水、电、燃气、暖气等经营者向用户收取的"安装费、初装费、开户费、扩容费"及类似收费，按照"建筑服务–安装服务"缴纳增值税。（2）"修缮服务"指的是修"不动产"；修的如果是动产，属于"销售劳务–修理修配劳务"。（3）其他建筑服务包括钻井（打井）、拆除建筑物或构筑物、平整土地、园林绿化、疏浚（不包括航道疏浚）、建筑物平移、搭脚手架、爆破、矿山穿孔等 |
| 金融服务 | 贷款服务、直接收费金融服务、保险服务、金融商品转让 | （1）贷款服务：将资金贷与他人使用而取得利息收入的业务活动；【上岸熊提示：融资性售后回租属于金融服务–贷款服务，融资租赁属于现代服务–租赁服务；以货币投资收取固定利润或保底利润按照金融服务–贷款服务缴纳增值税】（2）直接收费金融服务：提供货币兑换、账户管理、资金结算、资金清算、金融支付等服务并且收取费用的业务活动；（3）保险服务：包括人身保险服务和财产保险服务；（4）金融商品转让：转让外汇、有价证券、非货物期货和其他金融商品所有权的业务活动 |

| 销售服务 | 项目 | 内容 |
|---|---|---|
| 现代服务 | 研发和技术服务、信息技术服务、文化创意服务、广播影视服务、租赁服务、物流辅助服务、商务辅助服务、鉴证咨询服务 | （1）研发和技术服务，包括研发服务、合同能源管理服务、工程勘察勘探服务、专业技术服务；（2）信息技术服务，包括软件服务、电路设计及测试服务、信息系统服务、业务流程管理服务和信息系统增值服务；（3）文化创意服务，包括设计服务、知识产权服务、广告服务和会议展览服务；【上岸熊提示：广告的制作、发布均属于"现代服务－文化创意服务－广告服务"。不动产、动产上的广告位出租则属于"现代服务－租赁服务"】（4）广播影视服务，包括广播影视节目（作品）的制作服务、发行服务和播映（含放映）服务；（5）租赁服务，包括有形动产、不动产的经营租赁和融资租赁；【上岸熊提示：车辆停放服务、道路通行服务属于"现代服务－租赁服务"中的"不动产经营租赁服务"；广告位出租，属于"现代服务－租赁服务"，而非"广告服务"；"融资性售后回租"属于"金融服务－贷款服务"，而非"租赁服务"】（6）物流辅助服务，包括航空服务、港口码头服务、货运客运场站服务、打捞救助服务、装卸搬运服务、仓储服务和收派服务；（7）商务辅助服务，包括企业管理服务、经纪代理服务、人力资源服务、安全保护服务；【上岸熊提示：货物运输代理属于"现代服务－商务辅助服务－经纪代理服务"，而无运输工具承运属于"交通运输服务"；物业管理属于"现代服务－商务辅助服务－企业管理服务"】（8）鉴证咨询服务，包括认证服务、鉴证服务和咨询服务。翻译服务和市场调查服务按照咨询服务缴纳增值税 |
| 生活服务 | | 文化体育服务、教育医疗服务、旅游娱乐服务、餐饮住宿服务、居民日常服务和其他生活服务【上岸熊提示：生老病死＋吃喝玩乐】 |

## 三、视同销售、其他视同销售、混合销售及兼营

| | |
|---|---|
| 视同销售<br>【多次出现单选、多选题】 | （1）将货物交付其他单位或个人代销；（2）销售代销货物；（3）设有两个以上机构并实行统一核算的纳税人，将货物从一个机构移送至其他机构用于销售，但相关机构设在同一县（市）的除外；（4）将自产、委托加工的货物用于集体福利或个人消费；（5）将自产、委托加工的货物用于非增值税应税项目；（6）将自产、委托加工或购进的货物作为投资，提供给其他单位或个体工商户；（7）将自产、委托加工或购进的货物分配给股东或投资者；（8）将自产、委托加工或购进的货物无偿赠送给其他单位或个人【上岸熊提示：（1）将购进的货物作为投资、分配及无偿赠送应视同销售；（2）将购进的货物用于集体福利或个人消费，不属于视同销售情形】 |
| 其他视同销售 | 单位或个体工商户向其他单位或个人无偿提供服务、无偿转让无形资产或不动产，应视同销售。但用于公益事业或以社会公众为对象的除外 |

续表

| | | |
|---|---|---|
| **混合销售**<br>**【2021年**<br>**多选题】** | 定义 | 一项销售行为如果既涉及货物又涉及提供非增值税应税劳务的销售行为，为混合销售 |
| | 税务<br>处理 | （1）从事货物的生产、批发或零售的单位和个体工商户，全额按销售货物缴纳增值税；（2）其他单位和个体工商户，全额按销售服务缴纳增值税【上岸熊提示：纳税人销售活动板房、机器设备、钢结构件等自产货物的同时提供建筑、安装服务，不属于混合销售，应分别核算货物和建筑服务的销售额，分别适用不同的税率或征收率】 |
| **兼营** | 定义 | 指纳税人的经营中包括销售货物、劳务及销售服务、无形资产和不动产的行为 |
| | 税务<br>处理 | 将不同征税项目混业经营，但不发生在同一销售行为中，应当分别核算、分别纳税；未分别核算的，"从高"适用税率 |

## 四、不征收增值税的情形

| | |
|---|---|
| **非经营活动** | （1）政府性基金或行政事业性收费；（2）单位或个体工商户聘用的员工为本单位或雇主提供取得工资的服务，以及单位或个体工商户为聘用的员工提供服务 |
| **不属于在"境内"提供应税行为** | （1）境外单位或个人向境内单位或个人销售完全在境外发生的服务；（2）境外单位或个人向境内单位或个人销售完全在境外使用的无形资产；（3）境外单位或个人向境内单位或个人出租完全在境外使用的有形动产【上岸熊提示：双境外】 |
| **不征收增值税的特殊项目**<br>**【2020年多选题】** | （1）在资产重组过程中，通过合并、分立、出售、置换等方式，将全部或部分实物资产及与其相关联的债权、负债和劳动力一并转让给其他单位和个人，其中涉及的货物转让、不动产和土地使用权转让行为；（2）存款利息；（3）被保险人获得的保险赔付；（4）无偿提供的用于公益事业的铁路、航空运输服务；（5）房地产主管部门或其指定机构、公积金管理中心、开发企业及物业管理单位代收的住宅专项维修资金 |

## 五、增值税税率和征收率

### 1. 税率

| 税率 | 适用范围 |
|---|---|
| 13% | 销售货物、劳务、有形动产租赁服务或进口货物，除适用9%及零税率的情形外，税率为13% |
| 9% | （1）销售交通运输、邮政、基础电信、建筑、不动产租赁服务。（2）销售不动产、转让土地使用权。（3）销售或进口下列货物：①粮食等农产品、食用植物油、食用盐；②自来水、暖气、冷气、热水、煤气、石油液化气、天然气、二甲醚、沼气、居民用煤炭制品；③图书、报纸、杂志、音像制品、电子出版物；④饲料、化肥、农药、农机、农膜 |

续表

| 税率 | 适用范围 |
|---|---|
| 6% | **销售服务、无形资产**，除适用 9% 及零税率的情形外，税率为 6% |
| **零税率** | （1）出口货物（国务院另有规定的除外）。（2）境内单位和个人"跨境销售"下列服务、无形资产：①国际运输服务、航天运输服务；②向境外单位提供的完全在境外消费的下列服务：研发服务；合同能源管理服务；设计服务；广播影视节目的制作和发行服务；软件服务；电路设计及测试服务；信息系统服务；业务流程管理服务；离岸服务外包业务；转让技术 |

## 2. 征收率

| | | |
|---|---|---|
| **一般纳税人选择简易办法计税** | 3% | 一般纳税人销售自产的下列货物：（1）县级及县级以下小型水力发电单位生产的**电力**；（2）**自来水**；（3）建筑用和生产建筑材料所用的砂、土、石料及以自己采掘的砂、土、石料或其他矿物连续生产的砖、瓦、石灰（不含黏土实心砖、瓦）、以水泥为原料生产的商品混凝土；（4）**生物制品** |
| | | 一般纳税人销售货物：（1）寄售商店**代销寄售物品**；（2）典当业销售**死当物品** |
| | | 下列应税行为可以选择简易计税：（1）**公共交通运输服务、动漫服务（包括在境内转让动漫版权）、电影放映服务、仓储服务、装卸搬运服务、收派服务和文化体育服务；**（2）建筑企业一般纳税人提供建筑服务"老项目"（《建筑工程施工许可证》注明的开工日期在 2016 年 4 月 30 日前的）；（3）有形动产租赁服务"老项目"（以纳入"营改增"试点之日前取得的有形动产为标的物提供的经营租赁服务，或纳入"营改增"试点之日前签订的尚未执行完毕的有形动产租赁合同） |
| | 3% 减按 2% | （1）一般纳税人销售自己使用过的 2008 年 12 月 31 日前购进的不得抵扣且未抵扣进项税额的**固定资产**；（2）一般纳税人**销售旧货**，不包括自己使用过的物品 |
| | 3% 减按 0.5% | 自 2020 年 5 月 1 日至 2023 年 12 月 31 日，从事二手车经销业务的纳税人销售其收购的二手车，由原按照简易办法依 3% 征收率减按 2% 征收增值税，**改为减按 0.5% 征收增值税** |
| | 5% | （1）一般纳税人转让或出租其 2016 年 4 月 30 日之前取得的不动产，选择简易计税方法的；（2）房地产开发企业（一般纳税人）出租销售自行开发的房地产老项目，选择简易计税方法的；（3）**纳税人提供劳务派遣服务，选择差额纳税的。**应税销售额＝取得的全部价款和价外费用－代用工单位支付给劳务派遣员工的工资、福利和为其办理的社会保险及住房公积金；（4）自 2021 年 10 月 1 日起，住房租赁企业中的增值税一般纳税人向个人出租住房取得的全部出租收入，**可以选择适用简易计税方法，按照 5% 的征收率减按 1.5% 计算缴纳增值税，**或适用一般计税方法计算缴纳增值税 |

| 小规模纳税人 | （1）小规模纳税人销售自己使用过的固定资产和旧货减按 2% 征收，小规模纳税人销售自己使用过的除固定资产外的物品，应按照 3% 的征收率征收增值税；（2）小规模纳税人转让或出租其取得的不动产，按 5% 征收；（3）房地产开发企业（小规模纳税人）销售自行开发的房地产项目，按照 5% 征收；（4）住房租赁企业中的增值税小规模纳税人向个人出租住房，按照 5% 的征收率减按 1.5% 计算缴纳增值税；（5）除以上特殊情况，小规模纳税人基本是按 3% 征收率 |
| --- | --- |

## 六、一般计税方法下应纳税额的计算【多次出现不定项选择题】

### 1. 计算公式

应纳税额 = 当期销项税额 − 当期进项税额

其中，当期销项税额 = 销售额 × 适用税率，当期进项税额需要考虑进项税额的转出。

### 2. 销售额的确定

| 公式 | | 销售额 = 全部价款 + 价外费用<br>不含税销售额 = 价税合计金额（或含税收入）÷（1+ 增值税税率） |
| --- | --- | --- |
| 价外费用 | 包括 | 手续费、补贴、基金、集资费、返还利润、奖励费、违约金、滞纳金、延期付款利息、赔偿金、代收款项、代垫款项、包装费、包装物租金、储备费、优质费、运输装卸费等【上岸熊提示：价外费用一般为含增值税的"含税金额"，须进行价税分离】 |
| | 不包括 | （1）向购买方收取的销项税额；（2）受托加工应税消费品所代收代缴的消费税；（3）以委托方名义开具发票代委托方收取的款项；（4）销售货物的同时代办保险等而向购买方收取的保险费，以及向购买方收取的代购买方缴纳的车辆购置税、车辆牌照费；（5）符合条件的代为收取的政府性基金或行政事业性收费 |
| 视同销售情况下的销售额的确定 | 适用情形 | （1）视同销售；（2）销售价格明显偏低或偏高且不具有正当理由的情形 |
| | 确定方式 | （1）纳税人最近时期同类货物（或服务、无形资产、不动产）的平均销售价格；（2）其他纳税人最近时期同类货物（或服务、无形资产、不动产）的平均销售价格；（3）组成计税价格，公式为：①非应税消费品组成计税价格 = 成本 ×（1+ 成本利润率）；②应税消费品组成计税价格 = 成本 ×（1+ 成本利润率）÷（1- 消费税税率） |
| 包装物租金与押金 | 租金 | 属于价外费用，在收取时随同货物一并计算增值税 |

续表

| 包装物租金与押金 | 押金 | 在一般情况下，向购货方收取的独立核算的包装物押金，购货方在规定时间内返还包装物，销货方会将收取的包装物押金返还 | |
|---|---|---|---|
| | 包装物押金特殊情况 | （1）一般货物，以及啤酒、黄酒：在取得时不计算征税，在逾期时计算征税；<br>（2）（除啤酒黄酒外）其他酒类：在取得时计算征税，在逾期时不计算征税 | |
| 特殊销售方式下销售额的确定 | 折扣销售 | 销售额和折扣额在同一张发票（"金额栏"）上分别注明的 | 按折扣后的销售额确定 |
| | | 不符合上述情形的 | 按折扣前的销售额确定 |
| | 以旧换新 | （1）金银首饰以旧换新业务，可以按实际收取的"差额"计算增值税；（2）其他货物，按新货物的同期销售价格作为销售额，不得扣减旧货物的收购价格 | |
| | 还本销售 | 还本销售应当以货物的正常销售价格作为销售额，不得扣减还本支出 | |
| | 以物易物 | 双方都应作购销处理，以各自发出的货物核算销售额并计算销项税额，以各自收到的货物按规定核算购货额并计算进项税额 | |
| | 直销方式 | （1）"两次销售"：直销企业先将货物销售给直销员，直销员再将货物销售给消费者的，直销企业的销售额为其向直销员收取的全部价款和价外费用。直销员将货物销售给消费者时，应按照现行规定缴纳增值税。（2）"一次销售"：直销企业通过直销员向消费者销售货物，直接向消费者收取货款，直销企业的销售额为其向消费者收取的全部价款和价外费用 | |
| "营改增"行业销售额的规定 | 全额计税 | （1）贷款服务，以提供贷款服务取得的全部利息及利息性质的收入为销售额；<br>（2）直接收费金融服务，以提供直接收费金融服务收取的手续费、佣金、酬金、管理费、服务费、经手费、开户费、过户费、结算费、转托管费等费用为销售额 | |
| | 差额计税 | 金融商品转让 | 卖出价－买入价 |
| | | 经纪代理服务 | 价款＋价外费用－向委托方收取并代为支付的政府性基金或行政事业性收费 |
| | | 航空运输企业 | 不包括代收的机场建设费和代售其他航空运输企业客票而代收转付的价款 |
| | | 客运场站服务 | 价款＋价外费用－支付给承运方运费 |
| | | 旅游服务 | 价款＋价外费用－向旅游服务购买方收取并支付给其他单位或个人的住宿费、餐饮费、交通费、签证费、门票费和支付给其他接团旅游企业的旅游费用 |
| | | 建筑服务（简易） | 价款＋价外费用－支付的分包款 |
| | | 房企销售房地产（一般） | 价款＋价外费用－受让土地时向政府部门支付的土地价款（不包括老项目） |

### 3. 进项税额的确定

**（1）凭票抵扣进项税。【2020 年单选题】**

①从销售方取得的**增值税专用发票**（含税控机动车销售统一发票）上注明的增值税额。

②从海关取得的**海关进口增值税专用缴款书**上注明的增值税额。

③纳税人购进服务、无形资产或不动产，取得的**增值税专用发票**上注明的增值税额为进项税额，准予从销项税额中抵扣。

④纳税人从境外单位或个人购进劳务、服务、无形资产或境内的不动产，从税务机关或扣缴义务人取得的**代扣代缴税款的完税凭证**上注明的增值税额。

⑤购进农产品取得一般纳税人开具的增值税专用发票或海关进口增值税专用缴款书的，凭票抵扣进项税额。

**（2）农产品的抵扣政策。【2019 年不定项选择题】**

①从适用 3% 征收率的小规模纳税人处购入农产品，取得增值税专用发票的，以**增值税专用发票**上注明的金额和 9% 的扣除率计算进项税额。

②取得（开具）农产品销售发票或收购发票的，以农产品收购发票或销售发票上注明的农产品买价和 9% 的扣除率计算进项税额。

③纳税人购进用于生产或委托加工 13% 税率货物的农产品，**按照 10% 的扣除率**计算进项税额。

④进项税额计算公式：进项税额 = 买价（金额）× 扣除率（9% 或 10%）。

**（3）购进境内旅客运输服务的抵扣政策。【2019 年多选题】**

①取得**增值税电子普通发票**：进项税额 = 发票上注明的税额（凭票抵扣）。

②取得**注明旅客身份信息**的航空运输电子客票行程单：进项税额 =（票价 + 燃油附加费）÷（1+9%）×9%。

③取得**注明旅客身份信息**的铁路车票：进项税额 = 票面金额 ÷（1+9%）×9%。

④取得**注明旅客身份信息**的公路、水路等其他客票：进项税额 = 票面金额 ÷（1+3%）×3%。

### 4. 不得抵扣的进项税额

| 特定用途 | 购进的货物、劳务、服务、无形资产和动产，用于简易计税方法计税项目、免税项目、集体福利或个人消费（含交际应酬）的，不得抵扣进项税 | |
|---|---|---|
| **兼用** | 定义 | 兼用指的是既用于可以抵扣进项税的用途，又用于上述不得抵扣的用途 |
| | 进项税额全额抵扣 | 购进的固定资产、不动产和无形资产（不包括其他权益性无形资产），以及租入的**固定资产、不动产发生"兼用"**的 |

续表

| 兼用 | 部分可抵扣，部分不可抵扣，不得抵扣的进项税额＝当期无法划分的全部进项税额×（当期简易计税方法计税项目销售额＋免征增值税项目销售额）÷当期全部销售额 | 购进的货物、劳务、服务，发生"兼用"情形而无法划分的 |
|---|---|---|
| 特定服务 | （1）一般纳税人购进的贷款服务、餐饮服务、居民日常服务和娱乐服务，不得抵扣进项税额；【上岸熊提示：代餐渔民】（2）纳税人接受贷款服务向贷款方支付的与该笔贷款直接相关的投融资顾问费、手续费、咨询费等费用，其进项税额不得抵扣【2021年多选题】 ||
| 非正常损失 | （1）非正常损失的购进货物，以及相关的劳务和交通运输服务；（2）非正常损失的在产品、产成品所耗用的购进货物（不包括固定资产）、劳务和交通运输服务；（3）非正常损失的不动产、不动产在建工程和该不动产或在建工程所耗用的购进货物、设计服务和建筑服务 ||

### 5. 进项税额转出

| 定义 | 进项税额转出是指已抵扣进项税的项目发生了不可抵扣的情形，之前已经抵扣的进项税额不再抵扣，需从当月进项税额中扣减 |
|---|---|
| 情形 | 购进货物或劳务、购进服务，已知已经抵扣的进项税额，则将应转出部分直接转出；无法确定已经抵扣的进项税额，按当期外购项目的实际成本乘以适用税率计算进项税额转出金额 |
| | 购进固定资产、无形资产、不动产已经抵扣的进项税额，发生的"转出"按照下列公式计算：不得抵扣的进项税额＝已抵扣的进项税额×资产净值率（资产净值率＝资产净值÷资产原值） |

### 6. 转增进项税额

（1）按照税法规定不得抵扣且未抵扣进项税额的固定资产或无形资产，发生用途改变，用于允许抵扣进项税额的应税项目，可在用途改变的次月按照下列公式，依据合法有效的增值税扣税凭证，计算可以抵扣的进项税额：可抵扣进项税额＝固定资产／无形资产净值÷（1＋适用税率）×适用税率。

（2）按照规定不得抵扣进项税额的不动产，发生改变用途，用于允许抵扣进项税额项目的，按照下列公式在改变用途的次月计算可抵扣进项税额：可抵扣进项税额＝增值税扣税凭证注明或计算的进项税额×不动产净值率。

## 七、简易计税方法应纳税额的计算【2022年不定项选择题】

| 一般业务 | 小规模纳税人应按照不含税销售额和征收率计算应纳税额，且不得抵扣进项税额 |
|---|---|
| | 应纳税额＝不含税销售额×征收率＝含税销售额÷（1＋征收率）×征收率 |
| 折让、退回 | （1）纳税人适用简易计税方法计税的，因销售折让、中止或退回而退还给购买方的销售额，应当从当期销售额中扣减；（2）扣减当期销售额后仍有余额造成多缴的税款，可以从以后的应纳税额中扣减 |

## 八、进口货物应纳税额的计算【2021年单选题】

| 要求 | （1）无论一般纳税人还是小规模纳税人，均应按照组成计税价格和适用税率计算应纳税额；（2）进口货物向海关缴纳的进口环节增值税，取得了海关进口专用缴款书后，允许作为国内内销环节的进项税额进行抵扣 |
|---|---|
| 公式 | 进口环节增值税应纳税额 = 进口环节组成计税价格 × 税率<br><br>（1）不征收消费税的一般货物：进口组成计税价格 = 关税完税价格 + 关税<br><br>（2）征收消费税的应税消费品：进口组成计税价格 = 关税完税价格 + 关税 + 消费税 =（关税完税价格 + 关税）÷（1- 消费税比例税率） |
| 扣缴计税方式应纳税额的计算 | 我国境外的单位或个人在境内销售劳务，在境内未设有经营机构的，以购买方为扣缴义务人。应扣缴增值税税额 = 购买方支付的价款 ÷（1+ 适用税率）× 适用税率 |

## 九、税收优惠

| 免税货物 | （1）农业生产者销售的自产农产品；（2）避孕药品和用具；（3）古旧图书（向社会收购的古书和旧书）；（4）直接用于科学研究、科学试验和教学的进口仪器和设备；（5）外国政府、国际组织无偿援助的进口物资和设备；（6）由残疾人的组织直接进口供残疾人专用的物品；（7）其他个人销售自己使用过的物品【上岸熊提示：农民古书学避孕，盲人援助显微镜】 | |
|---|---|---|
| 免税服务、无形资产、不动产项目【2021年多选题】 | 生命线 | （1）托儿所、幼儿园提供的保育和教育服务；（2）从事学历教育的学校提供的教育服务；（3）婚姻介绍服务；（4）养老机构提供的养老服务；（5）殡葬服务 |
| | 社会保障 | （1）医疗机构提供的医疗服务；（2）提供社区养老、托育、家政等服务取得的收入；（3）学生勤工俭学提供的服务；（4）残疾人本人为社会提供的服务；（5）残疾人福利机构提供的育养服务【上岸熊提示：残疾人勤工俭学在社区提供医疗服务】 |
| | 国家鼓励行业取得的收入 | （1）纳税人提供技术转让、技术开发和与之相关的技术咨询、技术服务；（2）个人转让著作权；（3）个人销售自建自用住房；（4）福利彩票、体育彩票的发行收入（不是销售收入）；（5）纪念馆、博物馆、文化馆、文物保护单位管理机构、美术馆、展览馆、书画院、图书馆在自己的场所提供文化体育服务取得的第一道门票收入；（6）家政服务企业由员工制家政服务员提供家政服务取得的收入；（7）将土地使用权转让给农民生产者用于农业生产；（8）金融同业往来利息收入 |
| | 增值税即征即退 | 一般纳税人提供下列服务，对实际税负超过3%的部分实行增值税即征即退政策：（1）管道运输服务；（2）经批准从事融资租赁业务的一般纳税人，提供有形动产融资租赁服务和有形动产融资性售后回租服务 |

| | | |
|---|---|---|
| **免税服务、无形资产、不动产项目【2021年多选题】** | 扣减税款规定 | **(1) 退役士兵创业就业：**对自主就业退役士兵从事个体经营的，在3年内按每户每年12000元为限额依次扣减其当年实际应缴纳的增值税、城市维护建设税、教育费附加、地方教育附加和个人所得税，最高可上浮20%；**(2) 重点群体创业就业：**对建档立卡贫困人口、持《就业创业证》或《就业失业登记证》的人员，从事个体经营的，在3年内按每户每年12000元为限额依次扣减其当年实际应缴纳的增值税、城市维护建设税、教育费附加、地方教育附加和个人所得税，限额标准最高可上浮20% |
| | 个人将购买的住房对外销售 | (1) 购买时间大于2年的：①**北上广深**普通住房免税，非普通住房按（销售收入 – 购房价款）×5%差额征收；②**其他地区**免税。**(2) 购买时间小于2年的，**全部地区按5%征收率全额征收 |
| **免税的跨境应税行为** | 在**境外**提供的服务 | (1)工程项目在境外的建筑服务、工程监理服务、工程勘察勘探服务；(2) 会议展览地点在境外的会议展览服务；(3) 存储地点在境外的仓储服务；(4) 标的物在境外使用的有形动产租赁服务；(5) 在境外提供的广播影视节目（作品）的播映服务、文化体育服务、教育医疗服务、旅游服务 |
| | 为出口货物提供的服务 | **(1) 邮政服务；(2) 收派服务；(3) 保险服务** |
| | **双境外** | 向境外单位提供完全在境外消费的服务和无形资产：(1) 电信服务；(2) 知识产权服务；(3) 物流辅助服务（仓储服务、收派服务除外）；(4) 鉴证咨询、专业技术及商务辅助服务；(5) 广告投放地在境外的广告服务；(6) 无形资产 |
| | | **无运输工具承运方式**提供的国际运输服务 |
| **起征点** | 适用对象 | 限于个人（**个人是指个体工商户和其他个人**），且不适用于登记为一般纳税人的个体工商户 |
| | 幅度 | (1) 按期纳税：**月销售额5000元至20000元（含）**；(2) 按次纳税：每次（日）销售额300元至500元（含） |
| | 纳税政策 | 纳税人发生应税销售行为的销售额未达到增值税起征点的，免征增值税；**达到起征点的，全额计算缴纳增值税** |

## 十、增值税留抵退税政策

### 1. 留抵退税政策的使用主体及条件

| 适用行业 | 需要满足的条件 | 存量留抵税额 | 增量留抵税额 |
|---|---|---|---|
| 小微企业<br>（所有行业） | （1）纳税信用等级为 A 级或 B 级；（2）退税前 36 个月未骗取留抵退税、出口退税或虚开增值税专用发票；（3）退税前 36 个月未因偷税被税务机关处罚两次及以上；（4）2019 年 4 月 1 日起未享受即征即退、先征后返（退）政策 | 一次性退还可退税款＝存量留抵税额 × 进项构成比例 ×100% | 按月退还可退税款＝增量留抵税额 × 进项构成比例 ×100% |
| 制造业等<br>（共 6 个行业） | | | |
| 批发和零售业等<br>（共 7 个行业） | | | |
| 除上述以外的其他企业 | 在上述 4 个条件基础上，增加一个条件：自 2019 年 4 月税款所属期起，连续 6 个月（按季度纳税的，连续 2 个季度）增量留抵税额均大于 0，且第 6 个月增量留抵税额不低于 50 万元 | — | 可退税款＝增量留抵税额 × 进项构成比例 ×60% |

【上岸熊提示：增量留抵税额是指与 2019 年 3 月底相比新增加的期末留抵税额】

### 2. 留抵退税的计算依据

| 退税主体 | 存量留抵税额 | 增量留抵税额 |
|---|---|---|
| 存量留抵税额 | 2019 年 3 月 31 日期末留抵税额与当期期末留抵税额相比，取孰低 | 0 |
| 增量留抵税额 | 当期期末留抵税额与 2019 年 3 月 31 日相比新增加的部分 | 当期期末留抵税额 |

### 3. 留抵退税的计算公式

（1）纳税人发生应税销售行为适用免税规定的，可以放弃免税，依照有关规定缴纳增值税；纳税人放弃免税后，36 个月内不得再申请免税。

（2）纳税人发生应税销售行为适用免税和零税率规定的，纳税人可以选择适用免税或零税率。

## 十一、征收管理

### 1. 纳税义务发生时间【多次出现单选、多选题】

| 方式 | 纳税义务发生时间 |
|---|---|
| 采取直接收款方式销售货物 | 为收到销售款或取得索取销售款凭据的当天 |
| 采取托收承付和委托银行收款方式销售货物 | 发出货物并办妥托收手续的当天 |
| 采取赊销和分期收款方式销售货物 | 书面合同约定的收款日期当天；无书面合同或书面合同没有约定收款日期的，为货物发出的当天 |
| 预收款　采取预收货款方式销售货物 | 货物发出的当天；但生产销售生产工期超过 12 个月的大型机械设备、船舶、飞机等货物，为收到预收款或书面合同约定的收款日期的当天 |
| 预收款　销售租赁服务采取预收款方式 | 收到预收款的当天 |
| 委托其他纳税人代销货物 | 收到代销单位的代销清单当天 / 收到全部或部分货款当天 / 发出代销货物满 180 天的当天（孰早） |
| 发生视同销售货物行为（委托他人代销货物、销售代销货物除外） | 货物移送的当天 |
| 发生视同销售应税劳务、服务、无形资产或不动产情形 | 应税劳务、服务、无形资产转让完成的当天或不动产权属变更的当天 |
| 从事金融商品转让 | 金融商品所有权转移的当天 |
| 纳税人进口货物 | 报关进口的当天 |
| 增值税扣缴义务发生时间 | 纳税人增值税纳税义务发生的当天 |

### 2. 纳税地点

| 纳税人情况 | | 申报纳税地点 |
|---|---|---|
| 固定户 | 一般情况 | 机构所在地 |
| | 总分机构不在同一县（市）的 | 分别申报，经批准的可以由总机构汇总申报纳税 |
| | 外出经营 | （1）报告外出经营事项：机构所在地。（2）未报告的，向销售地或劳务发生地申报纳税；未申报的，由其机构所在地税务机关补征税款 |
| 非固定户 | | 销售地或劳务发生地 |
| 进口货物的纳税人 | | 报关地海关 |
| 其他个人提供建筑服务、销售或租赁不动产、转让自然资源使用权 | | 建筑服务发生地、不动产所在地、自然资源所在地 |

## 3. 纳税期限

| | |
|---|---|
| 申报期限 | （1）增值税的纳税期限分别为1日、3日、5日、10日、15日、1个月或1个季度；（2）不能按照固定期限纳税的，可以按次纳税；（3）**小规模纳税人、银行、财务公司、信托投资公司、信用社**以1个季度为纳税期限 |
| 税款缴纳时限 | （1）以1个月或1个季度为1个纳税期的，自期满之日起**15日内**申报纳税；（2）以1日、3日、5日、10日或15日为1个纳税期的，自期满之日起**5日内**预缴税款，于次月1日起**15日内**申报纳税并结清上月税款；（3）进口货物，应当自海关填发进口增值税专用缴款书之日起**15日内**缴纳税款 |

# 十二、增值税专用发票使用规定

| 专用发票的联次【2020年多选题】 | 发票联 | 购买方核算采购成本和增值税进项税额的记账凭证 | **购买方持有** |
|---|---|---|---|
| | 抵扣联 | 购买方报送主管税务机关认证和留存备查的扣税凭证 | |
| | 记账联 | 销售方核算销售收入和增值税销项税额的记账凭证 | **销售方持有** |
| 最高开票限额管理 | （1）由一般纳税人申请，区县税务机关依法审批；（2）一般纳税人申请增值税专用发票最高开票限额**不超过10万元的**，主管税务机关不需要事前进行实地查验 | | |
| 不得开具增值税专用发票的情形【2019年多选题】 | （1）商业企业**零售烟、酒、食品、服装、鞋帽（不包括劳保专用部分）、化妆品**等消费品的；（2）应税销售行为的**购买方为消费者个人的**；（3）发生应税销售行为**适用免税规定的**；（4）"营改增"行业不得开具的情形：①**金融商品转让**，不得开具增值税专用发票；②从事**经纪代理服务**，向委托方收取的政府性基金或行政事业性收费，不得开具增值税专用发票；③选择差额计算方法计算销售额的纳税人，**提供旅游服务向旅游服务购买方收取并支付的可以从全部价款和价外费用中扣除的费用**，不得开具增值税专用发票 | | |
| 增值税电子专用发票 | 增值税电子专用发票由各省税务局监制，采用电子签名代替发票专用章，属于增值税专用发票，其法律效力、基本用途、基本使用规定等**与增值税纸质专用发票相同** | | |

# 十三、增值税出口退（免）税制度

## 1. 政策范围、退（免）税办法及出口退税率

| 政策范围 | 对下列出口货物、劳务、零税率应税服务，除适用增值税免税和征税政策外，实行免征并退还增值税政策：（1）出口企业出口货物；（2）出口企业或其他单位视同出口货物；（3）出口企业对外提供加工修理修配劳务；（4）增值税一般纳税人提供零税率应税服务 | |
|---|---|---|
| 退（免）税办法 | 免抵退税 | 生产企业出口自产货物和视同自产货物及对外提供加工修理修配劳务，以及相关政策列明的生产企业出口非自产货物 | 免征增值税，相应的进项税额抵减应纳增值税额（不包括适用增值税即征即退、先征后退政策的应纳增值税额），未抵减完的部分予以退还 |
| | 免退税 | 不具有生产能力的出口企业或其他单位出口货物劳务 | 免征增值税，相应的进项税额予以退还 |
| 出口退税率 | 目前我国出口退税率分为五档：13%、10%、9%、6% 和零税率。适用不同退税率的货物、劳务及跨境应税行为，应分开报关、核算并申报退（免）税，未分开报关、核算或划分不清的，从低适用退税率 | |

## 2. 免抵退税和免退税计税依据

（1）**出口货物劳务**：按出口发票（外销发票）、其他普通发票或购进出口货物劳务的增值税专用发票、海关进口增值税专用缴款书确定。

（2）**跨境应税行为**。

①免抵退税的计税依据：

a. 以铁路运输方式载运旅客的，为按照铁路合作组织清算规则清算后的实际运输收入。

b. 以铁路运输方式载运货物的，为实际运输收入。

c. 以航空运输方式载运货物或旅客的，如果国际运输或港澳台运输各航段由多个承运人承运的，为中国航空结算有限责任公司清算后的实际收入；如果国际运输或港澳台运输各航段由一个承运人承运的，为提供航空运输服务取得的收入。

②免退税的计税依据：购进应税服务的增值税专用发票或解缴税款的中华人民共和国收缴款凭证上注明的金额。

## 3. 其他规定

（1）**退税率低于适用税率的**，相应差额部分的税款计入出口货物劳务成本。

（2）出口企业既有适用增值税免抵退项目，也有增值税即征即退、先征后退项目的，**增值税即征即退和先征后退项目不参与出口项目免抵退税计算。**

（3）出口企业应**分别核算增值税免抵退项目和增值税即征即退、先征后退项目**，并分别申请享受增值税即征即退、先征后退和免抵退税政策。

# 第三节 消费税法律制度

## 一、税目【多次出现单选、多选题】

| 税目 | 具体内容 |
|---|---|
| 烟 | （1）包括卷烟、雪茄烟、烟丝、电子烟（电子烟包括烟弹、烟具以及烟弹与烟具组合销售的电子烟产品）；（2）不包括烟叶 |
| 酒 | （1）包括白酒、黄酒、啤酒和其他酒（如果酒、红酒、药酒等）；（2）不包括酒精、调味料酒 |
| 高档化妆品 | （1）包括高档美容、修饰类化妆品、高档护肤类化妆品和成套化妆品；（2）不包括舞台、戏剧、影视演员化妆用的油彩、上妆油、卸妆油 |
| 贵重首饰及珠宝玉石 | 包括金银首饰、铂金首饰、钻石及钻石饰品，其他贵重首饰和珠宝玉石，宝石坯 |
| 鞭炮、焰火 | 不包括体育上用的发令纸、鞭炮药引线 |
| 成品油 | （1）包括汽油、柴油、石脑油、溶剂油、航空煤油、润滑油、燃料油；（2）不包括原油 |
| 摩托车 | 包括气缸容量≥250毫升的摩托车 |
| 小汽车 | （1）包括乘用车、中轻型商用客车、超豪华小汽车（每辆不含增值税零售价格为130万元及以上的乘用车和中轻型商用客车）、乘用车和中轻型商用客车的改装车。（2）不包括：大客车、大货车、厢式货车；电动汽车；汽车轮胎；沙滩车、雪地车、卡丁车、高尔夫车；企业购进货车或厢式货车改装生产的商务车、卫星通信车等专用汽车 |
| 高尔夫球及球具 | 包括高尔夫球、高尔夫球杆、高尔夫球包（袋），高尔夫球杆的杆头、杆身和握把 |
| 高档手表 | 销售价格（不含税）每只在10000元（含）以上的各类手表 |
| 游艇 | （1）包括机动艇；（2）不包括无动力艇、帆艇 |
| 木制一次性筷子 | （1）包括木制一次性筷子和未经打磨、倒角的木制一次性筷子；（2）不包括竹制一次性筷子和木制非一次性筷子 |
| 实木地板 | 包括各类的实木地板、实木指接地板、实木复合地板、实木装饰板及未经涂饰的素板 |
| 电池 | （1）包括原电池、蓄电池、燃料电池、太阳能电池和其他电池；【上岸熊提示：太阳能蓄原燃料】（2）免征：无汞原电池、金属氢化物镍蓄电池、锂原电池、锂离子蓄电池、太阳能电池、燃料电池和全钒液流电池 |
| 涂料 | 免征：施工状态下挥发性有机物含量低于420克/升（含）的涂料 |

## 二、纳税义务人、纳税环节、税率及计算公式

| 纳税义务人 | 在我国境内**生产、委托加工和进口**《消费税暂行条例》规定的消费品的单位和个人，以及国务院确定的销售《消费税暂行条例》规定的消费品的其他单位和个人，为消费税的纳税人 | | |
|---|---|---|---|
| **纳税环节** | **生产环节** | 生产的应税消费品，于对外销售时缴纳消费税 | |
| | **进口环节** | 进口应税消费品，于报关进口时缴纳消费税 | |
| | 移送使用 | （1）用于连续生产应税消费品，**移送使用时不纳税**，待生产的最终应税消费品销售时纳税；（2）用于其他方面（非应税消费品、在建工程、管理部门、非生产机构、提供劳务、馈赠、赞助、集资、广告、样品、职工福利、奖励），**视同销售，于移送使用时纳税【2022年多选题】** | |
| | 委托加工**【多次出现单选、多选题】** | 委托方 | （1）提供原料和主要材料；（2）为纳税人，负有纳税义务 |
| | | 受托方 | （1）只收取加工费和代垫部分辅助材料加工。（2）受托方为单位时，负有法定代收代缴义务；受托方为个人（含个体工商户）时，无须代收代缴，由委托方收回后自行缴纳 |
| | | 不属于委托加工的情形 | （1）由受托方提供原材料生产的应税消费品；（2）受托方先将原材料卖给委托方，然后再接受加工的应税消费品；（3）由受托方以委托方名义购进原材料生产的应税消费品 |
| | | 委托方收回的后续税务处理 | （1）**用于连续生产应税消费品**：所缴纳的消费税税款**准予按规定抵扣**；（2）**直接出售**（不加价出售）：**不再缴纳消费税**；（3）以高于受托方的计税价格出售（**加价出售**）：正常计算缴纳消费税，在计税时**准予扣除受托方已代收代缴的消费税** |
| | 零售环节**【2020年多选题】** | **仅在零售环节征收消费税** | （1）金银首饰具体包括金基、银基合金首饰及金、银和金基、银基合金的镶嵌首饰（不含镀金和包金首饰），铂金首饰，钻石及钻石饰品。（2）既销售金银首饰，又销售非金银首饰的生产、经营单位，应将两类商品划分清楚，分别核算销售额，否则，在零售环节销售的，一律按金银首饰征收消费税；在生产环节销售的，一律从高适用税率征收消费税 |
| | | **加征一道消费税** | （1）**超豪华小汽车在零售环节加征消费税**；（2）超豪华小汽车在生产、进口、委托加工环节仍正常缴纳消费税；（3）纳税人为直接将超豪华小汽车零售给消费者的单位和个人 |
| | 批发环节**【2019年多选题】** | 卷烟 | （1）**在批发环节加征消费税**；（2）卷烟在生产、进口、委托加工环节仍然正常缴纳消费税；（3）批发企业将卷烟销售给其他批发企业的，属于批发环节内调拨，不征收消费税；**只有批发企业将卷烟销售给零售企业，才加征批发环节的消费税** |
| | | 电子烟 | **在批发环节加征消费税【上岸熊提示：在两个环节会发生重复征收消费税的应税消费品有超豪华小汽车、卷烟、电子烟】** |

续表

| 税率及计税公式 | 比例税率 | 绝大多数消费品 | 应纳税额＝销售额 × 比例税率 |
|---|---|---|---|
| | 定额税率 | 黄酒、啤酒、成品油 | 应纳税额＝销售数量 × 定额税率【上岸熊提示：黄皮油】 |
| | 复合征收 | 卷烟、白酒 | 应纳税额＝销售额 × 比例税率＋销售数量 × 定额税率 |

# 三、应纳税额的计算

| 从价计征 | 公式 | 应纳税额＝销售额 × 比例税率 |
|---|---|---|
| | 销售额的确定 | 销售额为纳税人销售应税消费品向购买方收取的全部价款和价外费用，不包括向购买方收取的增值税税款 |
| | 价外费用 | 与增值税中价外费用的规定相一致，除个别项目外，以各种名目向买方收取的价外费用均应计入销售额 |
| | 包装物押金 | （1）包装物连同应税消费品一起销售的：无论如何计价、如何核算，均应并入应税消费品的销售额中缴纳消费税。（2）一般货物（不含酒类）的包装物押金：①收取时，暂不应并入销售额，不计算消费税；②逾期时，应并入销售额，计算消费税；③啤酒、黄酒以外的其他酒类的包装物押金：无论是否返还及如何核算，均应在收取时并入销售额，计算消费税 |
| 从量计征 | 公式 | 应纳税额＝应税消费品的销售数量 × 定额税率（适用啤酒、黄酒、成品油） |
| | 销售数量的确定 | （1）销售：销售数量；（2）自产自用：移送使用数量；（3）委托加工：收回的应税消费品数量；（4）进口：海关核定的应税消费品进口征税数量 |
| 复合计征 | | 应纳税额＝从价计征的部分＋从量计征的部分（适用卷烟、白酒） |
| 特殊情况销售额的确定【多次出现单选、多选题】 | 门市部销售 | 纳税人通过自设非独立核算门市部销售的自产应税消费品，应当按照门市部对外销售额或销售数量征收消费税 |
| | 换、投、抵 | 纳税人用于换取生产资料和消费资料、投资入股和抵偿债务等方面的应税消费品，应当以纳税人同类应税消费品的最高销售价格作为计税依据计算消费税 |

| 特殊情况销售额的确定【多次出现单选、多选题】 | 品牌使用费 | 白酒生产企业向商业销售单位收取的品牌使用费应并入白酒的销售额中缴税 |
|---|---|---|
| | 以旧换新 | （1）金银首饰以旧换新：按实际收取的不含增值税的全部价款确定计税依据征收消费税；【上岸熊提示：同增值税中金银首饰以旧换新的销售额的规定一致】（2）其他消费品以旧换新：按新货的销售额征收消费税 |
| | 电子烟 | （1）纳税人生产、批发电子烟的，按照生产、批发的销售额计算纳税；（2）电子烟生产环节纳税人采用代销方式销售电子烟的，按照经销商（代理商）销售给电子烟批发企业的销售额计算纳税；（3）电子烟生产环节纳税人从事电子烟代加工业务的，应当分开核算持有商标电子烟的销售额和代加工电子烟的销售额；未分开核算的，一并缴纳消费税；（4）纳税人进口电子烟的，按照组成计税价格计算纳税 |

【上岸熊提示：包装物押金在计算增值税和消费税时均应纳入销售额】【多次在不定项选择中考查】

| 包装物押金 | 增值税 | | 消费税 | |
|---|---|---|---|---|
| | 取得时 | 逾期时 | 取得时 | 逾期时 |
| 一般货物（酒类除外） | × | √ | × | √ |
| 其他酒 | √ | × | √ | × |
| 啤酒、黄酒 | × | √ | × | × |

## 四、组成计税价格【多次在不定项选择中考查】

| 自产自用应税消费品 | 要求 | 自产的应税消费品，如果用于连续生产应税消费品的，移送时不纳税；用于其他方面的（消费税的"非应税"方面），于移送使用时纳税 |
|---|---|---|
| | 组成计税价格的确定 | 自产自用情形应缴纳消费税的，按照如下顺序确定销售额：（1）纳税人生产的同类消费品的销售价格；（2）组成计税价格。<br>①从价计征组成计税价格：<br>组成计税价格＝（成本＋利润）÷（1－比例税率）<br>应纳税额＝组成计税价格×比例税率<br>②复合计征的组成计税价格：<br>组成计税价格＝（成本＋利润＋自产自用的数量×定额税率）÷（1－比例税率）<br>应纳税额＝组成计税价格×比例税率＋自产自用数量×定额税率 |

| 委托加工应税消费品 | 组成计税价格的确定 | 委托加工的应税消费品，**应按照如下顺序确定销售额：**（1）按照受托方的同类消费品的销售价格；（2）组成计税价格。<br>**①从价计征组成计税价格：**<br>组成计税价格＝（材料成本＋加工费）÷（1－比例税率）<br>应纳税额＝组成计税价格 × 比例税率<br>**②复合计征组成计税价格：**<br>组成计税价格＝（材料成本＋加工费＋委托加工数量 × 定额税率）÷（1－比例税率）<br>应纳税额＝组成计税价格 × 比例税率＋委托加工数量 × 定额税率【上岸熊提示：如果题目中给出的是加工费的价税合计或含税价，需要进行价税分离】 |
|---|---|---|
| 进口应税消费品 | 规定 | 进口应税消费品，**直接按照组成计税价格计算应纳税额**【上岸熊提示：自产自用、委托加工都需要按照顺序确定销售额，但进口环节无须按顺序，直接用组成计税价格计算】 |
| | 组成计税价格的确定 | （1）从价计征组成计税价格：<br>组成计税价格＝（关税完税价格＋关税）÷（1－消费税比例税率）<br>应纳税额＝组成计税价格 × 消费税比例税率<br>（2）复合计征组成计税价格：<br>组成计税价格＝（关税完税价格＋关税＋进口数量 × 定额税率）÷（1－消费税比例税率）<br>应纳税额＝组成计税价格 × 消费税比例税率＋进口数量 × 定额税率 |

# 五、已纳消费税的扣除

| 规定 | 用外购或委托加工收回的应税消费品连续生产应税消费品，在对连续生产出来的应税消费品计征消费税时，可以按当期生产领用数量计算准予扣除外购或委托加工的应税消费品已纳消费税税款 |
|---|---|
| 扣除范围<br>【多次出现单选、多选题】 | （1）外购已税烟丝生产的卷烟；（2）外购已税高档化妆品原料生产的高档化妆品；（3）外购已税珠宝、玉石原料生产的贵重首饰及珠宝、玉石；（4）外购已税鞭炮、焰火原料生产的鞭炮、焰火；（5）以外购已税杆头、杆身和握把为原料生产的高尔夫球杆；（6）外购已税木制一次性筷子原料生产的木制一次性筷子；（7）外购已税实木地板原料生产的实木地板；（8）以外购已税石脑油、润滑油、燃料油为原料生产的成品油；（9）以外购已税汽油、柴油为原料生产的汽油、柴油【上岸熊提示：外购不得抵扣的项目包括成品油中的航空煤油和溶剂油、小汽车、摩托车、酒、高档手表、游艇、涂料和电池】 |
| 扣除金额 | （1）外购应税消费品：按当期生产领用数量计算准予扣除的已纳消费税款；（2）委托加工收回的应税消费品：按照当期生产领用的应税消费品所对应的已纳税款进行扣除 |

| 特殊情形 | 纳税人用外购的已税珠宝、玉石原料生产的改在零售环节征收消费税的金银首饰，在计税时一律不得扣除外购珠宝、玉石的已纳税款【上岸熊提示：因为纳税环节不一致，不可扣除】 |
|---|---|

## 六、征收管理【多次出现单选、多选题】

| | | | |
|---|---|---|---|
| 纳税义务发生时间 | 赊销和分期收款结算方式 | 书面合同约定的收款日期的当天；书面合同没有约定收款日期或无书面合同的，为发出应税消费品的当天 | |
| | 预收货款结算方式 | 发出应税消费品的当天 | |
| | 托收承付和委托银行收款方式 | 发出应税消费品并办妥托收手续的当天 | |
| | 其他销售结算方式 | 收讫销售款或取得索取销售款凭据的当天 | |
| | 自产自用 | 移送使用的当天 | |
| | 委托加工 | 纳税人提货的当天 | |
| | 进口 | 报关进口的当天 | |
| 纳税地点 | 一般情形 | 纳税人机构所在地或居住地 | |
| | 委托加工 | 受托人为非个人 | 由受托方向机构所在地或居住地的税务机关解缴消费税税款 |
| | | 受托方为个人 | 委托方机构所在地 |
| | 外出经营或委托异地代销 | 纳税人机构所在地或居住地 | |
| | 进口 | 报关地 | |
| 纳税期限 | （1）消费税的纳税期限分别为1日、3日、5日、10日、15日、1个月或1个季度；纳税人的具体纳税期限，由税务机关根据纳税人应纳税额的大小分别核定。（2）不能按照固定期限纳税的，可以按次纳税。（3）纳税人以1个月或1个季度为1个纳税期的，自期满之日起15日内申报纳税；以1日、3日、5日、10日或15日为1个纳税期的，自期满之日起5日内预缴税款，次月1日起至15日内申报纳税，并结清上月应纳税款 | | |

# 第四节 城市维护建设税、教育费附加和地方教育附加法律制度

| 纳税人 | | (1) **纳税人：** 在我国境内缴纳增值税、消费税的单位和个人；(2) **扣缴义务人：** 负有两税扣缴义务的单位和个人，在扣缴两税的同时扣缴城市维护建设税、教育费附加和地方教育附加 |
|---|---|---|
| 税率 | 城市维护建设税税率 | (1) 按照纳税人所在地的不同，设置了**三档地区差别比例税率**；(2) 由受托方代扣代缴、代收代缴增值税与消费税的单位和个人，其**代扣代缴、代收代缴的城市维护建设税按受托方所在地的适用税率执行** |
| | 教育费附加和地方教育附加征收比率 | **不区分地区，征收比率一样** |
| 计税依据 | 一般情形 | 纳税人实际缴纳的增值税、消费税税额 |
| | 特殊情形 | (1) 进口、出口业务对计税依据的影响：①**进口**货物、境外单位和个人向境内销售劳务、服务、无形资产缴纳的增值税、消费税的，**不征收**；②出口业务计算的**增值税免抵税额**：应计入计税依据，**征收**；③对出口货物、劳务和跨境销售服务、无形资产**退还增值税、消费税的**，已缴纳的**不予退还**。(2) 计税依据中**不包括直接减免的两税**。(3) 计税依据中**允许扣除**实行增值税期末留抵退税的纳税人收到的留抵退税 |
| 应纳税额的计算 | 公式【2019 年单选题】 | 应纳税额 =（实际缴纳的增值税 + 实际缴纳的消费税）× 适用税率 |
| 征收管理 | | **纳税义务发生时间、纳税地点均同增值税、消费税保持一致** |

# 第五节 车辆购置税法律制度

| 征税范围 | | 汽车、有轨电车、汽车挂车、排气量超过 150 毫升的摩托车 |
|---|---|---|
| 纳税人 | | 在我国境内购置应税车辆的单位和个人。购置，是指以**购买、进口、自产、受赠、获奖**或其他方式取得并自用 |
| 计税依据 | 购买自用 | **实际支付**给销售者的全部价款（不含增值税） |
| | 进口自用 | 进口环节组成计税价格。公式为：**组成计税价格 = 关税完税价格 + 关税 + 消费税** |

续表

| 计税依据 | 自产自用 | （1）纳税人生产的同类应税车辆的销售价格（不含增值税）；（2）没有的，按照组成计税价格确定，组成计税价格＝成本×（1＋成本利润率） |
|---|---|---|
| | 受赠、获奖或其他方式取得并自用 | 按照购置应税车辆时，相关凭证载明的价格确定（不含增值税） |
| | 申报的应税车辆计税价格明显偏低，且无正当理由 | 由税务机关依法核定应纳税额 |
| 公式 | | 税率为比例税率10%，应纳税额＝计税依据×税率 |
| 税收优惠 | | 下列车辆免征车辆购置税：（1）外国驻华使馆、领事馆和国际组织驻华机构及其有关人员自用的车辆；（2）中国人民解放军和中国人民武装警察部队列入军队装备订货计划的车辆；（3）悬挂应急救援专用号牌的国家综合性消防救援车辆；（4）设有固定装置的非运输专用作业车辆；（5）城市公交企业购置的公共汽电车辆；（6）在2021年1月1日至2023年12月31日期间购置的新能源汽车，免征车辆购置税 |
| 征收管理 | 纳税环节 | 在购置自用环节一次性征收 |
| | 纳税义务发生时间 | 纳税人购置应税车辆的当日 |
| | 纳税期限 | （1）应当自纳税义务发生之日起60日内申报缴纳车辆购置税；（2）纳税人应当在向公安机关交通管理部门办理车辆注册登记前，缴纳车辆购置税 |
| | 退税及补税【2021年判断题】 | （1）将已征车辆购置税的车辆退回车辆生产或销售企业的，申请退还车辆购置税退税额以已缴税款为基准，自缴纳税款之日至申请退税之日，每满1年扣减10%。（2）免减税车辆因转让、改变用途等原因不再属于免税、减税范围的，应在办理车辆转移登记或变更登记前缴纳车辆购置税；以免税、减税车辆初次办理纳税申报时确定的计税价格为基准，每满1年扣减10% |
| | 纳税地点 | 购置应税车辆，应向车辆登记地的主管税务机关申报纳税；购置不需要办理车辆登记注册手续的应税车辆，应向纳税人所在地主管税务机关申报纳税 |

# 第六节 关税法律制度

## 一、纳税人及征税对象

| 纳税人 | （1）**经营进出口货物的纳税人**：①外贸进出口公司；②工贸或农贸结合的进出口公司；③其他经批准经营进出口商品的企业。（2）**进出境物品的纳税人**：①入境旅客随身携带的行李、物品的持有人；②各种运输工具上服务人员入境时携带自用物品的持有人；③馈赠物品及其他方式入境个人物品的所有人；④个人邮递物品的收件人【2020 年多选题】 |
|---|---|
| 征税对象 | 进出境的货物、物品。**对从境外采购进口的原产于中国境内的货物**，也应按规定征收进口关税 |

## 二、进口关税的计算

| 税率 | **最惠国税率** | 适用原产地为：（1）共同适用最惠国条款的世贸组织成员；（2）与我国签订最惠国待遇双边协定的国家；（3）原产于我国 | |
|---|---|---|---|
| | **协定税率** | 适用原产地为：与我国签订含"关税优惠条款"的区域性贸易协定的国家或地区 | |
| | **特惠税率** | 适用原产地为：与我国签订含有"特殊关税优惠条款"的国家 | |
| | **普通税率** | 适用原产地为：（1）未与我国共同适用或订立最惠国税率、特惠税率或协定税率的国家或地区；（2）原产地不明的货物 | |
| | **关税配额税率** | 关税配额是进口国限制进口货物数量的措施，配额与税率结合，配额内税率较低，配额外税率较高 | |
| | **暂定税率** | 在最惠国税率的基础上，对特殊货物可执行暂定税率 | |
| 税率 | 【上岸熊提示：（1）进口关税一般采用比例税率，实行从价计征的办法；（2）对啤酒、原油等少数货物则实行从量计征；（3）对广播用录像机、放像机、摄像机等实行从价加从量的复合税率】 | | |
| 完税价格的确定 | 一般原则 | 一般贸易项下进口货物以海关审定的以成交价格为基础确定的**到岸价格**为关税完税价格 | |
| | 具体规定【2021 年多选题】 | **应计入完税价格** | （1）进口货物的买方为购买该项货物向卖方实际支付或应当支付的价格（支付的货价）；（2）进口人在成交价格外另支付给卖方的佣金；（3）货物运抵我国关境内输入地点起卸前的包装费、运费、保险费和其他劳务费；（4）为了在境内生产、制造、使用或出版、发行的目的而向境外支付的与该进口货物有关的专利、商标、著作权，以及专有技术、计算机软件和资料等费用 |

续表

| | | | |
|---|---|---|---|
| **完税价格的确定** | 具体规定【2021年多选题】 | **不计入完税价格** | （1）向境外采购代理人支付买方佣金；（2）进口货物运抵境内输入地点起卸之后的运输及相关费用、保险费；（3）卖方付给进口人正常回扣，应从成交价格中扣除；（4）卖方违反合同规定延期交货的罚款，卖方在货价中冲减，罚款不能从成交价格中扣除 |
| | 特殊情形下关税完税价格的 | 运往境外加工的货物复运回国 | 完税价格＝境外加工费和料件费＋复运进境的运输及其相关费用和保险费 |
| | | 运往境外修理复运回国 | 完税价格＝海关审定的修理费＋料件费 |
| | | 租借和租赁进口货物 | 完税价格＝海关审定的货物租金 |
| | | 国内单位留购的进口货样、展览品和广告陈列品 | 完税价格＝留购价格 |
| **出口关税的计算** | 从价计征 | 应纳税额＝进口货物数量 × 单位完税价格 × 税率 | |
| | 从量计征 | 应纳税额＝进口货物数量 × 关税单位税额 | |
| | 复合计征 | 应纳税额＝从价计征＋从量计征 | |
| | **滑准税** | 关税的税率随着进口商品价格的变动而反方向变动的一种税率形式，**即价格越高，税率越低，税率为比例税率** | |

## 三、出口关税的计算

出口货物应当以离岸价格扣除出口关税后作为完税价格。

计算公式为：**出口货物完税价格＝离岸价格 ÷（1+ 出口税率）**

应纳税额＝出口货物完税价格 × 出口税率

## 四、税收优惠

| | |
|---|---|
| **法定减免** | （1）一票货物关税税额、进口环节增值税或消费税税额在人民币50元以下的；（2）无商业价值的广告品及货样；（3）国际组织、外国政府无偿赠送的物资；（4）进出境运输工具装载的途中必需的燃料、物料和饮食用品；（5）因故退还的中国出口货物，可以免征进口关税，但已征收的出口关税不予退还；（6）因故退还的境外进口货物，可以免征出口关税，但已征收的进口关税不予退还【2019年多选题】 |

续表

| | |
|---|---|
| **政策减免** | （1）在境外运输途中或在起卸时，遭受损坏或损失的；（2）起卸后海关放行前，因不可抗力遭受损坏或损失的；（3）海关查验时已经破漏、损坏或腐烂，经证明不是保管不善造成的 |

## 五、征收管理

| | |
|---|---|
| **纳税期限** | 进出口货物的收发货人或代理人应当在海关填发税款缴款书之日起**15日内**，向指定银行缴纳税款 |
| **进出境物品暂不予放行** | （1）旅客不能当场缴纳进境物品税款的；（2）进出境的物品属于许可证件管理的范围，但旅客不能当场提交的；（3）进出境的物品超出自用合理数量，按规定应当办理货物报关手续或其他海关手续，尚未办理的；（4）对进出境物品的属性、内容存疑，需要由有关主管部门进行认定、鉴定、验核的；（5）按规定暂不予放行的其他行李物品 |
| **退税** | 由于海关误征，多缴纳税款的，纳税人可以从缴纳税款之日**起1年内**，书面声明理由，连同纳税收据向海关申请退税，逾期不予受理 |
| **补税【2019年判断题】** | 进出口货物完税后，如发现少征或漏征税款，海关有权**在1年内予以补征**；如因收发货人或其代理人违反规定而造成少征或漏征税款的，海关**在3年内可以追缴** |

# 第五章 所得税法律制度

## 第一节 企业所得税法律制度

### 一、纳税人、税率及所得来源地的确定

#### 1. 纳税人及企业分类

| 定义 | | 在中华人民共和国境内，企业和其他取得收入的组织为企业所得税的纳税人。具体包括**各类企业、事业单位、社会团体、民办非企业单位和从事经营活动的其他组织**【上岸熊提示：一人有限责任公司缴企业所得税；个人独资企业、个体工商户、合伙企业的个人合伙人缴个人所得税】【2020 年多选题】 |
|------|------|------|
| 企业分类 | 居民企业 | （1）依法在中国境内成立的企业；（2）依照外国（地区）法律成立但实际管理机构在中国境内的企业 |
| | 非居民企业 | （1）在中国境内设立机构、场所的；（2）在中国境内未设立机构、场所的，或虽设立机构、场所取得的所得与其机构、场所没有实际联系的 |

#### 2. 征税对象及税率

| 纳税人类型 | | 境内所得 | 境外所得 |
|------|------|------|------|
| 居民企业 | | 征收（25%） | 征收（25%） |
| 非居民企业 | 在中国境内设立机构、场所，取得所得与机构、场所有实际联系 | 征收（25%） | （1）与机构、场所有联系：征收（25%）；（2）**无实际联系：不征收** |
| | （1）设立机构、场所，但取得所得与机构、场所无实际联系；（2）未设立机构、场所 | **征收（10%）** | **不征收** |

#### 3. 所得来源地的确定

| 所得类型 | | 来源地的确定 |
|------|------|------|
| 销售货物所得 | | 交易活动发生地 |
| 提供劳务所得 | | 劳务发生地 |
| 转让财产所得 | 不动产转让所得 | **不动产所在地** |

续表

| 所得类型 | | 来源地的确定 |
|---|---|---|
| 转让财产所得 | 动产转让所得 | 转让动产的企业或机构、场所所在地 |
| | 权益性投资资产转让所得 | 被投资企业所在地 |
| 股息、红利等权益性投资所得 | | 分配所得的企业所在地 |
| 利息、租金、特许权使用费所得 | | 负担、支付所得的企业或机构、场所所在地（或个人的住所地） |

## 二、应纳税额与应纳税所得额的计算

### 1. 计算公式

| 应纳税额＝应纳税所得额 × 适用税率 － 减免 － 抵免税额 | | |
|---|---|---|
| 应纳税所得额 | 直接法 | 应纳税所得额＝收入总额 － 不征税收入 － 免税收入 － 各项扣除 － 以前年度亏损 |
| | 间接法 | 应纳税所得额＝会计利润总额 + 纳税调整增加额 － 纳税调整减少额 |

### 2. 收入的形式

| 货币形式 | 现金、存款、应收账款、应收票据、准备持有至到期的债券投资及债务的豁免等 |
|---|---|
| 非货币形式 | 固定资产、生物资产、无形资产、股权投资、存货、不准备持有至到期的债券投资、劳务及有关权益等【上岸熊提示：非货币形式收入按照公允价值确定】 |

### 3. 应税收入

| 销售货物收入 | 销售各类货物取得的收入 |
|---|---|
| 提供劳务收入 | 提供各类服务和劳务取得的收入 |
| 股息、红利等权益性投资收益 | 因权益性投资从被投资方取得的收入 |
| 利息收入 | 存款利息、贷款利息、债券利息、欠款利息等收入 |
| 租金收入 | 提供固定资产、包装物或其他有形资产（包括房产）的使用权取得的收入 |
| 特许权使用费收入 | 提供专利权、非专利技术、商标权、著作权及其他特许权的使用权取得的收入 |
| 转让财产收入 | 转让固定资产、生物资产、无形资产、股权、债权等财产的所有权取得的收入 |
| 接受捐赠收入 | 接受来自其他企业、组织或个人无偿给予的货币性资产、非货币性资产 |
| 其他收入 | 企业资产溢余收入、逾期未退包装物押金收入、无法偿付的应付款项、已作坏账损失处理后收回的应收款项、债务重组收入、补贴收入、违约金收入、汇兑收益等 |

【上岸熊提示：任何形式、任何名目的收入，都属于企业的"收入总额"。需要特别注意的是，企业向其他企业进行投资，被投资企业接受的投资款，不属于收入总额】

## 4. 应税收入的确认时间【多次出现单选、多选题】

| 收入类别 | | 收入确认时间 |
|---|---|---|
| 销售货物收入 | 采用托收承付方式 | 办妥托收手续时 |
| | 采用预收款方式 | 发出商品时 |
| | 需要安装和检验　一般情况 | 购买方接受商品及安装和检验完毕时 |
| | 需要安装和检验　安装程序简单 | 发出商品时 |
| | 采用支付手续费方式委托代销 | 收到代销清单时 |
| | 分期收款 | 合同约定的收款日期 |
| | 产品分成方式 | 分得产品的日期 |
| 提供劳务收入 | | 在各个纳税期末（采用完工百分比法） |
| 股息、红利等权益性投资收益 | | 被投资方作出利润分配决定的日期 |
| 利息、租金、特许权使用费收入 | | 合同约定的债务人应付利息的日期、承租人应付租金或特许权使用人应付特许权使用费的日期 |
| 接受捐赠收入 | | 实际收到捐赠资产的日期 |

## 5. 特殊销售方式下收入金额的确认【多次出现单选、多选题】

| 销售方式 | 确认收入金额 |
|---|---|
| 商业折扣 | 按照扣除商业折扣后的金额确认收入 |
| 现金折扣 | （1）按扣除现金折扣前的金额确认收入；（2）现金折扣在发生时作为财务费用扣除 |
| 以旧换新 | （1）销售商品应当按照销售商品收入确认条件确认收入；（2）回收的商品作为购进商品处理 |
| 售后回购 | （1）销售的商品按售价确认收入；（2）回购的商品作为购进商品处理 |
| 销售折让、销售退回 | 在发生当期冲减当期销售商品收入 |
| 提供劳务 | 采用完工进度（完工百分比）法确认提供劳务收入 |
| 租金收入 | 交易合同或协议中规定租赁期限跨年度，且租金提前一次性支付的，出租人可对上述已确认的收入，在租赁期内分期均匀计入相关年度收入 |
| 产品分成 | 收入额按照产品的公允价值确定 |

续表

| 销售方式 | 确认收入金额 |
|---|---|
| 买一赠一 | 将总的销售金额按各项商品的公允价值的比例来分摊确认各项的销售收入 |
| 视同销售收入 | 企业发生非货币性资产交换，以及将货物、财产、劳务用于捐赠、偿债、赞助、集资、广告、样品、职工福利或利润分配等用途，应当视同销售货物、转让财产或提供劳务 |

## 6. 免税收入及不征税收入

| | |
|---|---|
| 免税收入【2019年多选题】 | （1）国债利息收入。（2）符合条件的地方政府债券利息收入。（3）境外机构投资境内债券市场取得的债券利息收入。（4）符合条件的股息、红利等权益性投资收益：①居民企业之间的股息、红利；②在中国境内设立机构、场所的非居民企业，从居民企业取得，且与该机构、场所有实际联系的股息、红利等权益性投资收益。（5）对非营利组织从事非营利性活动取得的收入给予免税 |
| 不征税收入 | （1）各级人民政府对纳入预算管理的事业单位、社会团体等组织拨付的财政资金。（2）依法收取并纳入财政管理的行政事业性收费、政府性基金。（3）企业从县级以上人民政府无偿取得的，由政府部门指定专门用途，并按照规定进行管理的，可作为企业的不征税收入进行处理。（4）社保基金管理机构运用社保基金取得的投资收入；社保基金取得的直接股权和股权基金投资收益 |

# 三、税前扣除项目及扣除标准【多次在不定项选择题中考查】

企业实际发生的与取得收入有关的、合理的支出，包括成本、费用、税金、损失和其他支出，准予在计算应纳税所得额时扣除。具体扣除标准有以下几点。

## 1. 工资、薪金支出

企业实际发生的合理的工资、薪金支出，准予据实扣除。

## 2. 职工福利费、工会经费、职工教育经费

职工福利费、工会经费、职工教育经费限额扣除。

| 经费名称 | 计算基数 | 扣除比例 | 超出部门的处理 |
|---|---|---|---|
| 职工福利费 | | 14% | 不得扣除 |
| 工会经费 | 工资薪金总额 | 2% | 不得扣除 |
| 职工教育经费 | | 8% | 在以后纳税年度结转扣除 |

### 3. 社会保险费和其他保险费

| 保险种类 | 保险名称 | 扣除规定 |
|---|---|---|
| 社会保险 | 按照国家规定范围和标准缴纳的"五险一金" | 准予扣除 |
| | 补充养老保险、补充医疗保险 | **各不超过职工工资总额5%的**准予扣除 |
| 财产险 | 企业财产保险 | 准予扣除 |
| 商业保险 | 特殊工种职工人身安全保险费 | 准予扣除 |
| | 为投资者或职工支付的其他商业保险费 | 不得扣除 |
| 责任险 | 雇主责任险、公众责任险 | 准予扣除 |
| 人身意外险 | 职工因公出差乘坐交通工具发生的人身意外保险费 | 准予扣除 |

【上岸熊提示：补充养老保险、补充医疗保险，仅限于为公司全体员工缴纳的才可以扣除，仅针对部分员工，如"为部分高层管理人员缴纳的"则不允许税前扣除】

### 4. 借款费用

（1）企业在生产经营活动中发生的**合理的不需要资本化的借款费用**，准予扣除。

（2）符合资本化条件的借款费用，作为资本性支出计入有关资产的成本；有关资产交付使用后发生的借款费用，可在发生当期扣除。

### 5. 利息费用

（1）**向金融企业借款的利息支出：据实扣除。**

（2）向非金融企业借款的利息支出：**不超过**按照金融企业同期同类贷款利率计算数额的部分据实扣除；超过部分不得扣除。

（3）向内部职工或其他人员（不含股东或其他关联方自然人）的借款利息支出，符合下列条件的，在**不超过**按照金融企业同期同类贷款利率计算数额的部分，准予扣除：①借贷真实、合法、有效、合规，且不具有非法集资目的；②签订了借款合同。

（4）企业经**批准发行债券的利息支出据实扣除**。

（5）金融企业各项存款利息支出和同业拆借利息支出据实扣除。

（6）**股东未尽出资义务时，对应的借款利息不予扣除。**

### 6. 公益性捐赠

（1）一般情况下，未通过规定单位，**直接向受赠人的捐赠不允许扣除**。

（2）一般公益性捐赠限额扣除，即：**①不超过年度利润总额12%的部分，准予扣除；②超过年度利润总额12%的部分，准予在未来3年内结转扣除。**

（3）**目标脱贫地区公益性捐赠：据实扣除**。

## 7. 业务招待费

（1）企业发生的与经营活动有关的业务招待费支出，**按照实际发生额的 60% 扣除**，但最高不得超过当年销售（营业）收入的 5‰。【上岸熊提示：谁低用谁作为标准】

（2）企业在筹建期间，发生的与筹办活动有关的业务招待费支出，**可按实际发生额的 60% 计入企业筹办费，**并按有关规定在税前扣除。

## 8. 广告费和业务宣传费

| 企业类型 | 扣除标准 | 超额部分处理 |
|---|---|---|
| 一般企业 | 不超过当年销售（营业）收入 15%的部分，准予扣除 | 超过部分，**准予向以后年度结转扣除（无限期结转）** |
| 化妆品制造或销售、医药制造和饮料制造（不含酒类制造）企业 | 不超过当年销售（营业）收入 30%的部分，准予扣除 | |
| **烟草企业** | **不得扣除** | |
| **筹建期间** | **按照实际发生金额计入筹办费，按规定扣除** | |

## 9. 租赁费

（1）**经营租赁方式：按照租赁期限均匀扣除；**

（2）**融资租赁方式：**构成融资租入固定资产价值的部分应当**提取折旧费用分期扣除**。

## 10. 手续费及佣金支出

| 企业类型 | 扣除标准 | 超额部分处理 |
|---|---|---|
| 一般企业 | 按与有资质的中介服务机构或个人所签订服务协议或合同确认的**收入金额的 5%作为扣除限额** | 不得扣除 |
| **保险企业** | 按照当年全部保费收入扣除退保金等后余额的 18%作为扣除限额 | **允许结转以后年度扣除** |
| 以手续费、佣金为主营收入的企业 | 为取得收入而实际发生的手续费及佣金支出，**据实扣除** | — |

## 11. 其他

| 扣除项目 | 内容 |
|---|---|
| 汇兑损失 | 除已经计入有关资产成本以及向所有者进行利润分配相关的部分外，准予扣除 |

续表

| 扣除项目 | 内容 |
|---|---|
| 环境保护专项资金 | 企业依照法律、行政法规有关规定提取的用于环境保护、生态恢复等方面的专项资金，准予扣除。改变用途后，不得扣除 |
| 劳动保护支出 | 企业发生的合理的劳动保护支出，准予扣除 |
| 有关资产的费用 | 企业转让各类固定资产的费用，允许扣除；企业按规定计算的固定资产折旧费、无形资产和递延资产的摊销费，准予扣除 |
| 总机构分摊的费用 | 非居民企业在中国境内设立的机构、场所，就其在中国境外总机构发生的与该机构、场所生产经营有关的费用，能够提供总机构出具的证明文件并合理分摊的，准予扣除 |
| 依照有关规定准予扣除的其他项目，如会员费、合理的会议费、差旅费、违约金、诉讼费用等 | |

## 四、不得扣除项目【多次出现单选、多选及判断题】

（1）向投资者支付的股息、红利等权益性投资收益款项；（2）企业所得税税款；（3）税收滞纳金；（4）罚金、罚款和被没收财物的损失；（5）超过规定标准的捐赠支出；（6）与生产经营活动无关的各种非广告性质的赞助支出；（7）未经核定的准备金支出；（8）企业之间支付的管理费、企业内营业机构之间支付的租金和特许权使用费，以及非银行企业内营业机构之间支付的利息；（9）与取得收入无关的其他支出。

## 五、亏损弥补

| 结转弥补年限 | 一般企业 | 最长不得超过 5 年 |
|---|---|---|
| | 高新技术企业或科技型中小企业 | 自 2018 年 1 月 1 日起，当年具备高新技术企业或科技型中小企业资格的企业，其具备资格年度之前 5 个年度发生的尚未弥补完的亏损，最长结转年限由 5 年延长至 10 年 |
| 企业境外营业机构的亏损不得抵减境内营业机构的盈利【上岸熊提示：外亏不得抵内盈】 | | |

## 六、非居民企业的应纳税所得额

| 源泉扣缴 | 无机构场所或有机构场所但所得与机构场所无联系的非居民企业，实行源泉扣缴 | |
|---|---|---|
| 计算公式 | 应纳税所得税额 = 应纳税所得额 × 预提税率（10%） | |
| 应纳税所得额的确定 | 股息红利等权益性投资收益、利息、租金、特许权使用费所得 | 以收入全额作为应纳税所得额 |
| | 转让财产所得 | 以收入全额减除财产净值后的余额，作为应纳税所得额 |

# 七、资产的税务处理

| 固定资产 | 不得计算折旧扣除的固定资产 | （1）除房屋、建筑物以外未投入使用的固定资产；（2）已足额提取折旧仍继续使用的固定资产；（3）以经营租赁方式租入的固定资产、以融资租赁方式租出的固定资产；（4）与经营活动无关的固定资产；（5）单独估价作为固定资产入账的土地 | |
|---|---|---|---|
| | 计税基础 | 外购 | 购买价款 + 支付的相关税费 + 直接归属于使该资产达到预定用途发生的其他支出 |
| | | 自行建造 | 竣工结算前发生的支出 |
| | | 改建 | 改建支出需增加计税基础 |
| | | 融资租入 | 合同约定的付款总额（未约定付款总额的为公允价值）+ 承租人签订合同中发生的相关费用 |
| | | 盘盈 | 同类固定资产的重置完全价值 |
| | | 捐赠、投资、非货币性资产交换、债务重组 | 公允价值 + 支付的相关税费 |
| | 扣除方式 | 按照直线法计算的折旧，准予扣除。企业应当自固定资产投入使用月份的次月起计提折旧；停止使用的固定资产，应当自停止使用月份的次月起停止计提折旧 | |
| 生产性生物资产 | 概念 | 包括经济林、薪炭林、产畜和役畜等 | |
| | 扣除方法 | （1）按照直线法计算的折旧，准予扣除；（2）企业应当自生产性生物资产投入使用月份的次月起计算折旧；停止使用的生产性生物资产，应当自停止使用月份的次月起停止计算折旧 | |
| | 最低折旧年限 | 林木类生产性生物资产，为10年；畜类生产性生物资产，为3年 | |
| 无形资产 | 不得扣除的情况 | （1）自行开发的支出已在计算应纳税所得额时扣除的无形资产；（2）自创商誉；（3）与经营活动无关的无形资产；（4）其他不得计算摊销费用扣除无形资产 | |
| | 计税基础 | 自行开发 | 符合资本化条件后至达到预定用途前发生的支出 |
| | 计税基础 | 外购、捐赠、投资、非货币性资产交换、债务重组等方式取得 | 与固定资产相同 |
| | 扣除方式 | （1）直线法摊销；（2）摊销年限：一般情况下不得低于10年 | |

续表

| | 已足额提取折旧的固定资产的改建支出 | 按照固定资产预计尚可使用年限摊销 |
|---|---|---|
| **长期待摊费用** | 固定资产的大修理支出 | 按照固定资产尚可使用年限摊销 |
| | 租入固定资产的改建支出 | 按照合同约定的剩余租赁期限摊销 |
| | 其他长期待摊费用 | 自支出发生的月份之次月起摊销，年限一般不得低于 3 年 |
| **投资资产** | （1）企业对外投资期间，投资资产的成本在计算应纳税所得额时不得扣除。（2）企业在转让或处置投资资产时，投资资产的成本准予扣除，成本的确定方式如下：①以支付现金方式取得的，为购买价款；②以非支付现金方式取得的，为公允价值＋支付的相关税费 | |
| **存货** | 成本的确定 | （1）支付现金方式取得：购买价款＋支付的相关税费；<br>（2）非支付现金方式取得：公允价值＋支付的相关税费 |
| | 成本的计算方法 | 在先进先出法、加权平均法、个别计价法中选用一种；一经选用，不得随意变更 |

# 八、应纳税额的计算

| | 计算公式 | 应纳税额＝应纳税所得额 × 适用税率 − 减免税额 − 抵免税额 |
|---|---|---|
| 存货 | 境外所得税收抵免 | （1）抵免限额：该项境外所得依照我国税法规定计算的应纳税额；（2）境外已缴纳的税款超过抵免限额的部分：可在以后（超限年度次年起）5 个年度内，用每年抵免限额抵免当年应抵税额后的余额进行抵补；（3）境外已缴纳的税款低于抵免限额的：需要在境内补缴我国企业所得税【2020 年判断】 |

# 九、税收优惠【多次出现单选、多选题及不定项选择题个别选项中考查】

## 1. 所得减免

### （1）免税。

①农、林、牧、渔项目。【上岸熊提示：不含"减半征收"项目】

②"合格境外投资者"投资于境内股权、债权投资所得：a. 取得来源于中国境内的股票等权益性投资资产转让所得；b. 境外机构投资境内债券市场取得的债券利息收入。

③ 2012 年及以后年度发行的地方政府债券的利息收入。

④ 2021 年 1 月 1 日至 2023 年 12 月 31 日，对符合条件的生产和装配伤残人员专门用品的居民企业的所得。

⑤海南自由贸易港设立的旅游业、现代服务业、高新技术产业企业新增符合条件的境外直接投资取得的所得。

（2）减半征收。【上岸熊提示：花茶作香饮，海陆搞养殖，再加铁路债券】

①花卉、茶及其他饮料作物和香料作物的种植。

②海水养殖、内陆养殖。

③2019—2023 年发行的铁路债券取得的利息收入。

（3）"三免三减半"。

①从事国家重点扶持的公共基础设施项目的投资经营的所得。

②从事符合条件的环境保护、节能节水项目的所得。

（4）"五免"。

2019 年 1 月 1 日至 2023 年 12 月 31 日，经营性文化事业单位转制为企业，自转制注册之日起 5 年内免征企业所得税；2018 年 12 月 31 日之前已完成转制的企业，自 2019 年 1 月 1 日起可继续免征 5 年企业所得税。

（5）技术转让所得。居民企业在一个纳税年度内，技术转让所得不超过 500 万元的部分，免税；超过 500 万元的部分，减半征收。

技术转让所得 = 技术转让收入 − 技术转让成本 − 相关税费

（6）集成电路。

①集成电路线宽小于 130 纳米（含）、65 纳米（含）、28 纳米的集成电路生产企业或项目，分别享受"两免三减半""五免五减半""十年免税"。

②国家鼓励的重点集成电路设计企业和软件企业，自获利年度起 5 年免税，接续年度减按 10% 的税率征收。

（7）基金研究资金收入。自 2022 年 1 月 1 日起，对非营利性科研机构、高等学校接收企业、个人和其他组织机构基础研究资金收入，免征企业所得税。

## 2. 税率优惠

| 企业类型 | | 具体规定 |
| --- | --- | --- |
| 小型微利企业 | 2021 年 1 月 1 日至 2022 年 12 月 31 日 | 年应纳税所得额≤ 100 万元的部分，减按 12.5% 计入应纳税所得额，按 20% 的税率缴纳企业所得税 |
| | 2022 年 1 月 1 日至 2024 年 12 月 31 日 | 100 万元＜年应纳税所得额≤ 300 万元的部分，减按 25% 计入应纳税所得额，按 20% 的税率缴纳企业所得税 |
| 高新技术企业 | 国家需要重点扶持的高新技术企业，减按 15% 的税率征收企业所得税 | |
| 技术先进型服务企业 | 自 2018 年 1 月 1 日起，对经认定的技术先进型服务企业（服务贸易类），减按 15% 的税率征收企业所得税 | |

续表

| 企业类型 | 具体规定 |
|---|---|
| 在西部地区的鼓励类企业 | 税率 15% |
| 对注册在海南自由贸易港并实质性运营的鼓励类企业 | 税率 15% |
| 非居民企业 | **20% 实际减按 10%** |

### 3. 加计扣除

（1）与研发费用相关的。

①一般企业：计入当期损益的按 75% 加计扣除；形成无形资产的按无形资产成本的 **175% 摊销扣除**。

②制造业企业（2021 年 1 月 1 日起）、科技型中小企业（2022 年 1 月 1 日起）计入当期损益的按 100% 加计扣除；形成无形资产的按无形资产成本的 **200% 摊销扣除**。【上岸熊提示：烟草制造业、住宿和餐饮业、批发和零售业、房地产业、租赁和商务服务业、娱乐业，不适用研发费用加计扣除政策】

（2）安置残疾人员所支付的工资：按照支付给残疾职工工资的 **100% 加计扣除**。

### 4. 抵扣应纳税所得额

创业投资企业采取股权投资方式投资于未上市的中小高新技术企业 2 年以上的，**可以按照其投资额的 70%** 在股权持有满 2 年的当年抵扣该创业投资企业的应纳税所得额；当年不足抵扣的，可以在以后纳税年度结转抵扣。

### 5. 加速折旧

（1）缩短折旧年限：**最低折旧年限不得低于税法规定折旧年限的 60%**。

（2）采用加速折旧方法：**可以采取双倍余额递减法或年数总和法**。

### 6. 固定资产一次性税前扣除

（1）所有企业：在 2018 年 1 月 1 日至 2023 年 12 月 31 日期间新购进（包括自行建造）的设备、器具，单位价值**不超过 500 万元的**，允许一次性计入当期成本费用扣除，不再分年度计算折旧。

（2）中小微企业：在 2022 年度内新购置的设备、器具（不含房屋建筑物），单位价值在 500 万元以上的，按照单位价值的一定比例按如下规定在税前扣除 ①税法规定最低折旧年限为 3 年的（电子设备），单位价值的 100% 在当年一次性扣除；②税法规定最低折旧年限为 4 年、5 年、10 年的，单位价值的 50% 在当年一次性扣除，剩余 50% 按规定在剩余年度计算折旧扣除。

（3）高新技术企业：在 2022 年 10 月 1 日至 2022 年 12 月 31 日期间新购置的设备、器具，允许当年一次性扣除，并允许在税前 100% 加计扣除。

## 7. 减按 90% 计入收入总额

（1）以规定的资源作为主要原材料，生产国家非限制和禁止并符合相关标准的产品取得的资源综合利用收入。

（2）2019 年 6 月 1 日至 2025 年 12 月 31 日，提供社区养老、托育、家政等服务取得的收入。

## 8. 抵免应纳税额

企业实际购置并自身实际投入使用的规定范围内的环境保护、节能节水、安全生产等专用设备，该专用设备投资额的 10% 可以从企业当年的应纳税额中抵免；当年不足抵免的，可以在以后 5 个纳税年度结转抵免。

# 十、企业所得税特别纳税调整

| 关联方 | 定义 | 关联方是指与企业有下列关联关系之一的企业、其他组织或个人：（1）在资金、经营、购销等方面存在直接或间接的控制关系；（2）直接或间接地同为第三者控制；（3）在利益上具有相关联的其他关系 |
| --- | --- | --- |
| | 独立交易原则 | 指没有关联关系的交易各方，按照公平成交价格和营业常规进行业务往来遵循的原则 |
| | 合理方法 | （1）可比非受控价格法；（2）再销售价格法；（3）成本加成法；（4）交易净利润法；（5）利润分割法 |
| 受控外国企业税制 | | 由居民企业，或者由居民企业和中国居民控制的设立在实际税负低于 12.5% 的国家（地区）的企业，并非由于合理的经营需要而对利润不作分配或减少分配的，上述利润中应归属于该居民企业的部分，应当计入该居民企业的当期收入 |
| 资本弱化税制 | | （1）企业从其关联方接受的债权性投资与权益性投资的比例超过规定标准而发生的利息支出，不得在计算应纳税所得额时扣除。（2）企业实际支付给关联方的利息支出，其接受关联方债权性投资与其权益性投资比例为：①金融企业为 5：1；②其他企业为 2：1；（3）企业如能够按照有关规定提供相关资料，并证明相关交易活动符合独立交易原则的，或者该企业的实际税负不高于境内关联方的，其实际支付给境内关联方的利息支出，准予扣除 |
| 一般反避税制度 | | 企业实施其他不具有合理商业目的的安排而减少其应纳税收入或所得额的，税务机关有权按照合理方法调整 |
| 对避税行为的处理 | | （1）加收利息：①税务机关作出特别纳税调整的，应当对补征的税款，自税款所属纳税年度的次年 6 月 1 日起至补缴税款之日止的期间，按日加收利息；②加收的利息，按照贷款基准利率加 5 个百分点计算；③加收的利息，不得在计算应纳税所得额时扣除。（2）特别纳税调整期限：企业与其关联方之间的业务往来，不符合独立交易原则，或者企业实施其他不具有合理商业目的安排的，税务机关有权在该业务发生的纳税年度起 10 年内，进行纳税调整 |

# 十一、企业重组业务的所得税处理

| 企业重组形式 | 企业法律形式改变、债务重组、股权收购、资产收购、合并、分立 | |
|---|---|---|
| 特殊性税务处理适用情形 | （1）具有合理的商业目的，且不以减少、免除或推迟缴纳税款为主要目的；（2）被收购、合并或分立部分的资产或股权**比例不低于 50%**；（3）企业重组后连续 **12 个月**内不改变重组资产原来的实质性经营活动；（4）股权、资产收购、合并、分立的重组交易对价中涉及股权支付金额**不低于其交易支付总额的 85%**；（5）企业重组中取得股权支付的原主要股东，在重组后连续 **12 个月**内，不得转让所取得的股权【2020 年多选题】 | |
| 对比 | 一般性税务处理 | （1）确认相关所得或损失；（2）按公允价值确认相关所得或损失；（3）被合并企业的亏损不得在合并企业结转弥补 |
| | **特殊性税务处理**【2021 年多选题】 | （1）不确认相关所得或损失；（2）计税基础按原计税基础确定；（3）被合并企业以前年度的亏损允许由被合并企业弥补 |

# 十二、征收管理

| 纳税地点 | 居民企业 | （1）以企业登记注册地为纳税地点；（2）登记注册地在境外的，**以实际管理机构所在地为纳税地点**；（3）居民企业在中国境内设立不具有法人资格的营业机构，应汇总计算并缴纳企业所得税。**企业之间一般不得合并缴纳企业所得税** |
|---|---|---|
| | 非居民企业 | （1）设立机构、场所的，以机构、场所所在地为纳税地点；（2）设立两个或两个以上机构场所的，**可以选择**由主要机构、场所汇总缴纳企业所得税；（3）未设立机构、场所或取得的所得与所设立机构、场所没有实际联系的，**以扣缴义务人所在地为纳税地点** |
| 计征与预缴 | 纳税年度为**公历 1 月 1 日至 12 月 31 日**。企业所得税按年计征，分月或分季预缴，年终汇算清缴，多退少补 | |
| 纳税申报 | （1）按月或按季预缴的，企业应当自月份或季度终了之日**起 15 日内**，向税务机关预缴税款；（2）企业应当自年度终了之日**起 5 个月内**，向税务机关报送年度企业所得税纳税申报表，并汇算清缴，结清应缴应退税款；（3）企业在纳税年度内**无论盈利或亏损，都应当依照规定期限向税务机关报送有关资料** | |

# 第二节 个人所得税法律制度

## 一、纳税人及分类

| 纳税人 | | 中国公民、个体工商户、个人独资企业和合伙企业的个人合伙人等 | |
|---|---|---|---|
| 居民个人 | 有住所 | — | 对来源于境内和境外的所得征税 |
| | 无住所 | 一个纳税年度内在中国境内居住累计满 183 天 | |
| 非居民个人 | 无住所 | 一个纳税年度内在中国境内居住累计不满 183 天 | 来源于境内的所得 |
| | 无住所 | 在中国境内不居住 | |

## 二、所得来源地的确定

下列所得，不论支付地点是否在中国境内，均为来源于中国境内的所得：

（1）因任职、受雇、履约等在中国境内提供劳务取得的所得。

（2）将财产出租给承租人在中国境内使用而取得的所得。

（3）许可各种特许权在中国境内使用而取得的所得。

（4）转让中国境内的不动产等财产或在中国境内转让其他财产取得的所得。

（5）从中国境内企业、事业单位、其他组织及居民个人取得的利息、股息、红利所得。

## 三、征税项目

| 税目 | | 适用税率 | 纳税方式 |
|---|---|---|---|
| 综合所得 | 工资、薪金所得 | 3%~45% 七级超额累进税率 | （1）居民个人：年度合并计算；（2）非居民个人：按月或按次分别计算 |
| | 劳务报酬所得 | | |
| | 稿酬所得 | | |
| | 特许权使用费所得 | | |
| 经营所得 | | 5%~35% 五级超额累进税率 | 按照项目分别计算 |
| 利息、股息、红利所得 | | 比例税率：20%；对个人出租住房的所得暂减按 10% 的税率征收 | |
| 财产租赁所得 | | | |
| 财产转让所得 | | | |
| 偶然所得 | | | |

## 四、综合所得

| | | |
|---|---|---|
| 工资、薪金所得 | 包括 | 因任职或受雇而取得的各类所得：工资、薪金、奖金、年终加薪、劳动分红、津贴、补贴及与任职或受雇有关的其他所得 |
| | 不包括 | （1）独生子女补贴；（2）托儿补助费；（3）差旅费津贴、误餐补助；（4）执行公务员工资制度未纳入基本工资总额的补贴、津贴差额和家属成员的副食补贴 |
| 劳务报酬所得 | | 指个人从事劳务取得的所得。特别注意：（1）**个人兼职取得的收入**，应按照"劳务报酬所得"项目缴纳个人所得税；（2）**律师以个人名义再聘请其他人员为其工作而支付的报酬**，应由该律师按"劳务报酬所得"项目负责扣缴个人所得税；（3）**保险营销员、证券经纪人取得的佣金收入**，属于"劳务报酬所得"【上岸熊提示：区分"劳务报酬所得"和"工资、薪金所得"，关键看是否存在正式的雇佣关系，且从任职的单位获得相关报酬】 |
| 稿酬所得 | | （1）指个人因其作品以图书、报刊形式**出版、发表**而取得的所得；（2）**作者去世后，财产继承人取得的遗作稿酬**，也应按"稿酬所得"征收个人所得税 |
| 特许权使用费所得【2022年多选题】 | | 指个人提供专利权、商标权、著作权、非专利技术及其他特许权的使用权取得的所得；提供著作权的使用权取得的所得，不包括稿酬所得【上岸熊提示：（1）文字作品手稿原件或复印件的拍卖所得；（2）个人取得的专利赔偿所得；（3）剧本使用费：剧本作者从电影、电视剧的制作单位取得的剧本使用费不区分是否从本单位取得，一律按特许权使用费计算】 |
| 综合所得的计算方式 | 预扣预缴 | **向居民个人支付工资、薪金所得时** — **采用"累计预扣法"按月预扣预缴** |
| | | 向居民个人支付劳务报酬所得、稿酬所得、特许权使用费所得时 — 按次或按月预扣预缴 |
| | 汇算清缴 | 纳税年度结束后，**应于次年3月1日至6月30日办理综合所得年度汇算清缴** |

## 五、居民个人综合所得全年应纳税额的计算【多次在单选、多选及不定项选择题中考查】

| | | |
|---|---|---|
| 公式 | 应纳税额＝应纳税所得额 × 适用税率 － 速算扣除数 | |
| | **应纳税所得额＝收入额 － 费用6万元 － 专项扣除 － 专项附加扣除 － 依法确定的其他扣除** | |
| 收入额的确定 | **工资、薪金所得** | 全额计入收入 |
| | **劳务报酬所得** | 以收入减除20%费用后的余额为收入额 |
| | **特许权使用费所得** | |
| | **稿酬所得** | 以收入减除20%费用后的余额为收入额，再减按70%计算 |

续表

| 扣除项目 | 费用 | 6万元 |
|---|---|---|
| | 专项扣除 | 个人按照国家规定标准缴付的"三险一金" |
| | 专项附加扣除 | 7项：3岁以下婴幼儿照护、子女教育、继续教育、大病医疗、住房贷款利息、住房租金、赡养老人（下面详述） |
| | 其他扣除 | （1）个人缴付符合国家规定的企业年金、职业年金；（2）个人购买符合国家规定的商业健康保险、税收递延型商业养老保险的支出等。其中，对购买符合规定的商业健康保险产品的支出，扣除限额为2400元／年 |
| 专项附加扣除项目 | 3岁以下婴幼儿照护 | （1）照护3岁以下的婴幼儿子女；（2）定额扣除：每个子女每月1000元；（3）父母选择由其中一方按扣除标准的100%扣除，也可以选择由双方分别按扣除标准的50%扣除 |
| | 子女教育 | （1）年满3岁至小学入学前，以及接受全日制学历教育的子女；（2）定额扣除：每个子女每月1000元；（3）父母选择由其中一方按扣除标准的100%扣除，也可以选择由双方分别按扣除标准的50%扣除 |
| | 继续教育 | （1）扣除标准：①纳税人在中国境内接受学历（学位）继续教育的支出：每月400元定额扣除，最长不超过48个月；②纳税人接受技能人员职业资格继续教育、专业技术人员职业资格继续教育的支出：取得证书的当年3600元定额扣除。（2）扣除方式：①一般是由本人扣除；②纳税人接受本科及以下学历（学位）继续教育，可以选择由其父母扣除，也可以选择由本人扣除 |
| | 大病医疗 | （1）扣除范围：纳税人自己、配偶、未成年子女发生的医保目录范围内的自付部分累计超过15000元的部分。（2）扣除标准：①在8万元限额内"据实扣除"；②纳税人及其配偶、未成年子女发生的医药费用支出，依法分别计算扣除。（3）扣除方式：①自己发生的，由本人或其配偶扣除；②未成年子女发生的，可以选择由其父母一方扣除 |
| | 住房贷款利息 | （1）扣除范围：本人或配偶单独或共同贷款购买境内住房，发生的首套住房贷款利息支出。（2）扣除标准：①实际发生贷款利息的年度，按照每月1000元定额扣除，扣除期限最长不超过240个月；②只能享受一次首套房贷款利息支出的扣除。（3）扣除方式：经夫妻双方约定，可选择由其中一方扣除 |

续表

| 专项附加扣除项目 | 住房租金 | （1）扣除范围：纳税人及其配偶在主要工作城市没有住房而发生的住房租金支出：①夫妻双方主要工作城市相同的，只能由一方扣除；②纳税人及其配偶在一个纳税年度内不能同时分别享受住房贷款利息和住房租金专项附加扣除。（2）扣除标准：依城市规模而不同。（3）扣除方式：由签订租赁住房合同的承租人扣除【上岸熊提示：住房贷款利息及住房租金专项附加扣除，两者只能选择其一】 |
|---|---|---|
| | 赡养老人 | （1）扣除范围：赡养一位及以上年满 60 岁的父母，以及子女均已去世的年满 60 岁的祖父母、外祖父母的赡养支出。（2）扣除标准：①纳税人为独生子女的，每月 2000 元的标准定额扣除；②纳税人为非独生子女的，与兄弟姐妹分摊每月 2000 元的扣除额，每人分摊的额度不能超过每月 1000 元【上岸熊提示：可以由赡养人均摊或约定分摊，也可以由被赡养人指定分摊，指定分摊优于约定分摊】 |

## 六、居民个人综合所得预扣预缴税额的计算

### 1. 工资、薪金所得预扣预缴税额的计算【2022 年多选题】

| 计算思路 | 先计算截至本月末的所有月份累计应缴纳的税额，减去之前月份已经预缴过的部分，差额就是当月应预扣预缴的税额 |
|---|---|
| 计算公式 | 累计预扣预缴应纳税所得额＝累计收入－累计免税收入－累计减除费用－累计专项扣除－累计专项附加扣除－累计依法确定的其他扣除 |
| | 本期应预扣预缴税额＝（累计预扣预缴应纳税所得额 × 预扣率－速算扣除数）－累计减免税额－累计已预扣预缴税额 |
| 累计减除费用的规定 | 一般规定：累计减除费用 =5000 元 / 月 × 纳税人当年截至本月在本单位的任职受雇月份数 |
| | 对一个纳税年度内首次取得工资、薪金所得的居民个人：累计减除费用 =5000 元 / 月 × 纳税人当年截至本月的累计月份数 |
| | 对于上一完整纳税年度内均在同一单位预扣预缴工资、薪金所得个人所得税，全年累计工资、薪金收入（含奖金，不扣任何费用）不超过 6 万元的居民个人：累计减除费用（从 1 月起）=60000 元 |
| 累计专项附加扣除的确定 | 累计专项附加扣除为该员工在本单位截至当前月份符合政策条件的扣除金额 |

## 2. 劳务报酬所得、稿酬所得、特许权使用费所得预扣预缴税额的计算

| 扣缴方式 | 规定 | 扣缴义务人向居民个人支付劳务报酬所得、稿酬所得、特许权使用费所得，按次或按月预扣预缴个人所得税 | |
|---|---|---|---|
| | 一次收入的确定 | （1）属于一次性收入的，以取得该项收入为一次；（2）属于同一项目连续性收入的，以一个月内取得的收入为一次 | |
| 应纳税所得额的确定 | 劳务报酬所得<br>特许权使用费所得 | （1）每次收入≤4000元的，减除费用800元； | 以收入减除费用后的余额作为应纳税所得额 |
| | 稿酬所得 | （2）每次收入＞4000元的，减除20%的费用 | 以收入减除费用后的余额，再减按70%作为应纳税所得额 |
| 预扣预缴税额的计算 | 劳务报酬所得 | 应预扣预缴税额＝预扣预缴应纳税所得额×预扣率−速算扣除数（预扣率和速算扣除数考试时会给出） | |
| | 稿酬所得、特许权使用费所得 | 应预扣预缴税额＝预扣预缴应纳税所得额×预扣率20% | |

# 七、经营所得

## 1. 范围及应纳税所得额的确定

| 范围 | | （1）个体工商户从事生产、经营活动取得的所得。（2）境内注册的个人独资企业、合伙企业的个人合伙人取得的生产、经营所得。（3）个人依法从事下列经营活动取得的所得：①依法从事办学、医疗、咨询及其他有偿服务活动取得的所得；②对企业、事业单位承包经营、承租经营及转包、转租取得的所得 |
|---|---|---|
| 应纳税所得额的确定 | 一般情形 | 查账征收：应纳税所得额＝收入总额−成本−费用−损失−亏损弥补 |
| | 特殊情形 | 核定征收：从事生产、经营活动，未提供完整、准确的纳税资料，不能正确计算应纳税所得额的，由主管税务机关核定应纳税所得额或应纳税额 |

## 2. 个体工商户经营所得应纳税额的计算

（1）费用减除、专项扣除和专项附加扣除。取得经营所得的个人，没有综合所得的，计算其每一纳税年度的应纳税所得额时，应当减除费用6万元、专项扣除、专项附加扣除及依法确定的其他扣除。

（2）与业主和员工相关的支出。【2020年多选题】

| 扣除项目 | 业主本人 | 从业人员 |
|---|---|---|
| 工资薪金 | 不得税前扣除 | 据实扣除 |
| 三险一金 | 在规定范围和标准内据实扣除 | |

| 扣除项目 | 业主本人 | 从业人员 |
|---|---|---|
| 补充养老、补充医疗保险 | 分别在当地上年度社会平均工资 3 倍的 5% 以内据实扣除 | 分别在工资总额的 5% 以内据实扣除 |
| 商业保险费 | 按规定为特殊工种从业人员支付的人身安全保险费和其他另有规定允许扣除的商业保险费 | |
| 工会经费、职工福利费、职工教育经费 | 按当地上年度社会平均工资 3 倍的 2%、14%、2.5% 扣除 | 按工资总额的 2%、14%、1.5% 扣除 |
| 代替从业人员负担的税款 | — | 不得扣除 |

### 3. 其他规定

（1）个体工商户在生产经营活动中，应当分别核算生产经营费用和个人、家庭费用。对于生产经营与个人、家庭生活混用难以分清的费用，其 40% 视为与生产经营有关的费用，准予扣除。

（2）个体工商户按照规定缴纳的摊位费、行政性收费、协会会费等，按实际发生数额扣除。

（3）个体工商户研究开发新产品、新技术、新工艺所发生的开发费用，以及研究开发新产品、新技术而购置单台价值在 10 万元以下的测试仪器和试验性装置的购置费准予直接扣除；单台价值在 10 万元以上（含 10 万元）的测试仪器和试验性装置，按固定资产管理，不得在当期直接扣除。

（4）个体工商户直接对受益人的捐赠不得扣除；个体工商户通过公益性社会团体或县级以上人民政府及其部门，用于公益事业的捐赠，捐赠额不超过其应纳税所得额 30% 的部分，可以据实扣除。

【上岸熊提示：个体工商户经营产生的借款费用及利息支出、业务招待费、广告费和业务宣传费、财产保险等保险费、劳动保护支出、税金及损失、亏损弥补等，扣除规定与企业所得税一致】

### 4. 不得扣除的项目

（1）个人所得税税款。

（2）税收滞纳金，罚金、罚款和被没收财物的损失。

（3）不符合扣除规定的捐赠支出、赞助支出。

（4）仅用于个人和家庭的支出。

（5）与取得生产经营收入无关的其他支出。

### 5. 应纳税额的计算

按年计征。计算公式：每个纳税年度应纳税额 = 应纳税所得额 × 适用税率 − 速算扣除数。

## 八、居民个人其他 4 项分类所得 【多次在单选、多选及不定项选择题中考查】

### 1. 利息、股息、红利所得

| 概念 | 指个人拥有债权、股权等而取得的利息、股息、红利所得 | | |
|---|---|---|---|
| 应纳税额的计算 | （1）按次计算，以支付利息、股息、红利时取得的收入为一次，适用税率 20%；<br>（2）应纳税额 = 应纳税所得额 ×20%= 每次收入额 ×20% | | |
| 个人持有上市公司股票取得的股息红利所得 | 上市公司股票（含新三板上市） | 持股期限≤1 个月 | 全额征税 |
| | | 1 个月＜持股期限≤1 年 | 减按 50% 征税 |
| | | 持股期限＞1 年 | 免税 |
| | 持有的上市公司限售股 | 解禁前取得 | 减按 50% 征税 |
| | | 解禁后取得 | 自解禁日起计算持股时间，根据持股时间，按上述"上市公司股票"（含新三板上市）中的征免规定 |

### 2. 财产租赁所得

| 范围 | 指个人出租不动产、机器设备、车船及其他财产取得的所得。特殊规定：（1）个人取得的房屋转租收入，属于"财产租赁所得"项目；（2）房地产开发企业以优惠价格出售其商店给购买者个人，购买者个人在一定期限内必须将购买的商店无偿提供给房地产开发企业对外出租使用，对购买者个人少支出的购房价款，应按照"财产租赁所得"项目征税 | |
|---|---|---|
| 应纳税额的计算 | 按次计征 | 以一个月内取得的收入为一次 |
| | 计算公式 | 应纳税额 = 应纳税所得额 × 适用税率 |
| | 税率 | （1）一般情形：20%；（2）个人出租住房取得的所得：10% |
| 应纳税所得额的确定 | 每次（月）收入不超过 4000 元的 | 应纳税所得额 =［每次（月）收入额 - 允许扣除的税费 - 修缮费用（800 元为限）］-800 元 |
| | 每次（月）收入在 4000 元以上的 | 应纳税所得额 =［每次（月）收入额 - 允许扣除的税费 - 修缮费用（800 元为限）］×（1-20%）【上岸熊提示：修缮费用每次的扣除额以 800 元为限，在一个月中扣除不完的，可以向以后期间结转扣除】 |

## 3. 财产转让所得

| | | |
|---|---|---|
| **应纳税额的计算** | （1）按次计征。（2）计算公式：应纳税额＝应纳税所得额×适用税率＝（收入总额－财产原值－合理税费×20%）；**应纳税所得额＝转让财产的收入额－财产原值－合理费用**。其中，合理费用是指卖出财产时按照规定支付的有关税费。转让限售股过程中发生的合理费用，包括**印花税、佣金、过户费等与交易相关的税费** | |
| **项目** | 基本规定 | 指个人转让有价证券、股权、合伙企业中的财产份额、不动产、机器设备、车船及其他财产取得的所得 |
| | 特殊项目 | （1）**个人通过招标、竞拍或其他方式购置债权**以后，通过相关司法或行政程序主张债权而取得的所得，按照此项目征税；（2）**个人收购网络虚拟货币，加价后向他人出售的所得**，按照此项目征税；（3）以非货币性资产投资，属于个人转让非货币性资产和投资同时发生，对个人转让非货币性资产的所得，按此项目征税 |
| **转让股权所得的规定** | **暂不征税** | **转让上市公司流通股** |
| | 按"财产转让所得"纳税 | 转让非上市公司股权、新三板挂牌公司原始股、限售股 |
| | | 其他股权交易，如股权被司法或行政机关强制过户、以股权抵偿债务、对外投资或进行其他非货币性交易、公司回购股权 |
| **个人转让房屋** | **暂免征收** | **对个人转让自用达5年以上，并且是家庭唯一的生活用房取得的所得** |
| | 增值税处理 | 应税收入不含增值税，转让所得时可扣除的税费不包括本次转让缴纳的增值税 |
| | 受赠人转让受赠住房 | （1）**应纳税所得额＝转让受赠房屋的收入－原捐赠人取得房屋的实际购置成本－赠与和转让过程中受赠人支付的相关税费**；（2）应纳税额＝应纳税所得额×20% |

## 4. 偶然所得

| | |
|---|---|
| **应纳税额的计算** | （1）按次计征；（2）计算公式：应纳税额＝应纳税所得额×适用税率（20%）；（3）应纳税所得额：以"每次收入"为应纳税所得额，不扣减任何费用 |
| **征税项目** | （1）**个人得奖、中奖、中彩**以及其他偶然性质的所得；（2）企业在业务宣传及各类年会、庆典活动中，**随机向本单位以外的个人赠送礼品**（包括网络红包）；【上岸熊提示：赠送的**消费券、代金券、抵用券、优惠券不征税**】（3）企业对累积消费达到一定额度的顾客，给予额外抽奖机会，个人的获奖所得；（4）个人为单位或他人**提供担保获得收入**；（5）房屋产权所有人将房屋产权**无偿赠与他人的**，受赠人因无偿受赠房屋取得的受赠收入 |

续表

| 不征税项目 | (1) 企业通过价格折扣、折让方式向个人销售商品和提供服务；(2) 企业向个人销售商品和提供服务的同时给予"赠品"；(3) 企业对累积消费达到一定额度的个人按消费积分反馈的"礼品"；(4) 房屋无偿赠与的特殊情形：房屋产权所有人将房屋产权无偿赠与配偶、近亲属、对其承担直接抚养或赡养义务的人，房屋产权所有人死亡依法取得房屋产权的继承人；(5) 个人取得单张有奖发票奖金所得小于或等于800元的，暂免征收个人所得税（大于800元的，全额征收个人所得税）；(6) 个人购买福利彩票、体育彩票的一次中奖收入在1万元以下的（含），暂免征个人所得税（超过1万元的全额征收个人所得税）；(7) 个人举报、协查各种违法、犯罪行为而获得的奖金，暂免征收个人所得税 |
|---|---|

# 九、居民个人特殊计税规定

## 1. 公益捐赠支出【2021年单选题】

| 公益性捐赠 | 全额扣除 | (1) 向红十字事业的捐赠；(2) 向教育事业的捐赠、向农村义务教育的捐赠；(3) 公益性青少年活动场所捐赠；(4) 向福利性、非营利性老年服务机构捐赠；(5) 通过宋庆龄基金会等特定基金会捐赠，用于公益救济 |
|---|---|---|
| | 限额扣除 | 除上述全额扣除的以外，其他符合条件的公益性捐赠：捐赠额未超过应纳税所得额30%的部分可以扣除 |
| 直接捐赠 | 不得扣除 | |

【上岸熊提示："公益性捐赠"指通过中国境内的公益性社会组织、群众团体、政府机关，用于教育、扶贫、济困等公益慈善事业的捐赠】

## 2. 单位福利及退休、退养

| 收入项目 | 方法 | 计算公式 |
|---|---|---|
| 职工低价取得住房 | 分步法 | (1) 找税率：房款差价÷12→查税率表（月综合税率表）；(2) 算税额：房款差价×适用税率−速算扣除数 |
| 解除劳动关系 | | 3倍以内免税；超过3倍，单独适用综合所得税率表，计算纳税 |
| 提前退休 | 分摊法 | [（一次性补贴收入÷分摊系数−费用扣除标准）×适用税率−速算扣除数]×分摊系数【上岸熊提示：分摊系数，提前退休至法定退休实际年份】 |

续表

| 收入项目 | 方法 | 计算公式 |
|---|---|---|
| 内部退养 | 分步分摊合并法 | （1）找税率：一次性收入÷分摊系数＋当月工资－费用扣除标准→查税率（综合所得税率表）。<br>（2）算税额：（一次性收入＋当月工资－费用扣除标准）×适用税率－速算扣除数【上岸熊提示：分摊系数，内退至法定退休所属月份】 |
| 职工从破产企业取得的一次性安置费收入，免税 | | |
| 企业年金、职业年金 | 缴存时不纳税；个人达到法定退休年龄领取时单独计税 | |

## 3. 其他

| 超标的"三险一金"及其他保险 | （1）超标缴纳的"三险一金"，超过部分应并入个人当期的工资、薪金收入，计征个人所得税；（2）企业为员工支付的各项免税项目之外的保险金，应在企业向保险公司缴付时并入员工当期的工资，按工资、薪金所得计征个人所得税，税款由企业负责代扣代缴 |
|---|---|
| 公务交通、通信补贴收入 | 个人从单位取得公务性质的交通、通信补贴收入，在扣除一定标准的公务费用后，按工资、薪金所得计征个人所得税 |
| 单位低价向职工售房 | 单位按低于购置或建造成本价格出售住房给职工，职工因此而少支出的差价部分，不并入当年综合所得。以差价收入除以12个月得到的数额，按照月度税率表确定适用税率和速算扣除数，单独计算纳税 |

## 4. 特殊职业

| 兼职律师 | 兼职律师从律师事务所取得工资、薪金性质的所得，律师事务所在代扣代缴其个人所得税时，不再减除费用扣除标准【上岸熊提示：兼职律师应自行向主管税务机关申报两处或两处以上的工资、薪金所得，进行汇算清缴】 |
|---|---|
| 科技人员 | （1）科技人员范围：非营利性研究开发机构和高等学校的科技人员；（2）从职务科技成果转化收入中取得的个人现金奖励，可减按50%计入科技人员当月工资、薪金所得征税 |
| 出租车驾驶员 | （1）单车承包或承租方式运营，出租车驾驶员取得的收入按"工资、薪金所得"项目征税；（2）若出租车属于个人所有，仅挂靠出租汽车经营单位或企事业单位，或从事个体出租车运营的出租车驾驶员，从事客货运营取得的收入，按"经营所得"项目征税 |

| 保险营销员、证券经纪人 | （1）取得的**佣金收入**，属于"劳务报酬所得"，以不含增值税的收入减除20%的费用后的余额为收入额；（2）以上述收入额减去展业成本（"收入额"的25%）以及附加税费后，并入当年综合所得，计算缴纳个人所得税 |
|---|---|

### 5. 居民个人境外所得应纳税额

（1）各项所得的计算方式。**【2018年判断题】**

①从境内和境外取得综合所得：**合并计算**境内、外综合所得的应纳税额。

②从境内和境外取得经营所得：**合并计算**境内、外经营所得的应纳税额。

③从境内和境外取得其他分类所得：**分别单独计算**境外其他分类所得的应纳税额。

（2）境外已缴税额的抵免。居民个人可以从其应纳税额中抵免已在境外缴纳的个人所得税税额。

①**抵免限额：不得超过境外所得依照我国个人所得税法规定计算的应纳税额。**

②提供凭证：已在境外缴纳的个人所得税税款，应当提供境外有关纳税凭证。

# 十、非居民个人应纳税额计算

## 1. 应纳税额计算

非居民个人取得工资、薪金、劳务报酬、稿酬、特许权使用费**无须汇总**，分别按月或按次缴纳个人所得税。

| 具体项目 | 应纳税所得额（元） | 计征方法 | 应纳税额（元） |
|---|---|---|---|
| 工资、薪金所得 | 每月收入额 −5000 | **按月计征** | 应纳税所得额 × 税率 − 速算扣除数（考试会给出税率及速算扣除数） |
| 劳务报酬所得 | 收入 ×（1-20%） | **按次计征** | |
| 稿酬所得 | 收入 ×（1-20%）×70% | | |
| 特许权使用费所得 | 收入 ×（1-20%） | | |

## 2. 纳税期限

（1）非居民个人取得工资、薪金所得，劳务报酬所得，稿酬所得和特许权使用费所得，有扣缴义务人的，由扣缴义务人按月或按次代扣代缴税款，不办理汇算清缴。

（2）非居民个人在中国境内从两处以上取得工资、薪金所得的，应当在取得所得的**次月15日内申报纳税**。

# 十一、税收优惠

## 1. 免税项目（节选部分重要项目）**【2020年多选题】**

（1）**省级人民政府、国务院部委和中国人民解放军军以上单位**，以及**外国**组织、国际组织颁发的科学、教育、技术、文化、卫生、体育、环境保护等方面的奖金（奖学金）。

(2) 国债和国家发行的**金融债券利息**。

(3) 按照国家统一规定发给的**补贴、津贴**。

(4) **福利费、抚恤金、救济金**。

(5) **保险赔款**。

(6) 军人的转业费、复员费、退役金。

(7) 按照国家统一规定发给干部、职工的安家费、退职费、基本养老金或退休费、离休费、离休生活补助费。

(8) 依照有关法律规定应予免税的**各国驻华使馆**、领事馆的外交代表、领事官员和其他人员的所得。

(9) 中国政府参加的国际公约、签订的协议中规定免税的所得。

(10) 国务院规定的其他免税所得。

## 2. 减税项目

(1) **残疾、孤老人员和烈属的所得**。

(2) **因自然灾害造成重大损失的**。

(3) **其他经国务院财政部门批准减税的**。

## 3. 其他免税和暂免征税项目（节选部分重要项目）【2019 年多选题】

(1) **外籍个人**相关的补贴、费用、股息、红利等，暂免征收个人所得税。

(2) 个人举报、协查各种违法、犯罪行为而获得的奖金。

(3) 个人办理**代扣代缴手续**，按规定取得的扣缴手续费，暂免征收个人所得税。

(4) **个人领取原提存**的住房公积金、基本医疗保险金、基本养老保险金，以及失业保险金，免税。

(5) 企事业单位按照规定的缴费比例或办法实际缴付的基本养老保险费、基本医疗保险费和失业保险费，免税。

(6) 对**储蓄存款利息所得暂免征收个人所得税**。

(7) 对被拆迁人按照国家有关城镇房屋拆迁管理办法规定的标准取得的**拆迁补偿款，免税**。

(8) 对**法律援助人员**按照《中华人民共和国法律援助法》规定获得的法律援助补贴，免征个人所得税。

# 十二、征收管理

## 1. 代扣代缴的具体规定

(1) 扣缴义务人每月或每次预扣、代扣的税款，应当**在次月 15 日内缴入国库**，并向税务机关报送相关资料。

(2) 对扣缴义务人所扣缴的税款，税务机关给付 2% 的手续费。

### 2. 取得综合所得需要办理汇算清缴的情形【2021 年多选题】

（1）在**两处或两处以上**取得综合所得，且综合所得年收入额减去专项扣除的余额**超过 6 万元**。

（2）取得劳务报酬所得、稿酬所得、特许权使用费所得中一项或多项所得，且综合所得年收入额减去专项扣除的**余额超过 6 万元**。

（3）纳税年度内预缴税额低于应纳税额的。

（4）纳税人**申请退税**。

### 3. 其他应自行办理纳税申报的情形【2020 年多选题】

（1）取得应税所得没有扣缴义务人，或者取得应税所得，扣缴义务人未扣缴税款。

（2）取得境外所得。

（3）因移居境外注销中国户籍。

（4）非居民个人在中国境内从两处以上取得工资、薪金所得。

### 4. 纳税期限

| 情形 | 纳税期限 |
| --- | --- |
| 综合所得 | （1）由扣缴义务人按月或按次预扣预缴税款；（2）需要办理汇算清缴的，应当在取得所得的次年 3 月 1 日至 6 月 30 日内办理汇算清缴 |
| 经营所得 | （1）由纳税人在月度或季度终了后 15 日内向税务机关报送纳税申报表，并预缴税款；（2）在取得所得的次年 3 月 31 日前办理汇算清缴 |
| 其他 4 项分类所得 | 由扣缴义务人按月或按次预扣预缴税款 |
| 境外所得 | 在取得所得的次年 3 月 1 日至 6 月 30 日内办申报纳税 |
| 没有扣缴义务人的 | 应当在取得所得的次月 15 日内向税务机关报送纳税申报表，并预缴税款 |
| 扣缴义务人未扣缴税款的 | 应当在取得所得的次年 6 月 30 日前，缴纳税款 |

# 第六章 财产和行为税法律制度

## 第一节 房产税法律制度

### 一、纳税人及征税范围

| 纳税人 | 定义 | 在我国城市、县城、建制镇和工矿区内拥有房屋产权的单位和个人 | |
|---|---|---|---|
| | 具体情形【2021 年多选题】 | 产权属于国家所有 | 纳税人为经营管理单位 |
| | | 产权属于集体和个人所有 | 纳税人为集体单位和个人 |
| | | 产权出典 | 纳税人为承典人 |
| | | 产权所有人、承典人均不在房产所在地 | 纳税人为房产代管人或使用人 |
| | | 产权未确定及租典纠纷未解决 | |
| | | 应税单位和个人无租使用其他单位的房产 | 由使用人代为缴纳 |
| | | 房地产开发企业建造的商品房 | （1）出售前一般不征税；（2）出售前房地产开发企业使用、出租、出借的商品房征税 |
| 征收范围 | | （1）房产税的征税范围为城市、县城、建制镇和工矿区内的房屋，不包括农村；（2）独立于房屋之外的建筑物，如围墙、烟囱、水塔、菜窖、室外游泳池等不属于该税征税范围 | |

### 二、应纳税额的计算

| 项目 | 从价计征 | 从租计征 |
|---|---|---|
| 适用税率 | 1.2% | 12%（或 4%） |
| 计税依据 | 房产余值 | 租金收入（不含增值税） |
| 计算公式 | 应纳税额 = 应税房产原值 ×（1- 扣除比例）×1.2%【2020 年单选题】 | 应纳税额 = 租金收入 ×12%（或 4%） |
| 注意事项 | （1）房产原值指纳税人按照会计制度规定，在固定资产科目中记载的房屋原价(不扣除折旧)；（2）房产余值是依照房产原值一次减除 10%~30% 后的剩余价值（考试中扣除比例会直接给出） | （1）个人出租住房，不区分用途，4% 的税率征收房产税；（2）企事业单位、社会团体及其他组织按市场价格向个人出租用于居住的住房，减按 4% 的税率征收房产税 |

## 三、特殊规定

| | |
|---|---|
| 房屋附属设施和配套设施的计税规定 | （1）凡以房屋为载体，不可随意移动的附属设备和配套设施，都应计入房产原值，计征房产税；（2）纳税人对原有房屋进行改建、扩建的，要相应增加房屋的原值。更换房屋附属设备和配套设施的，其价值计入房产原值时，可扣减原相应设备和设施的价值 |
| 投资联营房产的计税规定 | （1）参与投资利润分红、共担风险：以房产余值为计税依据，从价计征；（2）收取固定收入、不承担经营风险：实际上是以联营名义取得房屋租金，应以出租方取得的租金收入，从租计征 |
| 融资租赁 | 融资租赁的房屋，由承租人以房产余值计征房产税 |
| 居民住宅区内业主共有的经营性房产 | 对居民住宅区内业主共有的经营性房产，由实际经营（包括自营和出租）的代管人或使用人缴纳房产税 |

## 四、税收优惠

| | |
|---|---|
| 非经营性机构自用房产 | （1）国家机关、人民团体、军队自用的房产；（2）事业单位（学校、医疗卫生单位、托儿所、幼儿园、敬老院及文化、体育、艺术类单位）自有，且本身业务范围内使用的房产；（3）非营利性医疗机构、疾病控制机构和妇幼保健机构等卫生机构自用的房产；（4）老年服务机构自用的房产；（5）宗教寺庙、公园、名胜古迹自用的房产【上岸熊提示：若用于经营，则需要正常缴税】 |
| 涉及个人 | 主要指居民住房，不分面积多少，一律免征房产税【上岸熊提示：对个人拥有的营业用房或出租的房产，不属于免税房产，应照章征税】 |
| 涉及民生 | （1）2022年1月1日至2024年12月31日，由省、自治区、直辖市人民政府根据本地区实际情况，对增值税小规模纳税人、小型微利企业和个体工商户可以在50%的税额幅度内减征房产税。（2）自2019年1月1日至2023年供暖期结束，对向居民供热收取采暖费的供热企业，为居民供热所使用的厂房免征房产税；对供热企业其他厂房，应当按照规定征收房产税 |

## 五、征收管理

### 1. 纳税义务发生时间

（1）纳税人将原有房产用于生产经营：从生产经营之月起缴纳房产税。

（2）纳税人因房产的实物或权利状态发生变化而依法终止房产税纳税义务：其应纳税款的计算应截至房产的实物或权利状态发生变化的当月末。

（3）纳税人自行新建房屋用于生产经营，纳税人委托施工企业建设的房屋，纳税人购置新建商品房，纳税人购置存量房，纳税人出租、出借房产，房地产开发企业自用、出租、出借本企业建造的商品房，融资租赁的房产：都是发生变动的**次月**。

## 2. 纳税期限

纳税期限为按年计算、分期缴纳。

## 3. 纳税地点

**纳税地点为房产所在地。**

# 第二节 契税法律制度

## 一、纳税人及征税范围

| 纳税人 | | 指在我国境内承受土地、房屋权属转移的单位和个人（权属承受人为纳税人） |
|---|---|---|
| 征税范围 | 属于 | （1）土地使用权**出让**。（2）土地使用权**转让**（包括出售、赠与、互换）。（3）房屋买卖、房屋**赠与**（包括非法定继承、以获奖方式取得房屋）、房屋**互换**。（4）以房产抵偿债务、以实物**交换房屋**、以房产作价投资入股，以及以其他情形承受房地产权属。（5）下列情形发生土地、**房屋权属转移的**，承受方应当依法缴纳契税：①因共有不动产份额变化的；②因共有人增加或减少的；③因人民法院、仲裁委员会的生效法律文书或监察机关出具的监察文书等因素，发生土地、房屋权属转移的 |
| | 不属于 | （1）土地、房屋典当、抵押及出租等行为；（2）土地承包经营权和土地经营权转移【2018 年多选题】 |

## 二、应纳税额的计算

### 1. 计算公式

**应纳税额 = 计税依据 × 税率**

契税实行 3%~5% 的幅度比例税率。具体税率由省、自治区、直辖市人民政府在幅度内提出，报同级人民代表大会常务委员会决定，并报全国人民代表大会常务委员会和国务院备案。

## 2. 计税依据

| 情形 | 纳税人 | 计税依据的具体规定 |
|---|---|---|
| 土地使用权出让 | 受让方 | 以成交价格为计税依据，成交价格为取得该土地使用权而支付的**全部经济利益**。具体包括土地出让金、土地补偿费、安置补助费、地上附着物和青苗补偿费、征收补偿费、城市基础设施配套费、实物配建房屋等应交付的货币以及实物、其他经济利益对应的价款 |
| 土地使用权出售、房屋买卖 | 买方（承受方） | （1）以成交价格作为计税依据。成交价格，包括货币、实物及其他经济利益对应的价款；（2）土地使用权及所附建筑物构筑物转让的，为承受方应交付的总价款；（3）承受已装修房屋的，装修费用应计入总价款 |
| 土地使用权赠与、房屋赠与 | 受赠方 | **参照市场价格依法核定** |
| 以划转、奖励等没有价格的方式转移土地房屋权属 | 承受方 | |
| 土地使用权互换、房屋互换<br>【2021年单选题】 | 支付差价的一方 | 为互换的土地使用权、房屋的价格的差额：（1）互换价格相等的，计税依据为零；（2）互换价格不等的，以差额为计税依据，**由支付差额的一方缴纳契税** |
| 以划拨方式取得土地使用权，经批准改为出让方式重新取得 | 土地使用权人 | 补缴的土地出让价款 |
| 先以划拨方式取得土地使用权，后经批准转让房地产 | 房地产承受方 | （1）划拨土地性质改为出让地的：**分别按照补缴的土地出让价款和权属转移合同确定的成交价格**；（2）划拨土地性质未发生改变的：房地产权属转移合同确定的成交价格 |
| 转让房屋附属设施（如车位、车库、顶层阁楼、储藏室等） | 受让方 | （1）与房屋为同一不动产单元的，计税依据为承受方应交付的总价款（与房屋统一计价），适用房屋的税率；（2）与房屋为不同不动产单元的，计税依据为转移合同确定的成交价格，单独计税 |

# 三、税收优惠

| 非经营自用 | （1）国家机关、事业单位、社会团体、军事单位承受土地、房屋权**属用于办公、教学、医疗、科研、军事设施**；（2）**非营利性的**学校、医疗机构、社会福利机构承受土地、房屋权属用于办公、教学、医疗、科研、养老、救助 |
|---|---|

续表

| 农业生产 | 承受荒山、荒地、荒滩土地使用权用于**农、林、牧、渔业生产** |
|---|---|
| 家庭 | （1）婚姻关系**存续期间**夫妻之间变更土地、房屋权属；夫妻因离**婚分割**共同财产发生土地、房屋权属变更的，也免征契税。（2）法定继承人通过继承承受土地、房屋权属 |
| 国外组织及人员 | 依照规定应予以免税的**外国**驻华使馆、领事馆和国际组织驻华代表机构承受土地、房屋权属；外国银行分行改制为外商独资银行，改制后的外商独资银行承受原外国银行分行的房屋权属的，免征契税 |
| 地方酌定减免税 | 省、自治区、直辖市可以决定对下列情形免征或减征契税：（1）因土地、房屋被县级以上人民政府征收、征用，重新承受土地、房屋权属；（2）因不可抗力灭失住房，重新承受住房权属 |

## 四、征收管理

### 1. 纳税义务发生时间

契税的纳税义务发生时间是纳税人签订土地、房屋权属转移合同的**当日**，或者纳税人取得其他具有土地、房屋权属转移合同性质凭证的**当日**。纳税人应当在依法办理土地、房屋权属登记手续前申报缴纳契税。

### 2. 纳税地点

**纳税地点为土地、房屋所在地。**

### 3. 退税规定

纳税人缴纳契税后发生下列情形，可依照有关法律法规**申请退税**：

（1）因人民法院判决或仲裁委员会裁决导致土地、房屋权属转移行为无效、被撤销或被解除，且土地、房屋权属变更至原权利人的。

（2）在出让土地使用权交付时，因容积率调整或实际交付面积小于合同约定面积需退还土地出让价款的。

（3）在新建商品房交付时，因实际交付面积小于合同约定面积需返还房价款的。

# 第三节 土地增值税法律制度

## 一、纳税人及征税范围

| 纳税人 | 转让国有土地使用权、地上建筑物及其他附着物，并取得收入的单位和个人 | | |
|---|---|---|---|
| 征税范围 | 一般规定 | 征收 | 国有土地使用权转让、转让房地产、房屋赠与（其他人） |
| | | 不征收 | 国有土地使用权出让、房屋继承、房屋赠与（直系亲属、直接赡养义务人、公益性捐赠） |
| | 特殊规定【2020年多选题】 | | （1）房地产开发企业将开发的部分房地产转为自用或用于出租等商业用途时，如果产权未发生转移，不征收土地增值税。（2）房地产交换的行为，属于土地增值税的征税范围，但对个人之间互换自有居住用房地产的，经当地税务机关核实，可以免征土地增值税。（3）一方出地，另一方出资金，双方合作建房：①建成后按比例分房自用的，暂免征收土地增值税；②建成后转让的，应征收土地增值税。（4）土地使用者处置土地使用权，无论是否取得了土地的使用权属证书，只要土地使用者享有占有、使用、收益或处分该土地的权利，就都照章缴纳增值税、土地增值税和契税等。（5）房地产的出租、代建、抵押、重新评估行为都不征收土地增值税（权属未变更） |

## 二、应纳税额的计算【多次在不定项选择题出现】

### 1. 税率

土地增值税实行四级超率累进税率。

### 2. 计税依据

土地增值税的计税依据是纳税人转让房地产所取得的增值额。

转让房地产的增值额 = 转让房地产的收入 − 扣除项目的金额

纳税人转让房地产取得的应税收入，包括转让房地产的全部价款及有关的经济收益，为不含增值税收入。

扣除项目及金额，如下表所示。

### （1）新建房地产项目。

| 项目 | 具体内容 |
|---|---|
| ①取得土地使用权所支付的金额 | 包括地价款、契税及登记过户手续费。其中地价款的确定有以下三种方式：①以协议、招标、拍卖等出让方式取得的，为支付的土地出让金；②以行政划拨方式取得的，为补缴的土地出让金；③以转让方式取得的，为向原土地使用权人实际支付的地价款 |

续表

| 项目 | 具体内容 | |
|---|---|---|
| ②房地产开发成本 | 包括土地的征用及拆迁补偿费、前期工程费、建筑安装工程费、基础设施费、公共配套设施费、开发间接费用等 | |
| ③房地产开发费用 | 利息支出可按项目分摊并提供金融机构贷款证明 | 允许扣除的房地产开发费用 = 利息 + （① + ②）× 省级政府确定的比例（一般为5%）【上岸熊提示：利息数额不能超过按银行同类同期贷款利率计算的金额】 |
| | 利息支出不能按项目分摊或不能提供金融机构贷款证明 | 允许扣除的房地产开发费用 =（① + ②）× 省级政府确定的比例（一般为10%） |
| ④与转让房地产有关的税金 | 城市维护建设税、印花税、教育费附加 | |
| ⑤房地产开发企业加计扣除 | 仅限于房地产开发企业。按地价款和开发成本之和，加计20%扣除：（① + ②）×20% | |

**（2）销售存量房（旧房）。**

①旧房及建筑物的评估价格。

| 情形 | 旧房及建筑物的评估价格的确定 |
|---|---|
| 能取得评估价格的 | 由评估机构按照重置成本价乘以成新度折扣率评估确定，评估价格须经当地税务机关确认 |
| 不能取得评估价格的 | 若能提供购房发票的，可按发票所载金额自购买年度起至转让年度止，每年加计5%计算允许扣除的金额。<br>公式为：购房发票上注明的金额 ×（1+ 年份数 ×5%）<br>提示：公式中的"年份数"每满12个月计1年；超过1年后，未满12个月但超过6个月的，视为1年 |

②取得土地使用权所支付的地价款。

③与转让房地产有关的税金。

【上岸熊提示：在不能取得评估价格，按照购房发票计算"①旧房及建筑物的评估价格"的情形下，购房时缴纳的契税，凡能够提供契税完税凭证的，准予在本项目中予以扣除，但不作为计算"①旧房及建筑物的评估价格"时加计5%的基数】

## 3. 计算步骤

（1）确定不含税的收入金额。

（2）确定扣除项目的金额。

（3）确定计税依据——"增值额"：增值额 =（1）中的不含增值税收入额 –（2）中的扣除项目金额。

（4）确定"增值率"，找对应的税率及速算扣除系数：增值率 =（3）中的增值额 ÷（2）中的扣除项目金额，寻找对应的级距及相应税率和速算扣除系数。

（5）代入公式，确定应纳税额。

## 三、税收优惠

**"增值率未达 20%"——免税。【2019 年多选题】**

（1）建造普通标准住宅出售，且增值率未超过 20% 的，免税。**【上岸熊提示：应分别核算普通标准住宅和其他住宅的增值额，不能准确核算的，不适用免税政策】**

（2）企事业单位、社会团体及其他组织转让旧房作为公共租赁住房房源，且增值额未超过扣除项目金额 20% 的，免税。

（3）因**国家建设需要依法征用、收回**的房地产的，免税。

（4）因**城市实施规划、国家建设的需要而搬迁**，由纳税人自行转让原房地产的，免税。

（5）**个人转让住房，免税。**

## 四、征收管理

| 纳税申报期限 | | （1）应在转让房地产合同签订后的 7 日内申报纳税；（2）经常发生房地产转让的，经税务机关审核同意后，可以定期进行纳税申报 |
|---|---|---|
| 土地增值税的清算要求【2018年、2020 年多选题】 | 应进行土地增值税清算的情形 | （1）房地产开发项目全部竣工、完成销售的；（2）整体转让未竣工决算房地产开发项目的；（3）直接转让土地使用权的 |
| | 主管税务机关可以要求进行土地增值税清算的情形 | （1）已竣工验收的房地产开发项目，已转让的房地产建筑面积占整个项目可售建筑面积的比例在 85% 以上，或未超过 85%，但剩余的可售建筑面积已经出租或自用的。（2）取得销售（预售）许可证满 3 年仍未销售完毕的。（3）纳税人申请注销税务登记但未办理土地增值税清算手续的 |
| 纳税地点 | | **房地产所在地** |

# 第四节 城镇土地使用税法律制度

| 纳税人 | 一般规定 | 在规定的征税范围内使用土地的单位和个人为纳税人，即由拥有土地使用权的单位或个人缴纳 |
|---|---|---|
| | 特殊规定 | （1）拥有土地使用权的纳税人不在土地所在地的，由代管人或实际使用人缴纳；（2）土地使用权未确定或权属纠纷未解决的，由实际使用人纳税；（3）土地使用权共有的，共有各方均为纳税人，以共有各方实际使用土地的面积占总面积的比例，分别计算缴纳城镇土地使用税 |

续表

| 征税范围 | | 在城市、县城、建制镇、工矿区范围内的土地【上岸熊提示：（1）不论属于国家所有的土地，还是集体所有的土地，都属于城镇土地使用税的征税范围；（2）与房产税类似，征税范围也不包括农村的土地】 |
|---|---|---|
| 应纳税额的计算 | 税率及计算公式【2021年单选题】 | （1）从量计征，税率为定额税率（元／平方米），考试会直接给出；（2）计算公式：年应纳税额＝实际占用应税土地面积（平方米）×适用税额【上岸熊提示：上述公式计算出来的是"年"应纳税额，如果实际占用不到一年，需要换算为实际占用月份计算应纳税额】 |
| | 计税依据 | 实际占用土地面积按如下顺序确定：（1）凡由省级人民政府确定的单位组织测定土地面积的，以测定的土地面积为准；（2）尚未组织测定，但纳税人持有政府部门核发的土地使用证书的，以证书确定的土地面积为准；（3）尚未核发土地使用证书的，应由纳税人据实申报土地面积，并据以纳税，待核发土地使用证书后再作调整 |
| 优惠政策【多次考查多选题】 | 非经营性土地免征 | （1）国家机关、人民团体、军队自用的土地；（2）由国家财政部门拨付事业经费的单位自用的土地；（3）宗教寺庙、公园、名胜古迹自用的土地；（4）市政街道、广场、绿化地带等公共用地；（5）老年服务机构自用的土地 |
| | 涉及农业的免征 | 直接用于农、林、牧、渔业的生产用地免征城镇土地使用税【上岸熊提示：不包括农副产品加工厂占地和从事农、林、牧、渔业生产单位的生活、办公用地】 |
| | 免税与纳税单位之间无偿使用 | （1）免税单位无偿使用纳税单位的土地，免税；（2）纳税单位无偿使用免税单位的土地，纳税 |
| | 企业的铁路专用线、公路、绿化等用地 | （1）在厂区（包括生产、办公及生活区）以内的，征税；（2）在厂区以外、与社会公用地段未加隔离的，以及企业厂区以外的公共绿化用地和向社会开放的公园用地，免税 |
| | 石油、天然气生产建设用地 | （1）石油、天然气生产建设用地，免税；（2）对在工矿区内的消防、防洪排涝、防风、防沙设施用地，暂免征税；（3）除上述列举免税的土地外，其他油气生产及办公、生活区用地，征税 |
| | 盐场、盐矿用地 | （1）盐场的盐滩、盐矿的矿井用地，免税；（2）对盐场、盐矿的生产厂房、办公及生活区用地，征税 |
| | 电力行业用地 | （1）火电厂厂区围墙外的灰场、输灰管、输油（气）管道、铁路专用线用地，免税；（2）供电部门的输电线路用地、变电站用地，免税；（3）火电厂厂区以内的用地，征税；（4）水电站的发电厂房用地，生产、办公、生活用地，征税 |

续表

| 优惠政策<br>【多次考查多选题】 | 民航机场用地 | （1）机场飞行区（包括跑道、滑行道、停机坪、安全带、夜航灯光区）用地、场内外通信导航设施用地和飞行区四周排水防洪设施用地，免税。（2）在机场场内道路用地，征税；场外道路用地，免税。（3）机场工作区用地、生活区用地、绿化用地，征税 |
| --- | --- | --- |
| | 港口码头用地 | 免税 |
| | 林业系统用地 | （1）对林区的育林地、运材道、防火道、防火设施用地，免税；（2）林业系统的森林公园、自然保护区，比照公园免税；（3）除上述列举免税的土地外，对林业系统的其他生产用地及办公、生活区用地，征税 |
| | 房地产开发公司开发建造商品房 | （1）经批准开发建设经济适用房用地，免税；（2）对其他各类房地产开发用地，征税 |
| | 供热企业"居民供热"用地 | 自2019年1月1日起至2023年供暖期结束，对向居民供热收取采暖费的供热企业，为居民供热所使用的土地免征该税，其他土地征税 |
| | 其他 | （1）符合条件的体育用房产（用于体育活动的天数不得低于全年自然天数的70%）；（2）自2022年1月1日至2024年12月31日，由省、自治区、直辖市人民政府根据本地区实际情况，对增值税小规模纳税人、小型微利企业和个体工商户可在50%的幅度内减征该税 |
| 征收管理 | 纳税义务发生时间 | （1）购房：①购置新房的，自房屋交付使用的次月起；②购置存量房，自办理房屋权属转移、变更登记手续，房地产权属登记机关签发房屋权属证书的次月起。（2）纳税人出租、出借房产：自交付出租、出借房产的次月起。（3）以出让或转让方式有偿取得土地使用权的：应由受让方从合同约定交付土地时间的次月起，合同未约定交付土地时间的，由受让方从合同签订的次月起。（4）新征用的：①征用耕地，自批准征用之日起满1年时；②征用非耕地，自批准征用次月起 |
| | 纳税地点及期限 | 在土地所在地缴纳；按年计算、分期缴纳 |

# 第五节 耕地占用税法律制度

| 纳税人 | 占用国家所有和集体所有的耕地建设建筑物、构筑物或从事其他非农业建设的单位和个人 |
| --- | --- |
| 征税范围 | 占用园地、林地、草地、农田水利用地、养殖水面、渔业水域滩涂及其他农用地建设建筑物、构筑物或从事非农业建设的，按规定缴纳耕地占用税【上岸熊提示：占用上述农用地建设直接为农业生产服务的生产设施的，不缴纳耕地占用税】 |

续表

| 应纳税额的计算 | 计征方式及计算公式【2022年单选题】 | (1) 计征方式：从量计征，**按纳税人实际占用的耕地面积（平方米）**；税率形式为单位税额（元／平方米）【上岸熊提示：实际占用的耕地面积，包括经批准占用的耕地面积和未经批准占用的耕地面积】<br>(2) 计算公式：应纳税额 = 实际占用耕地面积（平方米）× 单位税额 |
|---|---|---|
| | 特殊规定 | (1) **在人均耕地低于 0.5 亩的地区**，可适当提高，提高的部分不得超过 50%；(2) **占用基本农田的**，按 150% 征收；(3) 占用非基本农田，单位税额可以适当降低，降低的部分不得超过 50% |
| 税收优惠 | | (1) **军事设施、学校、幼儿园、社会福利机构、医疗机构**占用耕地，免征。(2) **农村居民**：①在规定用地标准以内占用耕地新建自用住宅，减半征收；②经批准搬迁，新建自用住宅占用耕地不超过原宅基地面积的部分，免征。(3) 农村烈士遗属、因公牺牲军人遗属、残疾军人及符合农村最低生活保障条件的农村居民，在规定用地标准以内新建自用住宅，免征。<br>(4) **铁路线路、公路线路、飞机场跑道、停机坪、港口、航道、水利工程占用耕地，减按每平方米 2 元的税额征收。**(5) 自 2022 年 1 月 1 日至 2024 年 12 月 31 日，由省、自治区、直辖市人民政府根据本地区实际情况，对增值税小规模纳税人、小型微利企业和个体工商户可以在 50% 的税额幅度内减征耕地占用税 |
| 征收管理 | 纳税义务发生时间 | **收到自然资源主管部门办理占用耕地手续的书面通知的当日** |
| | 纳税期限 | 自纳税义务发生之日起 **30 日内**申报缴纳耕地占用税 |
| | 纳税地点 | **耕地或其他农用地所在地** |

# 第六节 车船税法律制度

## 一、纳税人及征税范围

| 纳税人及扣缴义务人 | (1) 纳税人为**应税车辆、船舶**的所有人或管理人；(2) 从事机动车第三者责任强制保险业务的保险机构为机动车车船税的**扣缴义务人**，应当在收取保险费时依法代收车船税，并出具代收税款凭证 |
|---|---|
| 征税范围 | 在中华人民共和国境内的车辆、船舶。具体包括：(1) 依法**应当在车船登记管理部门登记**的机动车辆和船舶；(2) 依法**不需要在车船登记管理部门登记**的在单位内部场所行驶或作业的机动车辆和船舶 |

## 二、税目及应纳税额的计算

### 1. 税目

(1) 乘用车。

(2) 商用车，分为客车和货车，其中货车包括半挂牵引车、三轮汽车和低速载货汽车。

(3) 挂车。

(4) 其他车辆，指专用作业车和轮式专用机械车。【上岸熊提示：征税范围不包括拖拉机】

(5) 摩托车。

(6) 船舶，包括机动船舶和游艇。

## 2. 计算公式

当年应纳税额 = 适用年基准税额 ÷12× 应纳税的月份数

| 分类 | 税目 | 计税单位 | 特殊规定 |
|---|---|---|---|
| 车 | 乘用车、商用客车、摩托车 | 辆数 | 排量≤1.6 升的节约能源乘用车减半征收 |
| | 货车、专用作业车和轮式专用机械车（不包括拖拉机） | 整备质量每吨 | 挂车减半征收【2021 年判断题】 |
| 船 | 机动船舶 | 净吨位每吨 | 非机动驳船、拖船减半征收 |
| | 游艇 | 艇身长度每米 | — |

# 三、税收优惠及征收管理

| 税收优惠 | 免征 | (1) 捕捞、养殖渔船；(2) 军队、武装警察部队专用的车船；(3) 警用车船；(4) 悬挂应急救援专用号牌的国家综合性消防救援车辆和国家综合性消防救援船舶；(5) 依照法律规定应当予以免税的外国驻华使领馆、国际组织驻华代表机构及其有关人员的车船；(6) 符合条件的新能源车船 |
|---|---|---|
| | 不征 | (1) 纯电动乘用车和燃料电池乘用车；(2) 临时入境的外国车船和香港特别行政区、澳门特别行政区、台湾地区的车 |
| | 减半征收 | (1) 符合条件的节约能源车船；(2) 拖船、非机动驳船；(3) 挂车 |
| 征收管理 | 纳税义务发生时间 | 取得车船所有权或管理权的当月 |
| | 纳税申报 | 分月计算，按年申报，一次性缴纳。注意事项：(1) 已缴纳车船税的车船在同一纳税年度内办理转让过户的，不另纳税，也不退税；(2) 已完税的车船发生盗抢、报废、灭失的，可以凭有关机关出具的证明和完税凭证，申请退还自被盗抢、报废、灭失月份起至该纳税年度终了期间的税款 |
| | 纳税地点 | 车船的登记地或车船税扣缴义务人所在地 |

# 第七节 资源税法律制度

## 一、纳税人及征税范围

| 纳税人 | （1）在中华人民共和国领域和中华人民共和国管辖的其他海域开发应税资源的单位和个人；（2）中外合作开采陆上、海上石油资源的企业依法缴纳资源税 |
|---|---|
| 征税范围 | 能源矿产、金属矿产、非金属矿产、水气矿产、盐类、水（试点征收）。特别注意：（1）原油、煤；（2）天然气、页岩气、天然气水合物；（3）黑色金属、有色金属；（4）矿泉水；（5）钠盐、钾盐、镁盐、锂盐、天然卤水、海盐；（6）地表水、地下水 |
| 纳税环节 | （1）资源税在应税资源产品的销售环节计算缴纳。（2）特殊情况：①开采或生产应税产品自用于连续生产应税产品的，移送环节不交税；②开采或生产应税产品自用于非货币性资产交换、捐赠、偿债、赞助、集资、投资、广告、样品、职工福利、利润分配或连续生产非应税产品等情形，视同销售，移送环节交税【2021年多选题】 |

## 二、应纳税额的计算

### 1. 计税规则及公式

（1）从价计征：以不含税销售额作为计税依据，应纳税额＝销售额 × 比例税率。

（2）从量计征：以销售或移送使用数量作为计税依据，应纳税额＝销售数量 × 定额税率。

【上岸熊提示：开采或生产不同税目应税产品的，应当分别核算销售额或销售数量；否则，从高适用税率】

（3）应税产品为包括原矿和选矿产品的矿产品：①纳税人以自采原矿直接销售或视同销售的，按照原矿计税；②纳税人以自采原矿洗选加工为选矿产品销售或视同销售的，按照选矿计税，原矿移送环节不交税。

### 2. 计税依据

| 销售额 | （1）销售应税产品向购买方收取的全部价款（不含增值税）；（2）对于销售额中包含的运杂费用：凡取得增值税发票或其他合法有效凭据的，准予从销售额中扣除 |
|---|---|
| 销售数量 | （1）开采或生产应税产品的实际销售数量；（2）自用于应当纳税情形的应税产品数量 |
| 销售额确定的特殊情形 | 销售额明显偏低且无正当理由的，或者发生视同销售情形的，税务机关按下列顺序确定销售额：（1）纳税人最近时期同类产品的平均销售价格；（2）其他纳税人最近时期同类产品的平均销售价格；（3）后续加工非应税产品销售价格，减去后续加工环节的成本利润后的价格；（4）组成计税价格：组成计税价格＝成本 ×（1＋成本利润率）÷（1－资源税税率） |

续表

| | 基本规定 | 外购应税产品与自采应税产品混合销售或混合加工为应税产品销售的，准予扣减外购应税产品的购进金额或购进数量。当期不足扣减的，可结转下期扣减 | |
|---|---|---|---|
| **外购应税产品已纳税额的扣减** | 具体方法 | 外购原矿与自采原矿混合为原矿销售 | 直接扣减外购原矿的购进金额或购进数量 |
| | | 外购选矿产品与自产选矿产品混合为选矿产品销售 | 直接扣减外购选矿产品的购进金额或购进数量 |
| | | 外购原矿与自采原矿混合洗选加工为选矿产品销售 | 准予扣减的外购应税产品购进金额（数量）＝外购原矿购进金额（数量）×（本地区原矿适用税率÷本地区选矿产品适用税率） |

## 三、税收优惠及征收管理

| | | |
|---|---|---|
| **免征** | | （1）开采原油及在油田范围内运输原油过程中用于加热的原油、天然气；（2）煤炭开采企业因安全生产需要抽采的煤成（层）气 |
| **减征** | 减征 20% | 从低丰度油气田开采的原油、天然气。 |
| | 减征 30% | （1）高含硫天然气、三次采油和从深水油气田开采的原油、天然气；（2）从衰竭期矿山开采的矿产品 |
| | 减征 40% | 稠油、高凝油 |
| | 减征 50% | 自 2014 年 12 月 1 日至 2023 年 8 月 31 日，对充填开采置换出来的煤炭 |
| | 其他 | 自 2022 年 1 月 1 日至 2024 年 12 月 31 日，由省、自治区、直辖市人民政府根据本地区实际情况，对增值税小规模纳税人、小型微利企业和个体工商户可以在 50% 的税额幅度内减征资源税 |
| **征收管理** | 纳税义务发生时间 | （1）纳税人销售应税产品，为收讫销售款或取得索取销售款凭据的当日；（2）自用应税产品的，为移送应税产品的当日 |
| | 纳税期限 | （1）按月或按季申报缴纳的：月度、季度终了之日起 15 日内；（2）按次申报缴纳的：纳税义务发生之日起 15 日内 |
| | 纳税地点 | （1）纳税人应当在矿产品的开采地或海盐的生产地缴纳资源税；（2）资源税由税务机关征收管理，海上开采的原油和天然气资源税由海洋石油税务管理机构征收管理 |

# 第八节 环境保护税法律制度

## 一、纳税人及征税范围

| 纳税人 | | 在境内**直接向环境排放**应税污染物的**企业事业单位和其他生产经营者**【2020 年判断题】 |
|---|---|---|
| **征收范围** | 属于 | 直接向环境排放的：(1)**大气污染物**；(2)**水污染物**；(3)**固体废物**；(4)**噪声** |
| | **不属于** | (1) 向依法设立的污水集中处理、生活垃圾集中处理场所排放应税污染物的；<br>(2) 在符合国家和地方环境保护标准的设施、场所储存或处置固体废物的 |

## 二、应纳税额的计算

| 应税污染物 | 计税依据 | 计税单位 | 应纳税额 |
|---|---|---|---|
| 应税大气及水污染物 | **污染当量数** | 每污染当量 | 应纳税额 = 污染当量数 × 具体适用税额 |
| 应税固体废物 | **排放量** | 每吨 | 应纳税额 = 固体废物排放量 × 具体适用税额 |
| 应税噪声 | 超过国家规定标准的分贝数 | **超标分贝** | 应纳税额 = 超过国家规定标准的分贝数 × 对应的具体适用税额 |

## 三、税收优惠及征收管理

| 税收优惠 | 暂免征收 | (1) **农业生产**（不包括规模化养殖）排放应税污染物；(2) **机动车、铁路机车、非道路移动机械、船舶和航空器**等**流动污染源**排放应税污染物；(3) 依法设立的**城乡污水集中处理、生活垃圾集中处理场所**排放相应应税污染物，不超过国家和地方规定的排放标准；(4) 纳税人**综合利用的固体废物**符合国家和地方环境保护标准的【2022 年多选题】 |
|---|---|---|
| | 减按 75% | 纳税人排放应税大气污染物或水污染物的浓度值低于国家和地方规定的污染物排放标准 **30% 的** |
| | 减按 50% | 纳税人排放应税大气污染物或水污染物的浓度值低于国家和地方规定的污染物排放标准 **50% 的** |
| **征收管理** | 纳税义务发生时间 | 排放应税污染物的**当日** |
| | 纳税期限 | 按月计算，按季申报缴纳。不能按固定期限计算缴纳的，可以按次申报缴纳 |
| | 纳税申报 | 应当自季度终了（按次纳税的，自纳税义务发生）之日起 **15 日内**申报缴纳 |
| | 纳税地点 | **应税污染物排放地** |

# 第九节 烟叶税与船舶吨税法律制度

| | | |
|---|---|---|
| **烟叶税** | 征税对象 | 晾晒烟叶、烤烟叶 |
| | 纳税人 | 在中华人民共和国境内收购烟叶的单位 |
| | 计税依据 | 收购烟叶实际支付的价款总额 = 收购价款 + 价外补贴（收购价款 ×10%） |
| | 适用税率 | 比例税率为 20% |
| | 应纳税额 | 应纳税额 = 价款总额 × 税率 = 收购价款 ×（1+10%）× 20%【2020 年单选题】 |
| | 征收管理 | （1）纳税义务发生时间为纳税人收购烟叶的当日；<br>（2）纳税人向烟叶收购地的主管税务机关申报纳税 |
| **船舶吨税** | 征税范围 | 自中国境外港口进入境内港口的船舶 |
| | 纳税人 | 应税船舶负责人 |
| | 纳税义务发生时间 | 应税船舶进入境内港口的当日 |
| | 应纳税额的计算 | 税率：从量计征，采用定额税率（元/净吨），税率分为普通税率和优惠税率。适用优惠税率的船舶包括：（1）我国国籍的应税船舶；（2）船籍国（地区）与我国签订互惠待遇条约或协定的应税船舶 |
| | | 计税依据：船舶"净吨位" |
| | | 计算公式：（1）一般船舶应纳税额 = 净吨位 × 适用税率；【2022 年单选题】<br>（2）拖船和非机动驳船应纳税额 = 净吨位 × 适用税率 ×50% |
| | 免税船舶 | （1）捕捞、养殖渔船；（2）军队、武装警察部队专用或征用的船舶，警用船舶；（3）依法免税的外国驻华使领馆、国际组织驻华代表机构及其有关人员的船舶；（4）应纳税额在人民币 50 元以下的船舶；（5）自境外以购买、受赠、继承等方式取得船舶所有权的初次进口到港的空载船舶；（6）吨税执照期满后 24 小时内不上下客货的船舶；（7）非机动船舶（不包括非机动驳船）；（8）避难、防疫隔离、修理、终止运营或拆解，并不上下客货的船舶 |
| | 征收管理 | 纳税义务发生时间：应税船舶进入境内港口的当日，由海关负责征收 |
| | | 纳税期限：应当自海关填发吨税缴款凭证之日起 15 日内缴清税款。未按期缴清税款的，自滞纳税款之日起至缴清税款之日止，按日加收滞纳税款万分之五的税款滞纳金 |

# 第十节 印花税法律制度

## 一、纳税义务人

### 1. 纳税人

（1）在我国境内**书立应税凭证、进行证券交易**的单位和个人，为印花税的纳税人。

（2）**在境外书立但在境内使用**的应税凭证的单位和个人，**应当缴纳印花税。**

### 2. 特殊情形【2018 年单选题、2022 年多选题】

（1）**书立应税凭证**的纳税人，为对应税凭证有**直接权利义务关系的单位和个人。**

（2）采用**委托贷款**方式书立的借款合同纳税人，为受托人和借款人，**不包括委托人。**

（3）按买卖合同或产权转移书据税目缴纳印花税的拍卖成交确认书的纳税人，为拍卖标的的产权人和买受人，**不包括拍卖人。**

（4）境外单位或个人为纳税人，在境内有代理人的，以其境内代理人为扣缴义务人。

（5）在境内没有代理人的，由纳税人自行申报缴纳印花税。

（6）证券交易印花税**仅对交易的出让方征收**，证券登记结算机构为证券交易印花税的扣缴义务人。

【上岸熊提示：同一应税凭证由两方以上当事人书立的，双方或多方均要征收印花税，但证券交易印花税是单边征收】

## 二、征税范围和税目

### 1. 征税范围分类

共 14 个明细税目，列入税目的征税，未列入税目的不征税。

| 应税凭证分类 | 内容 |
| --- | --- |
| 合同类 | 买卖、借款、融资租赁、租赁、承揽、工程、运输、技术、保管、仓储、财产保险合同 |
| 产权转移书据 | 土地使用权出让和转让书据；房屋等建筑物、构筑物所有权、股权（不包括上市和挂牌公司股票）、商标专用权、著作权、专利权、专有技术使用权转让书据 |
| 营业账簿 | 资金账簿 |
| 证券交易 | 在证券交易所上市交易或在其他证券交易场所转让公司股票和以股票为基础发行的存托凭证 |

### 2. 特别提示【多次考查多选题】

（1）对发电厂与电网之间、电网与电网之间签订的购售电合同按买卖合同征收印花税，电网与用户之间签订的供用电合同**不征收印花税**。

（2）企业之间书立的确定买卖关系、明确买卖双方权利义务的订单、要货单等单据，**且未另外书立买卖合同的，应当按规定缴纳印花税**。

（3）**专利申请转让、非专利技术转让所书立的合同属于"技术合同"；专利权转让、专利实施许可书立的合同属于"产权转移书据"。**

（4）一般的**法律、会计、审计等方面的咨询不属于技术咨询，其所立合同不贴印花。**

（5）应税合同未列明金额时，印花税的计税依据按照**实际结算的金额确定**；计税依据按照上述规定仍不能确定的，**按照书立合同时的市场价格确定**；依法应当执行政府定价或政府指导价的，按照国家规定确定。

（6）同一应税凭证记载有两个以上税目事项并分别列明金额的，按照各自适用的税目税率分别计算应纳税额；未分别列明金额的，**从高适用税率**。

（7）产权转移书据征税范围："转移"书据包括买卖（出售）、继承、赠与、互换、分割所签订的书据。

（8）营业账簿征税范围：**仅包括记载资金（即反映"实收资本"和"资本公积"金额增减变化的账簿）的营业账簿。【上岸熊提示：其他营业账簿不征收印花税】**

# 三、计税依据及应纳税额的计算

## 1. 计税依据的确定

（1）合同及产权转移书据类。

①"价"和"税"的处理。应税合同及产权转移书据的计税依据，**均不包括单独列明的增值税税款。【上岸熊提示：如果合同、产权转移书据的价款和增值税"未分别列明"的，按价税合计金额计税贴花】**

②各类合同计税依据的具体规定如下。

a. **借款合同**：借款金额。不包括利息。

b. **买卖合同、建设工程合同**：买卖价款、合同价款。

c. **承揽合同**：报酬。

d. **运输合同**：运费。

e. **技术合同**：价款、报酬或使用费。不包括专利权、专有技术使用权转让书据。

f. **租赁合同、融资租赁合同**：租金。不包括租赁财产价值。

g. **保管合同**：保管费。

h. **仓储合同**：仓储费。

i. **财产保险合同**：保费。不包括被保险物价值、赔偿款。

（2）营业账簿。**实收资本、资本公积没有变动时，不再缴纳印花税**；以后年度实收资本（股本）、资本公积合计金额增加的，**按照增加部分纳税。**

## 2. 计算公式

应纳税额 = 计税依据 × 税率

## 3. 税率

税率分为五档，无须记忆，考试会给出。

# 四、税收优惠

| | |
|---|---|
| 法定凭证免税 | （1）应税凭证的副本或抄本；（2）依照法律规定应当予以免税的外国驻华使馆、领事馆和国际组织驻华代表机构为获得馆舍书立的应税凭证；（3）中国人民解放军、中国人民武装警察部队书立的应税凭证；（4）农民、家庭农场、农民专业合作社、农村集体经济组织、村民委员会购买农业生产资料或销售农产品书立的买卖合同和农业保险合同；（5）无息或贴息借款合同、国际金融组织向中国提供优惠贷款书立的借款合同；（6）财产所有权人将财产赠与政府、学校、社会福利机构、慈善组织书立的产权转移书据；（7）非营利性医疗卫生机构采购药品或卫生材料书立的买卖合同；（8）个人与电子商务经营者订立的电子订单 |
| 特定情形免税 | （1）对铁路、公路、航运、水路承运快件行李、包裹开具的托运单据，暂免贴花；（2）各类发行单位之间，以及发行单位与订阅单位或个人之间书立的征订凭证，免税；（3）军事物资运输，凡附有军事运输命令或使用专用的军事物资运费结算凭证，免税；（4）凡附有县级以上（含）人民政府抢险救灾物资运输证明文件的运费结算凭证，免税；（5）对个人出租、承租住房签订的租赁合同，免税；（6）对个人销售或购买住房暂免征收印花税；（7）在融资性售后回租业务中，对承租人、出租人因出售租赁资产及购回租赁资产所签订的合同，不征收印花税；（8）对金融机构与小型企业、微型企业签订的借款合同免征印花税；（9）自2022年1月1日至2024年12月31日，由省、自治区、直辖市人民政府根据本地区实际情况，对增值税小规模纳税人、小型微利企业和个体工商户可以在50%的税额幅度内减征印花税 |

# 五、征收管理

## 1. 计税依据的确定

| 应税项目 | 纳税义务发生时间 | 纳税期限 |
|---|---|---|
| 合同、产权转移书据、资金账簿 | 书立应税凭证的当日 | （1）按季、按年或按次计征；（2）实行按季、按年计征的，自季度、年度终了之日起15日内申报纳税；（3）实行按次计征的，自纳税义务发生之日起15日内申报纳税 |
| 证券交易 | 完成证券交易的当日 | 按周解缴，扣缴义务人应当自每周终了之日起5日内申报解缴税款及银行结算的利息 |

## 2. 纳税地点

（1）单位纳税人：机构所在地。

（2）个人纳税人：应税凭证书立地或居住地。

（3）纳税人出让或转让不动产产权的：不动产所在地。

（4）证券交易印花税的扣缴义务人：机构所在地。

## 3. 缴纳方式

（1）印花税可以采用粘贴印花税票或由税务机关依法开具其他完税凭证的方式缴纳。

（2）自行贴花的，粘贴后应在每枚税票的骑缝处盖戳注销或画销。

（3）印花税票由国务院税务主管部门监制。

# 第七章 税收征管法律制度

## 第一节 税收征收管理法概述

| 概念 | | | 税收征收管理法是指调整税收征收与管理过程中所发生的社会关系的法律规范的总称 |
|---|---|---|---|
| 适用范围 | | | （1）凡依法由税务机关征收的各种税收的征收管理，均适用《中华人民共和国税收征收管理法》；（2）由海关负责征收的关税和船舶吨税及海关代征的进口环节的增值税、消费税，依照法律、行政法规的有关规定执行 |
| 适用对象 | 税收征收管理主体 | | （1）国家税务主管部门主管全国税收征收管理工作；（2）税务机关指各级税务局及分局、税务所和省级以下税务局的稽查局 |
| | 税收征收管理相对人 | | （1）纳税人；（2）扣缴义务人 |
| | 相关单位和部门 | | （1）地方各级人民政府；（2）各有关部门和单位 |
| 征纳双方的权利和义务 | 征税主体 | 权利 | 税收立法权、税务管理权、税款征收权、税务检查权、税务行政处罚权等【2020年单选题】【上岸熊提示：是征税主体享有的最基本、最主要的职权】 |
| | | 义务 | （1）宣传税收法律等，无偿提供纳税咨询服务；（2）保守秘密；【上岸熊提示：纳税人、扣缴义务人的税收违法行为不属于保密范围】（3）提高人员政治业务素质；（4）秉公执法，依法接受监督；（5）不得索贿受贿，徇私舞弊、玩忽职守、不征或少征应征税款，不得滥用职权多征税款或故意刁难纳税人和扣缴义务人；（6）遵守回避原则；（7）建立、健全内部制约和监督管理制度 |
| | 纳税主体 | 权利 | （1）知情权；（2）要求保密权；（3）依法享受税收优惠权；（4）陈述权、申辩权；（5）对未出示税务检查证和税务检查通知书的拒绝检查权；（6）税收法律救济权；（7）税收监督权等 |
| | | 义务 | （1）按期办理税务登记，及时核定应纳税种、税目；（2）依法设置账簿、保管账簿和有关资料及依法开具、使用、取得和保管发票的义务；（3）按照规定安装、使用税控装置的义务；（4）接受税务检查的义务；（5）代扣、代收税款的义务；（6）及时提供信息的义务；（7）报告其他涉税信息的义务等 |

# 第二节 税务管理

## 一、税务管理

**税务管理**是税收征收管理的重要内容，**是税款征收的前提和基础**。税务管理主要包括税务登记管理账簿和凭证管理、发票管理和纳税申报管理等。

## 二、税务登记管理

| | | | |
|---|---|---|---|
| 税务登记申请人 | （1）企业，企业在外地设立的分支机构；（2）从事生产、经营的场所，个体工商户；（3）从事生产、经营的事业单位**【上岸熊提示：国家机关、个人和无固定生产、经营场所的流动性农村小商贩无须办理税务登记】【2018 年单选题】** | | |
| 税务登记主管机关 | 县以上（含本级）税务局（分局） | | |
| 设立(开业)税务登记 | 地点 | （1）从事生产、经营的纳税人，向生产、经营所在地税务机关办理税务登记；（2）非从事生产、经营但依照规定负有纳税义务的其他纳税人，向纳税义务发生地税务机关办理税务登记；（3）**存有争议的，由其共同的上级税务机关指定管辖** | |
| | 申报时限 | 领取工商营业执照的 | 领取工商营业执照之日起 **30 日内** |
| | | 未办理工商营业执照但经有关部门批准设立的 | 有关部门批准设立之日起 30 日内 |
| | | 未办理工商营业执照也未经有关部门批准设立的 | 自纳税义务发生之日起 30 日内 |
| | | 符合条件的承包承租人 | 自承包承租合同签订之日起 30 日内 |
| | | 境外企业在中国境内承包建筑、安装、装配、勘探工程和提供劳务的 | 自项目合同或协议签订之日起 30 日内 |
| | | 其他应办理税收登记的纳税人 | 自纳税义务发生之日起 30 日内 |
| | "多证合一" | （1）**"五证合一"**："五证"是指工商营业执照、组织机构代码证、税务登记证、社会保险登记证、统计登记证；（2）**"多证合一、一照一码"**：在"五证合一"基础上，进一步整合，实现营业执照（"一照"）成为企业唯一的"身份证"，使统一社会信用代码（"一码"）成为企业唯一的身份代码 | |

续表

| | | | | |
|---|---|---|---|---|
| **变更税务登记** | （1）已在市场监管部门办理变更登记的，应在变更登记之日起 **30 日内**，办理变更税务登记；（2）不需要在市场监管部门办理变更登记，或者变更登记的内容与工商登记内容无关的，应自税务登记内容实际发生变化之日起 **30 日内**，或者自有关部门批准或宣布变更之日**起 30 日内**，办理变更税务登记 | | | |
| **停业、复业登记** | 实行定期定额征收方式的个体工商户需要停业的，应当在停业前向税务机关申报办理停业登记。恢复生产经营之前，还应申报办理复业登记。**（1）停业的期限不得超过 1 年**；（2）办理停业登记时，应结清应纳税款、滞纳金和罚款【2020 年判断题】 | | | |
| **注销税务登记** | 注销时限 | 纳税人发生解散、破产、撤销及其他情形，依法终止纳税义务的 | 向市场监管部门或其他机关办理注销登记之前 | |
| | | 按规定不需要在市场监管部门或其他机关办理注册登记的 | 自有关机关批准或宣告终止之日**起 15 日**内 | |
| | | 纳税人被市场监管部门吊销营业执照或被其他机关予以撤销登记的 | 自营业执照被吊销或被撤销登记之日起 15 日内 | |
| | | 境外企业在中国境内承包建筑、安装、装配、勘探工程和提供劳务的 | 项目完工、离开中国前 15 日内 | |
| | | 纳税人因住所、经营地点变动，涉及改变税务登记机关的 | 向市场监管部门或其他机关申请变更、注销登记前，或者住所、经营地点变动之前办理注销登记；并自注销登记之日**起 30 日内**向迁达地税务机关申报办理税务登记 | |
| | 清税证明的出具 | **清税证明免办【2020 年单选题】** | 符合市场监管部门简易注销条件的纳税人，未办理过涉税事宜或办理过涉税事宜但未领用发票、无欠税（滞纳金）及罚款的，可免予到税务机关办理清税证明，直接向市场监管部门申请办理注销登记 | |
| | | **清税证明即办** | 采用普通流程申请注销的，税务机关进行注销预检。纳税人：（1）未办理过涉税事宜且主动办理清税的，即时出具清税文书。（2）办理过涉税事宜但未领用发票、无欠税（滞纳金）及罚款的纳税人，主动办理清税，资料齐全的，即时出具清税文书；资料不齐的，可采取"承诺制"容缺办理，在其作出承诺后，即时出具清税文书 | |
| | | 经法院裁定宣告破产的纳税人 | 持破产程序裁定书申请税务注销的，即时出具清税文书 | |

续表

| 临时税务登记 | 从事生产、经营的个人应办而未办营业执照但发生纳税义务的，可以按规定申请办理临时税务登记 |
|---|---|
| 非正常户的认定与解除 | （1）已办理税务登记的纳税人**未按照规定的期限进行纳税申报**，税务机关依法责令其限期改正。纳税人逾期不改正的，税务机关可以收缴其发票或停止向其发售发票。（2）纳税人负有纳税申报义务，**但连续 3 个月所有税种均未进行纳税申报的**，税收征管系统自动将其认定为非正常户，并停止其发票领购簿和发票的使用。（3）**对欠税的非正常户**，税务机关依照《中华人民共和国税收征收管理法》的规定追征税款及滞纳金。（4）**已认定为非正常户的纳税人**，就其逾期未申报行为接受处罚、缴纳罚款，并补办纳税申报的，税收征管系统自动解除非正常状态，**无须纳税人专门申请解除** |
| 扣缴税款登记 | （1）已办理税务登记的扣缴义务人应当自扣缴义务发生之日起 **30 日内**，向税务登记地税务机关申报办理扣缴税款登记；（2）根据法律、行政法规的规定可不办理税务登记的扣缴义务人，应当自扣缴义务发生之日起 **30 日内**，向机构所在地税务机关申报办理扣缴税款登记 |

## 三、账簿和凭证管理【2020 年多选题】

（1）纳税人应当自领取营业执照或发生纳税义务之日起 **15 日内**，按照国家有关规定设置账簿。

（2）扣缴义务人应当自扣缴义务发生之日起 **10 日内**，按照所代扣、代收的税种，分别设置代扣代缴、代收代缴税款账簿。

（3）记账凭证、账簿、报表、发票、出口凭证、纳税申报表及其他涉税资料**应当保存 10 年**，法律、行政法规另有规定的除外。

## 四、发票管理

| 发票管理机关 | | （1）增值税专用发票由国家税务总局确定的企业印制；（2）其他发票，按照国家税务总局的规定，分别由省、自治区、直辖市税务机关确定的企业印制 |
|---|---|---|
| 发票种类 | **增值税专用发票** | 增值税专用发票、增值税电子专用发票、机动车销售统一发票 |
| | **增值税普通发票** | 增值税普通发票（折叠票）、增值税电子普通发票、增值税普通发票（卷票） |
| | 其他发票 | 特定范围内使用：农产品收购发票、农产品销售发票、门票、过路（过桥）费发票、定额发票、客运发票、通用机打发票、机动车销售统一发票、二手车销售统一发票等 |
| 发票联次【2021 年多选题】 | 存根联 | **由收款方或开票方留存备查** |
| | 发票联 | **由付款方或受票方作为付款原始凭证** |
| | 记账联 | **由收款方或开票方作为记账原始凭证** |

续表

| 发票的领用 | 一般领用 | 依法办理税务登记的单位和个人，办理完落户手续后，可以申请领购 |
| --- | --- | --- |
| | 临时领用 | 临时使用发票的单位和个人，可凭经营活动的书面证明、经办人身份证明，直接向经营地税务机关申请代开发票 |
| | 异地领用 | 临时到本省、自治区、直辖市以外从事经营活动的纳税人，应凭所在地税务机关的证明，向经营地税务机关领购经营地发票（需要按当地税务机关的要求提供保证人或缴纳不超过1万元的保证金） |
| 发票的开具 | | （1）销售商品、提供服务及从事其他经营活动的单位和个人，对外发生经营业务收取款项，收款方应当向付款方开具发票；特殊情况下（收购单位和扣缴义务人支付个人款项时），由付款方向收款方开具发票。（2）开具发票应当按照规定的时限、顺序、栏目，全部联次一次性如实开具，并加盖发票专用章。（3）任何单位和个人不得有下列虚开发票行为：①为他人、为自己开具与实际经营业务情况不符的发票；②让他人为自己开具与实际经营业务情况不符的发票；③介绍他人开具与实际经营业务情况不符的发票 |
| 发票的使用 | | 应当按规定使用发票，不得有下列行为：（1）转借、转让、介绍他人转让发票、发票监制章和发票防伪专用品；（2）知道或应当知道是私自印制、伪造、变造、非法取得或废止的发票而受让、开具、存放、携带、邮寄、运输；（3）拆本使用发票；（4）扩大发票使用范围；（5）以其他凭证代替发票使用 |
| 发票的保管 | | 已经开具的发票存根联和发票登记簿，应当保存5年。保存期满，报经税务机关查验后销毁（不得擅自损毁）【2018年判断题】 |
| 发票的检查 | | 税务机关有权进行下列检查：（1）检查印制、领购、开具、取得、保管和缴销发票的情况；（2）调出发票查验；（3）查阅、复制与发票有关的凭证、资料；（4）向当事各方询问与发票有关的问题和情况；（5）在查处发票案件时，对与案件有关的情况和资料，可以记录、录音、录像、照相和复制 |
| 网络发票 | 定义 | 网络发票是指通过税务机关公布的网络发票管理系统开具的发票 |
| | 要求 | （1）税务机关应根据开具发票的单位和个人的经营情况，核定其在线开具网络发票的种类、行业类别、开票限额等内容；（2）开具发票的单位和个人需要变更网络发票核定内容的，可向税务机关提出书面申请，经税务机关确认，予以变更 |

# 五、纳税申报管理

| 纳税申报的内容 | （1）项目：税种、税目；应纳税项目或应代扣代缴、代收代缴税款。（2）税额的计算：计税依据；扣除项目及标准；适用税率或单位税额；应退税项目及税额、应减免税项目及税额；应纳税额或应代扣代缴、代收代缴税额。（3）征收管理：税款所属期限、延期缴纳税款、欠税、滞纳金、预缴税款、抵交税款、应补（退）税额等 |
| --- | --- |

| 申报方式 | 自行申报 | 自行直接到办税服务场所办理 |
|---|---|---|
| | 邮寄申报 | 使用统一的纳税申报专用信封，以寄出的邮戳日期为实际申报日期 |
| | 数据电文申报 | 通过税务机关确定的电话语音、电子数据交换等方式，以计算机网络系统收到该数据电文的时间为实际申报日期 |
| | 其他方式 | 实行定期定额缴纳税款的纳税人，可以实行简易申报、简并征期等方式申报纳税【上岸熊提示：仅限于实行定期定额缴纳税款的纳税人，其他纳税人不适用】【2022年判断题】 |
| 纳税申报的要求 | | （1）纳税人办理纳税申报时，应当如实填写纳税申报表，并根据不同的情况相应报送有关证件、资料。（2）纳税人在纳税期内没有应纳税款的，也应当按照规定办理纳税申报。纳税人享受减税、免税待遇的，在减税、免税期间应当按照规定办理纳税申报。【上岸熊提示：不管怎样都要报税】（3）在人民法院裁定受理破产申请之日至企业注销之日期间，企业应当接受税务机关的税务管理，履行税法规定的相关义务。破产程序中如发生应纳税情形，应按规定申报纳税 |
| 延期申报 | | （1）纳税申报确有困难，需要延期的，应当在规定的期限内向税务机关提出书面延期申请，经税务机关核准，在核准的期限内办理。（2）因不可抗力，不能按期办理纳税申报的，可以延期办理；但是，应当在不可抗力情形消除后立即向税务机关报告。（3）经核准延期办理纳税申报、报送事项的，应当在纳税期内按照上期实际缴纳的税额或税务机关核定的税额预缴税款，并在核准的延期内办理税款结算【2018年多选题】 |

# 第三节 税款征收

| 税款征收法定 | | 主体法定（税务机关是征税的法定主体）、依据法定、权限和征收程序法定 |
|---|---|---|
| 税款征收方式【2019年单选题】 | 查账征收 | 有账且健全：财务会计制度健全，能够如实核算和提供生产经营情况，并能够正确计算应纳税款和如实履行纳税义务的纳税人 |
| | 查定征收 | 有账但不全的小型固定企业：生产经营规模较小、产品零星、税源分散、会计账册不健全，但能控制原材料或进销货的小型厂矿和作坊 |
| | 查验征收 | 有账但不全的小型流动企业：纳税人财务制度不健全，生产经营不固定，零星分散、流动性大的税源 |
| | 定期定额征收 | 没账的个体户和个人独资企业：经主管税务机关认定和县以上税务机关批准的生产、经营规模小，达不到法律规定设置账簿标准，难以查账征收，不能准确计算计税依据的个体工商户和个人独资企业 |

续表

| 税款征收方式【2019年单选题】 | 扣缴征收 | 扣缴征收包括**代扣代缴和代收代缴**两种征收方式 | |
|---|---|---|---|
| | 委托征收 | **零星分散和异地缴纳：**税务机关以委托形式将税款委托给代征单位或个人以税务机关名义代为征收 | |
| 应纳税额的核定 | 核定情形 | 纳税人有下列情形之一的，税务机关有权核定其应纳税额：（1）依照法律、行政法规的规定**可以不设置账簿的**；（2）依照法律、行政法规的规定**应当设置但未设置账簿的**；（3）**擅自销毁账簿或拒不提供纳税资料的**；（4）虽设置账簿，但账目混乱或成本资料、收入凭证、费用凭证残缺不全，**难以查账的**；（5）发生纳税义务，未按照规定的期限办理纳税申报，经税务机关责令限期申报，**逾期仍不申报的**；（6）纳税人申报的**计税依据明显偏低**，又无正当理由的 | |
| | 核定方法 | （1）参照**当地同类行业**或类似行业中经营规模和收入水平相近纳税人的税负水平核定；（2）按照**营业收入或成本加合理费用和利润的方法**核定；（3）按照**耗用的原材料、燃料、动力等推算或测算**核定；（4）其他合理的方法 | |
| 应纳税额的调整 | 调整的情形 | 纳税人**与其关联企业之间的业务往来**有下列情形之一的，税务机关可以调整其应纳税额：（1）购销业务未按照独立企业之间的业务往来作价；（2）融通资金所支付或收取的利息超过或低于没有关联关系的企业之间所能同意的数额，或者利率超过或低于同类业务的正常利率；（3）提供劳务，未按照独立企业之间业务往来收取或支付劳务费用；（4）转让财产、提供财产使用权等业务往来，未按照独立企业之间业务往来作价或收取、支付费用；（5）未按照独立企业之间业务往来作价的其他情形【2021年多选题】 | |
| | 调整的方法 | （1）按照独立企业之间进行的相同或类似业务活动的价格；（2）按照再销售给无关联关系的第三者的价格所应取得的收入和利润水平；（3）按照成本加合理的费用和利润；（4）按照其他合理的方法 | |
| | 调整的期限 | **一般为3年；特殊情况为10年**【2020年判断题】 | |
| 应纳税款的缴纳 | 当期缴纳 | 应纳税款的当期缴纳是指纳税人、扣缴义务人按照法律、行政法规规定或税务机关依照法律、行政法规的规定确定的期限，缴纳或解缴税款 | |
| | 延期缴纳 | 纳税人因有特殊困难，不能按期缴纳税款的，经省、自治区、直辖市税务局批准，可以延期缴纳税款，**但是最长不得超过3个月** | |
| 税款征收保障措施 | 责令缴纳 | 情形 | （1）纳税人未按照规定期限缴纳税款的；（2）扣缴义务人未按照规定期限解缴税款的；（3）纳税担保人未按照规定的期限缴纳所担保的税款的；（4）未办理税务登记及临时从事经营的纳税人，税务机关核定应纳税额；（5）税务机关有根据认为纳税人有逃避缴纳税款义务的行为 |

| | | | |
|---|---|---|---|
| **税款征收保障措施** | 责令缴纳 | 滞纳金 | 未按期缴纳税款的，除责令限期缴纳，还加收滞纳金。<br>**滞纳金＝应纳税款 × 滞纳天数 × 0.5‰**<br>滞纳天数：自纳税期限届满之次日起至实际缴纳税款之日止【上岸熊提示："算尾不算头"】【2018年单选题】 |
| | 责令提供纳税担保 | 方式 | **保证、抵押、质押** |
| | | 适用情形 | （1）税务机关有根据认为从事生产、经营的纳税人有逃避纳税义务行为，在规定的纳税期之前经责令其限期缴纳应纳税款，**在限期内发现纳税人有明显的转移、隐匿其应纳税的商品、货物，以及其他财产或应纳税收入的迹象**，责成纳税人提供纳税担保的；<br>（2）欠缴税款、滞纳金的纳税人或其法定代表人**需要出境的**；<br>（3）纳税人同税务机关在纳税上发生争议而未缴清税款，**需要申请行政复议的** |
| | | 范围 | 纳税担保的范围包括税款、滞纳金和实现税款、滞纳金的费用。其中，费用包括抵押、质押登记费用，质押保管费用，以及保管、拍卖、变卖担保财产等相关费用支出【上岸熊提示：纳税担保的范围不包括"罚款"或"实现罚款的费用"】 |
| | | 具体规定 | （1）纳税人未按照规定期限缴清税款、滞纳金时，应由保证人按照约定履行缴纳税款及滞纳金；（2）保证期间为应缴纳税款期限届满之日起 60 日；（3）保证人未按照约定履行保证责任缴纳税款及滞纳金的，税务机关应责令其限期在 15 日内缴纳，逾期仍未缴纳的，**经县以上税务局（分局）局长批准，**对保证人采取强制执行措施 |
| | 税收保全措施及强制执行措施 | 税收保全【2020年单选题】 | **情形** 税务机关认为有逃避纳税义务行为的纳税人具有税法规定的情形，**责令其提供纳税担保而纳税人不能提供纳税担保的** |
| | | | **前提条件** （1）税务机关有根据认为从事生产、经营的纳税人有逃避纳税义务的行为；（2）纳税人逃避纳税义务的行为发生在规定的纳税期之前，以及在责令限期缴纳应纳税款的限期内；（3）税务机关责成纳税人提供纳税担保后，纳税人不能提供纳税担保的；（4）**经县以上税务局（分局）局长批准** |

续表

| 税款征收保障措施 | 税收保全措施及强制执行措施 | 税收保全<br>【2020年<br>单选题】 | 具体措施 | （1）书面通知纳税人开户银行或其他金融机构冻结纳税人的金额相当于应纳税款的存款。（2）扣押、查封纳税人的价值相当于应纳税款的商品、货物或其他财产。其他财产包括纳税人的房地产、现金、有价证券等不动产和动产 |
|---|---|---|---|---|
| | | | 期限 | **一般不超过6个月，**重大案件需要延长的，**应当报国家税务总局批准** |
| | | | 解除 | （1）纳税人在规定期限内缴纳了应纳税款的，税务机关必须立即解除税收保全措施；（2）纳税人在规定的限期期满仍未缴纳税款的，**经县以上税务局（分局）局长批准，**终止保全措施，转入强制执行措施 |
| | | 税收强制执行<br>【2018年<br>多选题】 | 情形 | 纳税人、扣缴义务人未按照规定的期限缴纳或解缴税款，纳税担保人未按照规定的期限缴纳所担保的税款，由税务机关责令限期缴纳，逾期仍未缴纳的 |
| | | | 对象 | （1）未按照规定的期限缴纳或解缴税款，经税务机关责令限期缴纳，**逾期仍未缴纳税款的从事生产、经营的纳税人、扣缴义务人；**（2）未按照规定的期限缴纳所担保的税款，经税务机关责令限期缴纳，**逾期仍未缴纳税款的纳税担保人** |
| | | | 措施 | （1）**强制扣款，**即书面通知其开户银行或其他金融机构从其存款中扣缴税款；（2）**拍卖变卖，**即扣押、查封、依法拍卖或变卖其价值相当于应纳税款的商品、货物或其他财产，以拍卖或变卖所得抵缴税款；（3）拍卖或变卖所得抵缴税款、滞纳金、罚款以及拍卖、变卖等费用后，剩余部分应当**在3日内退还被执行人**【上岸熊提示：不适用税收保全和强制执行的财产：（1）个人及其所扶养家属维持生活必需的住房和用品，不在强制执行措施的范围之内；（2）税务机关对单价5000元以下的其他生活用品；（3）生活必需用品不包括机动车辆、金银饰品、古玩字画、豪华住宅或一处以外的住房者】 |
| | 欠税清缴措施 | 代位权和撤销权 | | 欠缴税款的纳税人因怠于行使到期债权，或者放弃到期债权，或者无偿转让财产，或者以明显不合理的低价转让财产而受让人知道该情形，对国家税收造成损害的，税务机关可以依法**行使代位权、撤销权** |

续表

| 税款征收保障措施 | 欠税清缴措施 | 欠税报告 | 有下列情形，应向税务机关报告。（1）在清算前，纳税人有解散、撤销、破产情形的。（2）纳税人有合并、分立情形的：①合并时未缴清税款的，由合并后的纳税人继续履行纳税义务；②分立时未缴清税款的，分立后的纳税人对履行的纳税义务应承担连带责任。（3）欠缴税款 5 万元以上的纳税人在处分其不动产或大额资产之前 |
|---|---|---|---|
| | | 欠税公告 | 对纳税人欠缴税款的情况实行定期公告 |
| | | 离境清缴 | 欠缴税款的纳税人或其法定代表人需要出境的，应当在出境前向税务机关结清应纳税款、滞纳金或提供纳税担保 |
| | 阻止出境 | | 欠缴税款的纳税人或其法定代表人在出境前未按规定结清应纳税款、滞纳金或提供纳税担保的，税务机关可以通知出境管理机关阻止其出境 |
| | 税收优先权 | | （1）税收优先于无担保债权；（2）纳税人发生欠税在前的，税收优先于抵押权、质权和留置权执行；（3）税收优先于（同时被处以的）罚款，没收违法所得 |
| 税款征收的其他规定 | 税收减免 | | （1）地方各级人民政府等违反法律、行政法规规定，擅自作出的减税、免税决定无效，税务机关不得执行，并向上级税务机关报告。（2）纳税人减税、免税期满，应当自期满次日起恢复纳税。（3）减税、免税条件发生变化的，应当在纳税申报时向税务机关报告；不再符合条件的，应当履行纳税义务；未依法纳税的，税务机关应当予以追缴 |
| | 税款的退还 | | 纳税人多缴税款的：（1）税务机关发现后应当自发现之日起 10 日内退还；（2）纳税人自结算缴纳税款之日起 3 年内发现的，可以要求退还多缴的税款并加算银行同期存款利息 |
| | 税款的补缴和追征 | 因税务机关责任，致使纳税人、扣缴义务人未缴或少缴税款的 | 在 3 年内补缴税款，但不得加收滞纳金 |
| | | 偷（逃）税、抗税、骗税 | 无限期追征，加收滞纳金 |
| | | 因纳税人、扣缴义务人计算等失误，未缴或少缴税款的 | 在 3 年内追征税款，加收滞纳金；特殊情况，延长到 5 年【上岸熊提示：特殊情况指涉及税款累计数额在 10 万元以上的】 |
| | 无欠税证明的开具 | | 纳税人因境外投标、企业上市等需要，确需开具无欠税证明的，可以向主管税务机关申请办理 |

# 第四节 税务检查和纳税信用管理

## 一、税务机关在税务检查中的职权和职责

| | |
|---|---|
| 税务检查的职权 | 查账权、场地检查权、责成提供资料权、询问权、交通邮政检查权（**不能开包检查物品**）、存款账户检查权【上岸熊提示：经县以上税务局（分局）局长批准可以查询从事生产经营的纳税人、扣缴义务人在银行或其他金融机构的存款账户；经设区的市、自治州以上税务局（分局）局长批准，可以查询案件涉嫌人员的储蓄存款】【2018 年单选题】 |
| 税务检查的措施与手段 | （1）税务机关调查税务违法案件时，对与案件有关的情况和资料，可以记录、录音、录像、照相和复制；（2）税务机关依法进行税务检查时，有权向有关单位和个人调查纳税人、扣缴义务人和其他当事人与纳税或代扣代缴、代收代缴税款有关的情况 |
| 税务检查应遵守的义务 | （1）税务机关派出的人员进行税务检查时，应当出示税务检查证和税务检查通知书，并有责任为被检查人**保守秘密**；（2）未出示税务检查证和税务检查通知书的，**被检查人有权拒绝检查** |

## 二、纳税信用管理

| | | |
|---|---|---|
| 纳税信用管理的主体 | 实施主体 | 纳税信用信息采集工作**由国家税务总局主管**，省以下税务机关负责所辖地区纳税信用管理工作的组织和实施 |
| | 实施对象 | 适用于已办理税务登记，从事生产、经营的独立核算企业纳税人（**查账征收或核定征收均适用**）。除此之外，还适用于以下企业纳税人：（1）从首次在税务机关办理涉税事宜之日起时间不满一个评价年度的新设立企业；（2）评价年度内无生产经营业务收入的企业；（3）非独立核算分支机构可自愿参与纳税信用评价 |
| 纳税信用信息采集 | 频率 | **按月采集** |
| | 内容 — 纳税人信用历史信息 | 基本信息；评价年度之前的纳税信用记录；相关部门评定的优良信用记录和不良信用记录 |
| | 内容 — 税务内部信息 | （1）**经常性指标信息：** 涉税申报信息、税（费）款缴纳信息、发票与税控器具信息、登记与账簿信息等纳税人在评价年度内经常产生的指标信息；（2）**非经常性指标信息：** 税务检查或稽查信息等纳税人在评价年度内不经常产生的指标信息 |
| | 内容 — 外部信息 | （1）**外部参考信息：** 评价年度相关部门评定的优良信用记录和不良信用记录；（2）**外部评价信息：** 从相关部门取得的影响纳税人纳税信用评价的指标信息 |

续表

| | | |
|---|---|---|
| **纳税信用评价** | 评价方式 | 年度评价指标得分 | （1）采取扣分方式；（2）近3个评价年度内存在非经常性指标信息的，从100分起评；（3）非经常性指标缺失的，从90分起评【上岸熊提示：**非经常性指标主要包括纳税评估税务审计、反避税调查信息和税务稽查指标等**】 |
| | | **直接判级方式** | **适用于有严重失信行为的纳税人** |
| | 评价周期 | | （1）纳税信用评价周期为一个纳税年度。（2）有下列情形之一的纳税人，**不参加本期的评价**：①纳入纳税信用管理时间不满一个评价年度的；②因涉嫌税收违法被立案查处尚未结案的；③被审计、财政部门依法查出税收违法行为，税务机关正在依法处理，尚未办结的；④已申请税务行政复议、提起行政诉讼尚未结案的 |
| | 纳税信用级别 | | **A级、B级、C级、D级、M级。** 其中，M级企业类型为：（1）评价年度未被直接判为D级的新设立企业；（2）评价年度内无生产经营业务收入且年度评价指标得分70分以上的企业 |
| | 评价结果应用 | | （1）税务机关对纳税人的纳税信用级别**实行动态调整；**（2）税务机关对不同信用级别的纳税人实施分类分级服务和管理 |
| **纳税信用修复** | | | 企业可在规定的期限内向主管税务机关申请纳税信用修复【上岸熊提示：**非正常户失信行为纳税信用修复一个纳税年度只能申请一次**】 |

## 三、税收违法行为检举管理

| | | |
|---|---|---|
| **检举管理原则** | | **依法依规、分级分类、属地管理、严格保密** |
| **检举管理** | 提出 | | 检举属自愿行为，**可以实名检举，也可以匿名检举** |
| | 受理 | 要求 | （1）举报中心对接收的检举事项，应当及时审查；（2）**举报中心自接收检举事项之日起即为受理** |
| | | 不予受理 | 有下列情形之一的，**不予受理：**（1）无法确定被检举对象，或者不能提供税收违法行为线索的；（2）检举事项已经或依法应当通过诉讼、仲裁、行政复议及其他法定途径解决的；（3）对已经查结的同一检举事项再次检举，没有新的有效线索的 |
| | 处理 | 要求 | 检举事项受理后，应当**分级分类处理** |
| | | 处理时限 | 举报中心应当在检举事项受理之日起**15个工作日内**完成分级分类处理，特殊情况除外。查处部门应当在收到转来的检举材料之日起**3个月内**办理完毕 |

# 四、重大税收违法失信主体信息公布

| | | |
|---|---|---|
| **失信主体的确定【2020年多选题】** | 偷逃税 | **100万元以上，**且任一年度不缴或少缴应纳税款占当年各税种应纳税总额**10%以上的** |
| | 欠税 | **100万元以上的** |
| | 抗税 | 无具体标准，直接公布 |
| | 骗税 | |
| | 虚开发票 | （1）虚开增值税专用发票或虚开用于骗取出口退税、抵扣税款的其他发票的；（2）**虚开普通发票100份或金额400万元以上的** |
| | 伪造、变造发票及周边 | 私自印制、伪造、变造发票，非法制造发票防伪专用品，伪造发票监制章的 |
| | 失联 | 有上述违法行为在稽查案件执行完毕前不履行税收义务，并脱离税收机关监管确认走逃的 |
| | 非法提供便利 | 为纳税人、扣缴义务人非法提供银行账户、发票、证明或其他方便，导致未缴、少**缴税款100万元以上或骗取国家出口退税款的** |
| | 税务代理违法 | 税务代理人违反税收法律、行政法规造成纳税人未缴或**少缴税款100万元以上的** |
| **失信主体公布程序** | 公布程序 | 对于税务机关依法作出《税务行政处罚决定书》的案件，或虽然未作出《税务行政处罚决定书》，但已作出《税务处理决定书》且被移送公安机关的当事人，经下列程序后，确定其为失信主体：（1）法定期限内未申请行政复议、未提起行政诉讼；（2）申请行政复议，行政复议机关作出行政复议决定后，在法定期限内未提起行政诉讼；（3）人民法院对税务行政处罚决定或复议决定作出生效判决、裁定后 |
| | 公布前告知 | （1）税务机关应向当事人送达告知文书，告知其依法享有陈述、申辩的权利；（2）**当事人在税务机关告知后5日内**，可以书面或口头提出陈述、申辩意见 |
| **公布信息内容和管理** | 公布内容 | 税务机关应当在失信主体确定文书送达后的**次月15日内**，向社会公布下列信息：（1）失信主体基本情况；（2）失信主体主要税收违法事实；（3）税务处理、行政处罚决定及法律依据；（4）确定失信主体的税务机关 |
| | 公布管理和期限 | （1）属于逃税欠税情形（包含逃税欠税后走逃失联的）的失信主体，公布前缴清税款、滞纳金和罚款，不予公布；（2）失信主体的纳税信用级别判为D级，适用相应的D级纳税人管理措施；（3）**信息公布满3年的，在5日内停止公布** |

续表

| 提前停止公布 | 可以提前停止公布 | 失信信息公布期间，符合下列条件之一的，失信主体，或者其破产管理人可以申请提前停止公布失信信息：（1）缴清税款、滞纳金、罚款，且公布已满 6 个月的；（2）失信主体破产，人民法院出具批准重整计划或认可和解协议的裁定书，税务机关依法受偿的；（3）在发生重大自然灾害、公共卫生、社会安全等突发事件期间，作出突出贡献的 |
|---|---|---|
| | 不予提前停止公布 | 有下列情形之一的，不予提前停止公布：（1）被确定为失信主体后，发生税后违法行为受到处理或行政处罚的；（2）5 年内被确定为失信主体 2 次以上的 |

# 第五节 税务行政复议

## 一、税务行政复议范围【多次考查单选题、多选题】

| 税务行政复议范围 | 对征税行为不服的 | 行政复议是行政诉讼必经的前置程序 | （1）确认纳税主体、征税对象、征税范围、减税、免税、退税、抵扣税款、适用税率、计税依据、纳税环节、纳税期限、纳税地点，以及税款征收方式等具体行政行为（不包括确认征税担保）；（2）征收税款、加收滞纳金；（3）扣缴义务人、受税务机关委托的单位和个人作出的代扣代缴、代收代缴、代征行为等（不包括代开发票） |
|---|---|---|---|
| | 对征税行为以外的其他行政行为不服的 | 可以选择行政复议或行政诉讼 | （1）行政许可、行政审批行为。（2）发票管理行为，包括发售、收缴、代开发票等。（3）税收保全措施、强制执行措施。（4）行政处罚行为：罚款；没收财物和违法所得；停止出口退税权。（5）税务机关不依法履行下列职责的行为：开具、出具完税凭证、外出经营活动税收管理证明；行政赔偿；行政奖励；其他不依法履行职责的行为。（6）资格认定行为。（7）不依法确认纳税担保行为。（8）政府公开信息工作中的行政行为。（9）纳税信用等级评定行为。（10）通知出入境管理机关阻止出境行为等其他具体行政行为 |

## 二、税务行政复议管辖【多次考查单选题、多选题】

| 规定 | 情形 | 复议管辖机关 |
|---|---|---|
| 一般规定 | 对各级税务局的具体行政行为不服 | 上一级税务局 |

续表

| 规定 | 情形 | 复议管辖机关 |
|---|---|---|
| 一般<br>规定 | 对税务所（分局）、各级税务局的稽查局的具体行政行为不服 | 所属税务局 |
| | 对计划单列市税务局的具体行政行为不服 | 国家税务总局 |
| | 对国家税务总局的具体行政行为不服 | |
| 特殊<br>规定 | 对两个以上税务机关以共同的名义作出的具体行政行为不服 | 共同上一级税务机关 |
| | 对税务机关与其他行政机关以共同的名义作出的具体行政行为不服 | 共同上一级税务机关 |
| | 对被撤销的税务机关在撤销以前所作出的具体行政行为不服 | 继续行使其职权的税务机关的<br>上一级税务机关 |
| | 对税务机关作出逾期不缴纳罚款加处罚款决定不服 | 作出行政处罚决定的税务机关 |
| | 对已处罚款和逾期不缴纳罚款加处罚款都不服 | 作出行政处罚决定的税务机关<br>的上一级税务机关 |

## 三、税务行政复议申请与受理

| 申请 | 一般申请期限 | 知道税务机关作出行政行为之日起60日内提出行政复议申请 |
|---|---|---|
| | 特殊申请期限 | （1）对"征税行为"不服：先行缴纳或解缴税款及滞纳金，或者提供相应的担保，自实际缴清税款和滞纳金后或所提供的担保得到作出行政行为的税务机关确认之日起60日内提出行政复议申请；（2）对"罚上加罚"不服：先缴纳罚款和加处罚款，再申请行政复议【2021年单选题】 |
| | 申请方式 | 可以书面申请，也可以口头申请 |
| | 申请撤回 | （1）申请人在行政复议决定作出前撤回行政复议申请的，经行政复议机构同意，可以撤回。（2）撤回申请的，不得再以同一事实和理由提出，但能够证明撤回申请违背其真实意思表示的除外 |
| 受理 | 受理期限 | （1）复议机关收到行政复议申请后，应当在5日内进行审查，决定是否受理；（2）对应当先向复议机关申请行政复议，对行政复议决定不服再向人民法院提起行政诉讼的行政行为，复议机关决定不予受理或受理以后超过行政复议期限不作答复的，申请人可以自收到不予受理决定书之日起或行政复议期满之日起15日内，依法向人民法院提起行政诉讼 |
| | 行政复议期间<br>具体行政行为<br>可以停止执行<br>的情形 | （1）被申请人认为需要停止执行的；（2）复议机关认为需要停止执行的；（3）申请人申请停止执行，复议机关认为其要求合理，决定停止执行的；（4）法律规定停止执行的 |

## 四、税务行政复议审查和决定

| | | |
|---|---|---|
| 审查 | 审查形式 | （1）书面审查。（2）对重大、复杂的案件，申请人提出要求或行政复议机构认为必要时，**可以采取听证的方式审理**。听证应当公开举行，但是涉及国家秘密、商业秘密或个人隐私的除外。行政复议听证人员**不得少于2人**，听证主持人由行政复议机构指定 |
| | 举证责任 | （1）行政复议的举证责任，**由被申请人（即为作出具体行政行为的税务机关）承担**；（2）被申请人不按照法律规定提出书面答复、提交当初作出具体行政行为的证据等，视为无证据 |
| | 人数 | 审理案件，**应由2名以上行政复议工作人员参加** |
| | 复议机关审查被申请人的具体行政行为时，认为其依据不合法时 | （1）本机关有权处理的，**应当在30日内依法处理**；（2）无权处理的，应当在7日内按照法定程序逐级转送有权处理的国家机关依法处理；（3）处理期间，中止对具体行政行为的审查 |
| 决定 | 决定时点 | 行政复议机关应当自受理申请之日**起60日内**作出行政复议决定；情况复杂不能按时作出的，经复议机关的负责人批准，可以适当延长，最多**不得超过30日** |
| | 决定类型 | （1）维持决定；（2）履行决定；（3）撤销、变更或确认该具体行政行为违法决定 |
| | 复议后重新作出具体行政行为 | 复议决定为"决定撤销"或"确认违法"的，复议机关可以责令被申请人在一定期限内重新作出具体行政行为。重新作出具体行政行为应符合下列要求：（1）不得以同一事实和理由作出与原具体行政行为相同或基本相同的具体行政行为。（2）不得作出对申请人更为不利的决定。（3）**应当在60日内重新作出具体行政行为**；情况复杂的，经复议机关批准可以延期，但**不得超过30日**【2018年单选题】 |
| | 决定生效 | 行政复议决定书**一经送达**，即发生法律效力 |

# 第六节 税收法律责任

| 纳税人税收违法行为的法律责任 | | 较为轻微的违规责任 |
|---|---|---|
| | | 较为严重的违法违规责任 |
| **"首违不罚"制度【2020年、2022年单选题】** | 适用条件 | **（1）首次发生清单中所列事项；（2）危害后果轻微；（3）在税务机关发现前主动改正或在税务机关责令限期改正的期限内改正的** |

续表

| "首违不罚"制度【2020年、2022年单选题】 | 适用事项 | 纳税人的违规事项 | （1）未按规定将其全部银行账号向税务机关报送；（2）未按规定设置、保管账簿或保管记账凭证和有关资料；（3）未按规定的期限办理纳税申报和报送纳税资料；（4）未按规定的期限向主管税务机关报送税控装置开票数据且没有违法所得；（5）未按规定取得发票，以其他凭证代替发票使用且没有违法所得；（6）未按规定缴销发票且没有违法所得 |
| --- | --- | --- | --- |
| | | 扣缴义务人或发包方违规事项 | （1）未按规定设置、保管代扣代缴、代收代缴税款账簿或记账凭证及有关资料；（2）未按规定的期限报送代扣代缴、代收代缴税款有关资料；（3）未按规定开具税收票证；（4）境内机构或个人向非居民发包工程作业或劳务项目，未按规定向主管税务机关报告有关事项 |

# 第八章 劳动合同与社会保险法律制度

## 第一节 劳动合同法律制度

### 一、劳动合同的订立

| 订立原则 | | | 应当**遵循合法、公平、平等自愿、协商一致、诚实信用**的原则 |
|---|---|---|---|
| 订立主体 | 资格要求 | 劳动者 | 一般单位：**禁止招用未满 16 周岁的未成年人** |
| | | | 文艺、体育和特种工艺单位：**招用未满 16 周岁的未成年人，**必须遵守国家有关规定，**并保障其接受义务教育的权利** |
| | | 用人单位 | 用人单位的总机构：可以订立 |
| | | | 用人单位设立的分支机构：（1）**依法取得营业执照或登记证书的，**可以作为用人单位与劳动者订立劳动合同；（2）未依法取得营业执照或登记证书的，**受用人单位委托可以与劳动者订立劳动合同** |
| | | 常识性要求 | （1）劳动者就业，不因民族、种族、性别、宗教信仰不同而受歧视。（2）妇女享有与男子平等的就业权利。在录用职工时，除国家规定的不适合妇女的工种或岗位外，**不得以性别为由拒绝录用妇女或提高对妇女的录用标准** |
| | 义务与责任 | 劳动者 | 如实向用人单位说明与劳动合同直接相关的基本情况 |
| | | 用人单位【2020年单选题、2022年多选题】 | （1）如实说明：工作内容、工作条件、工作地点、职业危害、安全生产状况、劳动报酬，以及劳动者要求了解的其他情况。（2）**不得扣押劳动者的居民身份证和其他证件，**不得要求劳动者提供担保或以其他名义向劳动者收取财物。用人单位违反规定，以担保或其他名义向劳动者收取财物的，由劳动行政部门责令限期退还劳动者本人，并以每人 500 元以上 2000 元以下的标准处以罚款；**给劳动者造成损害的，应当承担赔偿责任** |
| 订立形式 | | | （1）建立劳动关系，**应当订立书面劳动合同**；（2）**非全日制用工双方可以订立口头协议** |
| 劳动关系建立时间 | | | 用人单位自**用工之日起**即与劳动者建立劳动关系【上岸熊提示：盯紧劳动关系建立的时间，后面签订劳动合同时间的要求都是从用工之日起算】【2022 年单选题】 |

续表

| | 原则 | (1) 建立劳动关系，应当订立书面劳动合同；【2018年单选题】<br>(2) 用人单位应当自用工之日起1个月内与劳动者订立书面劳动合同 | |
|---|---|---|---|
| 签订劳动合同 | 未依法及时订立劳动合同的处理【多次出去单选、多选题】 | 用工之日起1个月内 | (1) 情形：用人单位书面通知后，劳动者不签。(2) 后续处理：①书面通知劳动者终止劳动关系；②无须向劳动者支付经济补偿；③向劳动者支付其实际工作时间的劳动报酬 |
| | | 用工之日起超过1个月不满1年 | (1) 若用人单位未签，则后续处理：①向劳动者每月支付2倍的工资（起算时间为用工之日起满1个月的次日，截止时间为补订书面劳动合同的前一日）；②与劳动者补订书面劳动合同。(2) 若劳动者不签，后续：①书面通知劳动者终止劳动关系；②支付经济补偿 |
| | | 用工之日起满1年 | (1) 情形：用人单位未签。(2) 后续处理：①自用工之日起满1个月的次日至满1年的前一日应当向劳动者每月支付2倍的工资；②立即与劳动者补订书面劳动合同，并视为自用工之日起满1年的当日，已经与劳动者订立无固定期限劳动合同，应当立即与劳动者补订书面劳动合同 |
| 非全日制用工 | 定义 | 非全日制用工是以小时计酬为主，劳动者在同一用人单位一般平均每日工作时间不超过4小时，每周工作时间累计不超过24小时的用工形式 | |
| | 要求【2020年多选题】 | (1) 全日制用工必须采用书面形式订立劳动合同，非全日制用工可以采取口头形式；(2) 从事非全日制用工的劳动者可以与一个或一个以上的用人单位订立劳动合同，但后订立的不能影响先订立的劳动合同的履行；(3) 非全日制用工双方当事人不得约定试用期；(4) 非全日制用工双方当事人任何一方都可以随时通知对方终止用工，终止用工的用人单位不用支付经济补偿；(5) 非全日制用工小时计酬标准不得低于用人单位所在地规定的最低小时工资标准；(6) 用人单位可按小时、日或周为单位结算工资，非全日制用工劳动报酬结算支付周期最长不得超过15日 | |
| 劳动合同的效力 | 生效 | 劳动合同由用人单位与劳动者协商一致，并经用人单位与劳动者在劳动合同文本上签字或盖章生效【上岸熊提示：劳动合同是否生效，不影响劳动关系的建立。劳动关系的建立以"用工之日"为标准】【2020年判断题】 | |

续表

| 劳动合同的效力 | 无效 | 合同无效或部分无效的情形 | （1）以**欺诈、胁迫**的手段或乘人之危，使对方在违背真实意思的情况下订立或变更劳动合同的；（2）用人单位**免除自己的法定责任、排除劳动者权利的**；（3）违反法律、行政法规强制性规定的 |
|---|---|---|---|
| | | 对劳动合同的无效或部分无效有争议的 | 由劳动争议仲裁机构或人民法院确认 |
| | | 无效劳动合同的法律后果 | （1）无效劳动合同，从**订立时起**就没有法律约束力；（2）劳动合同部分无效，**不影响其他部分效力的，其他部分仍然有效**；（3）劳动合同被确认无效，**劳动者已付出劳动的，用人单位应当向劳动者支付劳动报酬**；（4）劳动合同被确认无效，给对方造成损害的，**有过错的一方应当承担赔偿责任** |

## 二、劳动合同的主要内容

| 分类 | | **劳动合同必备条款** | （1）用人单位的名称、住所和法定代表人或主要负责人；（2）劳动者的姓名、住址和居民身份证或其他有效身份证件号码；（3）劳动合同期限；（4）工作内容和工作地点；（5）工作时间和休息休假；（6）劳动报酬；（7）社会保险；（8）劳动保护、劳动条件和职业危害防护 |
|---|---|---|---|
| | | 劳动合同可备条款 | **（1）试用期；（2）服务期；（3）保守商业秘密和竞业限制【2019年多选题】** |
| **必备条款** | 劳动合同期限 | 种类及具体内容 | 固定期限劳动合同：双方明确约定合同终止时间 |
| | | | **以完成一定工作任务为期限的劳动合同**：（1）以完成单项工作任务为期限的劳动合同；（2）以项目承包方式完成承包任务的劳动合同；（3）因季节原因临时用工的劳动合同 |
| | | | 无固定期限劳动合同：双方约定合同**无确定终止时间** |

续表

| | | | | |
|---|---|---|---|---|
| | 劳动合同期限 | 应当订立无固定期限劳动合同的情形【多次出现多选题】 | | (1) 劳动者在该用人单位连续工作满10年的。 (2) 用人单位初次实行劳动合同制度或国有企业改制重新订立劳动合同时，劳动者在该用人单位连续工作满10年且距法定退休年龄不足10年的。 (3) 连续订立2次固定期限劳动合同，且劳动者没有下述情形，续订劳动合同的：①严重违反劳动纪律或用人单位的规章制度的；②严重失职，营私舞弊，给用人单位利益造成重大损害的；③劳动者同时与其他用人单位建立劳动关系，对完成本单位的工作任务造成严重影响，或者经用人单位提出，拒不改正的；④劳动者以欺诈、胁迫的手段或乘人之危，使用人单位在违背真实意思的情况下订立或变更劳动合同，致使劳动合同无效的；⑤被依法追究刑事责任的；⑥劳动者患病或非因工负伤，在规定的医疗期满后不能从事原工作，也不能从事由用人单位另行安排的工作的；⑦劳动者不能胜任工作，经过培训或调整工作岗位，仍不能胜任工作的 |
| **必备条款** | 工作时间和休息、休假 | 工作时间 | 标准工时制 | (1) 每日8小时、每周40小时。 (2) 特殊情况：每天不超过8小时，每周不超过40小时，每周至少休息1天。 (3) 用人单位与工会和劳动者协商后，可延长工作时间：①一般情况，每日不得超过1小时；②特殊情况，每日不得超过3小时，每月不得超过36小时 |
| | | | 不定时工作制 | 没有固定工作时间限制 |
| | | | 综合计算工时制 | 以周、月、季、年为周期综合计算劳动者工作时间，但平均工时仍与标准工时制基本相同 |
| | | 带薪年休假【上岸熊提示：累计工作年限，非在本单位工作的时间，而是累计"工龄"】【多次出现单选、多选题】 | 要求 | (1) 机关、团体、企业、事业单位、民办非企业单位、有雇工的个体工商户等单位的职工连续工作1年以上的，享受带薪年休假；(2) 职工在年休假期间享受与正常工作期间相同的工资收入；(3) 国家法定休假日、休息日不计入年休假的假期 |
| | | | 标准 | (1) 1年≤累计工作年限＜10年：5天；<br>(2) 10年≤累计工作年限＜20年：10天；<br>(3) 累计工作年限≥20年：15天 |

| | | | |
|---|---|---|---|
| **必备条款** | 工作时间和休息、休假 | 带薪年休假<br>【上岸熊提示：累计工作年限，非在本单位工作的时间，而是累计"工龄"】<br>【多次出现单选、多选题】 | 不享受年休假的情形 | （1）当职工有下列情形之一时，不享受当年的年休假：<br>①1年≤累计工作年限＜10年，**累计请病假≥2个月**；<br>②10年≤累计工作年限＜20年，**累计请病假≥3个月**；<br>③**累计工作年限≥20年，累计请病假≥4个月**。<br>（2）其他情形：①**享受寒暑假的休假天数多于年休假天数**；②**请事假累计20天以上且单位按照规定未扣工资** |
| | 劳动报酬 | 工资 | | （1）工资应当以法定货币支付，不得以实物及有价证券替代货币支付；<br>（2）工资必须在约定的日期支付，如遇休息日、节假日，则应**提前在最近的工作日支付**；（3）工资**至少每月支付一次**，实行周、日、小时工资制的可按周、日、小时支付工资；（4）对完成一次性临时劳动或某项具体工作的劳动者，用人单位应按有关协议或合同规定在其**完成劳动任务后即支付工资**；（5）用人单位应支付劳动者在**法定休假日和婚丧假期间及依法参加社会活动期间的工资** |
| | | 加班工资<br>【2020年多选题】 | | （1）**工作日加班：1.5倍工资；**<br>（2）**休息日加班：2倍工资，若安排补休则无须支付加班工资；**<br>（3）**法定休假日加班：3倍工资。**<br>用人单位安排加班不支付加班费的，由劳动行政部门责令限期支付加班费，逾期不支付的，责令用人单位按应付金额50%以上100%以下的标准向劳动者加付赔偿金【上岸熊提示：周末（双休）加班，如果公司安排了补休，可以不发放加班工资；但如果是法定节日加班，必须发加班工资（即使安排了补休）】 |
| | | 最低工资制度 | 内容 | **最低工资不包括加班工资、补贴、津贴和保险** |
| | | | 劳动合同履行地与用人单位注册地不一致的处理 | （1）最低工资标准等事项，按照劳动合同履行地的有关规定执行；（2）用人单位注册地的标准高于劳动合同履行地，且用人单位与劳动者约定按用人单位注册地有关规定执行的，从其约定 |
| | | | 扣工资情形 | **每月最多扣除工资的20%，但扣除之后的剩余部分不得低于最低工资标准** |
| | | | 用人单位低于当地最低工资标准支付工资时 | （1）由劳动行政部门责令限期支付其差额部分；（2）逾期不支付的，责令用人单位按应付金额50%以上100%以下的标准向劳动者加付赔偿金 |

续表

| | | | | |
|---|---|---|---|---|
| **试用期** | 试用期 | 强制性规定【2018年多选题】 | 不得约定试用期 | (1) 非全日制用工；(2) 以完成一定工作任务为期限；(3) 劳动合同期限＜3个月 |
| | | | 试用期≤1个月 | 3个月≤劳动合同期限＜1年 |
| | | | 试用期≤2个月 | 1年≤劳动合同期限＜3年 |
| | | | 试用期≤6个月 | 劳动合同期限≥3年 |
| | | | | 无固定期限 |
| | | 其他规定 | (1) 同一用人单位与同一劳动者只能约定一次试用期；(2) 试用期包含在劳动合同期限内；(3) 劳动合同仅约定试用期的，试用期不成立，该期限为劳动合同期限 | |
| | | 违规处理 | (1) 由劳动行政部门责令改正；(2) 违法约定的试用期已经履行的，由用人单位以劳动者试用期满月工资为标准，按已经履行的超过法定试用期的期间向劳动者支付赔偿金 | |
| | | 工资标准 | 试用期的工资**不得低于本单位相同岗位最低档工资或劳动合同约定工资的80%，并不得低于用人单位所在地的最低工资标准** | |
| **可备条款** | 服务期 | 适用范围 | (1) 用人单位为劳动者提供专项培训费用，对其进行专业技术培训的，可以与该劳动者订立协议，约定服务期；(2) 用人单位与劳动者约定服务期的，**不影响按照正常的工资调整机制提高劳动者在服务期期间的劳动报酬**；(3) 劳动合同期满，但是用人单位与劳动者约定的服务期尚未到期的，劳动合同应当续延至服务期满 | |
| | | 劳动者的违约责任 | (1) 劳动者违反服务期约定的，应当按照约定**向用人单位支付违约金；**(2) **违约金的数额不得超过用人单位提供的培训费用**；(3) 用人单位要求劳动者支付的**违约金不得超过服务期尚未履行部分所应分摊的培训费用** | |
| | | 服务期内劳动合同的解除 | **劳动者有过错** | 如果劳动者因下列违纪等重大过错行为而被用人单位解除劳动关系的，用人单位仍有权要求其支付违约金：(1) 劳动者严重违反用人单位的规章制度的；(2) 劳动者严重失职，营私舞弊，给用人单位造成重大损害的；(3) 劳动者同时与其他用人单位建立劳动关系，对完成本单位的工作任务造成严重影响，或者经用人单位提出，拒不改正的；(4) 劳动者以欺诈、胁迫的手段或乘人之危，使用人单位在违背真实意思的情况下订立或变更劳动合同的；(5) 劳动者被依法追究刑事责任的 |

续表

| | | | |
|---|---|---|---|
| 可备条款 | 服务期 | 服务期内劳动合同的解除 | 用人单位有过错【多次出现多选题】 | 用人单位与劳动者约定了服务期，劳动者依照下述情形的规定解除劳动合同的，不属于违反服务期的约定，用人单位不得要求劳动者支付违约金：（1）用人单位未按照劳动合同约定提供劳动保护或劳动条件的；（2）用人单位未及时足额支付劳动报酬的；（3）用人单位未依法为劳动者缴纳社会保险费的；（4）用人单位的规章制度违反法律、法规的规定，损害劳动者权益的；（5）用人单位以欺诈、胁迫的手段或乘人之危，使劳动者在违背真实意思的情况下订立或变更劳动合同致使劳动合同无效的；（6）用人单位在劳动合同中免除自己的法定责任、排除劳动者权利的；（7）用人单位违反法律、行政法规强制性规定的；（8）法律、行政法规规定劳动者可以解除劳动合同的其他情形 |

| | | |
|---|---|---|
| 可备条款 | 保守商业秘密和竞业限制 | 适用范围 | （1）不是所有的劳动；（2）竞业限制的人员限于用人单位的高级管理人员、高级技术人员和其他负有保密义务的人员 |
| | | 期限 | 竞业限制期限不得超过2年，约定的竞业限制期限超过2年的，超过部分无效 |
| | | 约定了竞业限制，但未约定经济补偿的 | 劳动者履行了竞业限制义务，按月支付补偿金，选择下列二者"孰高"：（1）劳动合同解除或终止前12个月平均工资的30%；（2）劳动合同履行的最低工资标准【上岸熊提示：用人单位必须给予相应的经济补偿，否则竞业限制条款无效】 |

| | | | |
|---|---|---|---|
| | | 约定了竞业限制和经济补偿【2022年多选题】 | 一般情形 | 竞业限制约定有效，单位应支付经济补偿 |
| | | | 用人单位原因导致3个月未支付经济补偿 | （1）劳动者可请求解除竞业限制约定；（2）未支付的月份仍应照常支付 |
| | | | 用人单位主张解除竞业限制 | （1）用人单位可以解除；（2）劳动者可要求额外3个月经济补偿 |
| | | | 劳动者违反竞业限制约定 | （1）劳动者应支付违约金；（2）用人单位可要求劳动者按照约定继续履行竞业限制义务 |

## 三、劳动合同的履行和变更

| | |
|---|---|
| 劳动合同的履行 | （1）用人单位拖欠或未足额支付劳动者报酬的，劳动者可以依法向当地人民法院申请支付令。用人单位逾期不支付的，责令用人单位按应付金额 50% 以上 100% 以下的标准向劳动者加付赔偿金。（2）劳动者拒绝用人单位管理人员违章指挥、强令冒险作业的，不视为违反劳动合同。（3）劳动者对危害生命安全和身体健康的劳动条件，有权对用人单位提出批评、检举和控告。（4）用人单位变更名称、法定代表人、主要负责人或投资人等事项，不影响劳动合同的履行。（5）用人单位发生合并或分立等情况，原劳动合同继续有效，劳动合同由承继其权利和义务的用人单位继续履行。（6）用人单位不得强迫或变相强迫劳动者加班，安排加班的应按照国家相关规定支付加班费 |
| 建立和完善劳动规则制度 | （1）合法有效的劳动规章制度是劳动合同的组成部分。（2）用人单位在制定、修改或决定直接涉及劳动者切身利益的规章制度和重大事项时，应当经职工代表大会或全体职工讨论。（3）用人单位应当将直接涉及劳动者切身利益的规章制度和重大事项决定公示或告知劳动者。如果用人单位的规章制度未经公示或未对劳动者告知，该规章制度对劳动者不生效 |
| 劳动合同的变更 | 变更劳动合同应当采用书面形式。变更劳动合同未采用书面形式，但已经实际履行了口头变更的劳动合同超过 1 个月，且变更后的劳动合同内容不违反法律、行政法规、国家政策及公序良俗，口头变更视为有效【2018 年单选题】 |

## 四、劳动合同的解除和终止

| 劳动合同的解除 | 协商解除 | | （1）用人单位提出解除：应支付经济补偿；<br>（2）劳动者主动辞职：无须支付经济补偿 |
|---|---|---|---|
| | 法定解除 | 劳动者可以单方面解除劳动合同的情形【多次出现多选题】 | |
| | | 提前通知解除（劳动者无法获得经济补偿金） | （1）劳动者在试用期内提前 3 日通知用人单位；<br>（2）劳动者提前 30 日以书面形式通知用人单位 |

| 劳动合同的解除 | 法定解除 | 劳动者可以单方面解除劳动合同的情形【多次出现多选题】 | 随时通知解除（劳动者**可以获得经济补偿金**） | （1）用人单位未按照劳动合同约定提供劳动保护或劳动条件的；（2）用人单位未及时足额支付劳动报酬的；（3）用人单位未依法为劳动者缴纳社会保险费的；（4）用人单位的规章制度违反法律、法规的规定，损害劳动者权益的；（5）用人单位以欺诈、胁迫的手段或乘人之危，使劳动者在违背真实意思的情况下订立或变更劳动合同致使劳动合同无效的；（6）用人单位在劳动合同中免除自己的法定责任、排除劳动者权利的；（7）用人单位违反法律、行政法规强制性规定的 |
|---|---|---|---|---|
| | | | **不需事先告知即可解除**（劳动者**可以获得经济补偿金**） | （1）用人单位以暴力、威胁或非法限制人身自由的手段强迫劳动者劳动的；（2）用人单位违章指挥、强令冒险作业危及劳动者人身安全的 |
| | | 用人单位可以单方面解除劳动合同的情形 | 随时通知解除（劳动者**无法获得经济补偿金**） | （1）劳动者在试用期间被证明不符合录用条件的；（2）劳动者严重违反用人单位的规章制度的；（3）劳动者严重失职，营私舞弊，给用人单位造成重大损害的；（4）劳动者同时与其他用人单位建立劳动关系，对完成本单位的工作任务造成严重影响，或者经用人单位提出，拒不改正的；（5）劳动者以欺诈、胁迫的手段或乘人之危，使用人单位在违背真实意思的情况下，订立或变更劳动合同致使劳动合同无效的；（6）劳动者被依法追究刑事责任的 |
| | | | **提前通知解除**（劳动者**可以获得经济补偿金**） | 有下列情形之一的，用人单位**提前30日**以书面形式通知劳动者本人或额外支付劳动者1个月工资后，可以解除劳动合同：（1）劳动者患病或非因工负伤，在规定的医疗期满后不能从事原工作，也不能从事由用人单位另行安排的工作的；（2）劳动者不能胜任工作，经过培训或调整工作岗位，仍不能胜任工作的；（3）合同订立时所依据的客观情况重大变化，致使合同无法履行，经用人单位与劳动者协商，未能就变更合同内容达成协议的 |

续表

| | | | | |
|---|---|---|---|---|
| 劳动合同的解除 | 法定解除 | 用人单位可以单方面解除劳动合同的情形 | 裁员解除（劳动者可以获得经济补偿金） | （1）用人单位有下列情形之一，需要裁减人员 20 人以上或裁减不足 20 人但占企业职工总数 10% 以上的，用人单位提前 30 日向工会或全体职工说明情况，听取工会或职工的意见后，裁减人员方案经向劳动行政部门报告，可以裁减人员：①依照《中华人民共和国企业破产法》规定进行重整；②生产经营发生严重困难；③企业转产、重大技术革新或经营方式调整，经变更劳动合同后，仍需裁减人员。（2）其他因劳动合同订立时所依据的客观经济情况发生重大变化，致使劳动合同无法履行的。（3）裁减人员时，应当优先留用下列人员：①与本单位订立较长期限的固定期限劳动合同的；②与本单位订立无固定期限劳动合同的；③家庭无其他就业人员，有需要扶养的老人或未成年人的 |
| 劳动合同的终止 | | 支付经济补偿金 | | （1）合同期满，用人单位不再续订或降低条件续订；（2）以完成一定工作任务为期限的劳动合同任务完成；（3）用人单位被依法宣告破产；（4）用人单位被吊销营业执照、责令关闭、撤销或用人单位决定提前解散 |
| | | 不支付经济补偿金 | | （1）合同期满，用人单位维持或提高劳动合同约定条件续订劳动合同，劳动者不同意续订；（2）劳动者开始依法享受基本养老保险待遇；（3）劳动者达到法定退休年龄；（4）劳动者死亡，或者被人民法院宣告死亡或宣告失踪 |
| | | 限制性规定 | | 劳动者有下列情形之一的，劳动合同应当延续至相应的情形消失时终止：（1）从事接触职业病危害作业的劳动者未进行离岗前职业健康检查，或者疑似职业病病人在诊断或医学观察期间的；（2）在本单位患职业病或因工负伤并被确认丧失或部分丧失劳动能力的；（3）患病或非因工负伤，在规定的医疗期内的；（4）女职工在孕期、产期、哺乳期的；（5）在本单位连续工作满 15 年，且距法定退休年龄不足 5 年的；（6）法律、行政法规规定的其他情形 |
| | | 经济补偿 【2020 年单选题】 | 定义 | 是在劳动者无过错的情况下，用人单位与劳动者解除或终止劳动合同时，用人单位依法给予劳动者一定数额的经济上的补偿 |
| | | | 标准 | 经济补偿金 = 工作年限 × 月工资 |

续表

| 劳动合同的终止 | 经济补偿<br>【2020 年单选题】 | 工作年限 | (1) 每满 1 年支付 1 个月工资;<br>(2) 6 个月≤工作年限＜1 年的,支付 1 个月工资;<br>(3) 工作年限＜6 个月,支付半个月工资;<br>(4) 支付经济补偿的年限最高不超过 12 年 |
|---|---|---|---|
| | | 月工资 | (1) 一般情况:月工资＝劳动合同解除或终止前 12 个月的平均工资(包括工资及奖金、津贴和补贴等);<br>(2) 对低收入者的照顾:月工资低于当地最低工资标准,按当地最低工资标准计算(不满 12 个月的,按实际工作月数计算平均工资);<br>(3) 对高薪职工的限制:月工资高于用人单位当地上年度职工月平均工资的 3 倍,减按上年度职工月平均工资的 3 倍计算 |
| 劳动合同解除和终止的法律后果及双方义务 | 法律后果 | | (1) 双方劳动关系消灭;(2) 用人单位应出具解除或终止劳动合同的证明,并在 15 日内为劳动者办理档案和社会保险关系转移手续;(3) 用人单位对已解除或终止的劳动合同的文本,至少保存 2 年 |
| | 双方义务 | | (1) 用人单位应当在解除或终止劳动合同的同时向劳动者支付经济补偿的,在办结工作交接时支付。(2) 用人单位未依照规定向劳动者支付经济补偿的,由劳动行政部门责令限期支付经济补偿;逾期不支付的,责令用人单位按应付金额 50% 以上 100% 以下的标准向劳动者加付赔偿金。(3) 用人单位违反规定解除或终止劳动合同,劳动者要求继续履行劳动合同的,用人单位应当继续履行;劳动者不要求继续履行劳动合同或劳动合同已经不能继续履行的,用人单位应当依照《中华人民共和国劳动合同法》规定的经济补偿标准的 2 倍向劳动者支付赔偿金;支付了赔偿金的,不再支付经济补偿金。(4) 劳动者违法解除劳动合同,给用人单位造成损失的,应承担赔偿责任 |

# 五、集体合同与劳务派遣

| | | |
|---|---|---|
| **集体合同** | 概念 | 集体合同是工会代表企业职工一方与企业签订的以劳动报酬、工作时间、休息休假、劳动安全卫生、保险福利等为主要内容的书面协议 |
| | 订立 | （1）经双方协商一致的集体合同草案或专项集体合同草案，**应当提交职工代表大会或全体职工讨论**。职工代表大会或全体职工讨论集体合同草案，应当有 **2/3 以上职工代表或职工出席**，且**须经全体职工代表半数以上或全体职工半数以上同意，方获通过**。（2）集体合同中劳动报酬和劳动条件等标准，**不得低于当地人民政府规定的最低标准**。（3）用人单位与劳动者订立的劳动合同中劳动报酬和劳动条件等标准，**不得低于集体合同规定的标准**。（4）集体合同订立后，应当报送劳动行政部门，劳动行政部门自收到集体合同文本之日起 **15 日内**未提出异议的，集体合同即行生效 |
| | 合同纠纷和法律救济 | （1）用人单位违反集体合同，侵犯职工劳动权益的，工会可以依法要求用人单位承担责任；（2）因履行集体合同发生争议，经协商解决不成的，**工会可以依法申请仲裁、提起诉讼** |
| **劳务派遣** | 概念 | 劳务派遣是指由劳务派遣单位与劳动者订立劳动合同，与用工单位订立劳务派遣协议，将被派遣劳动者派往用工单位给付劳务 |
| | 特征 | 劳动力的雇用与劳动力使用分离，被派遣劳动者不与用工单位签订劳动合同、发生劳动关系，**而是与派遣单位存在劳动关系** |
| | 范围 | 劳务派遣只能在**临时性、辅助性或替代性的**工作岗位上实施 |
| | 对**劳务派遣单位（用人单位）**的要求 | （1）劳务派遣单位是用人单位，应当履行用人单位对劳动者的义务：①劳务派遣单位**应当与被派遣劳动者订立 2 年以上的固定期限劳动合同**，按月支付劳动报酬；②被派遣劳动者在无工作期间，劳务派遣单位应当按照所在地人民政府规定的最低工资标准，**向其按月支付报酬**；③劳务派遣单位应当将劳务派遣协议的内容告知被派遣劳动者，且不得克扣用工单位按协议支付给劳动者的劳动报酬，劳务派遣单位和用工单位**不得向被派遣劳动者收取费用**。（2）**劳务派遣单位不得以非全日制用工形式招用被派遣劳动者**【2018 年多选题】 |
| | 对**用工单位**的要求 | （1）接受以劳务派遣形式用工的单位是用工单位。劳务派遣单位派遣劳动者应当与用工单位订立劳务派遣协议。（2）用工单位应当根据工作岗位的实际需要与劳务派遣单位确定派遣期限，不得将连续用工期限分割订立数个短期劳务派遣协议。（3）**用工单位使用的被派遣劳动者数量不得超过其用工总量的 10%。**【上岸熊提示：该用工总量是指用工单位订立劳动合同人数与使用的被派遣劳动者人数之和】（4）用工单位不得将被派遣劳动者再派遣到其他用工单位。（5）**劳务派遣单位和用工单位均不得向被派遣劳动者收取费用**【2022 年单选题】 |
| | 被派遣劳动者权利 | （1）被派遣劳动者享有与用工单位的劳动者同工同酬的权利；（2）被派遣劳动者可在劳务派遣单位或用工单位依**法参加或组织工会，**维护自身合法权益 |

## 六、劳动争议的解决

| 劳动争议 | 概念 | 劳动争议是劳动关系当事人之间因实现劳动权利、履行劳动义务发生分歧而引起的争议，也称劳动纠纷、劳资争议 | |
|---|---|---|---|
| | 范围 | （1）因确认劳动关系发生的争议；（2）因订立、履行、变更、解除和终止劳动合同发生的争议；（3）因除名、辞退和辞职、离职发生的争议；（4）因工作时间、休息休假、社会保险、福利、培训及劳动保护发生的争议；（5）因劳动报酬、工伤医疗费、经济补偿或赔偿金等发生的争议；（6）法律、法规规定的其他劳动争议 | |
| | 劳动者与用人单位之间的劳动争议【上岸熊提示：对于劳动争议，一定要遵循"必经仲裁"原则】 | （1）劳动者与用人单位在履行劳动合同过程中发生的纠纷；（2）劳动者与用人单位之间没有订立书面劳动合同，但已形成劳动关系后发生的纠纷；（3）劳动者与用人单位因劳动关系是否已经解除或终止，以及应否支付解除或终止劳动关系经济补偿金发生的纠纷；（4）劳动者与用人单位解除或终止劳动关系后，请求用人单位返还其收取的劳动合同定金、保证金、抵押金、抵押物发生的纠纷，或者办理劳动者的人事档案、社会保险关系等移转手续发生的纠纷；（5）劳动者以用人单位未为其办理社会保险手续，且社会保险经办机构不能补办导致其无法享受社会保险待遇为由，要求用人单位赔偿损失发生的纠纷；（6）劳动者退休后，与尚未参加社会保险统筹的原用人单位因追索养老金、医疗费、工伤保险待遇和其他社会保险待遇而发生的纠纷；（7）劳动者因为工伤、职业病，请求用人单位依法给予工伤保险待遇发生的纠纷；（8）劳动者依据《中华人民共和国劳动合同法》第八十五条规定，要求用人单位支付加付赔偿金发生的纠纷；（9）因企业自主进行改制发生的纠纷【2021年多选题】 | |
| | 不属于劳动争议范围的 | （1）劳动者请求社会保险经办机构发放社会保险金的纠纷；（2）劳动者与用人单位因住房制度改革产生的公有住房转让纠纷；（3）劳动者对劳动能力鉴定委员会的伤残等级鉴定结论或对职业病诊断鉴定委员会的职业病诊断鉴定结论的异议纠纷；（4）家庭或个人与家政服务人员之间的纠纷；（5）个体工匠与帮工、学徒之间的纠纷；（6）农村承包经营户与受雇人之间的纠纷 | |
| | 解决办法 | 调解 | 当事人不愿协商、协商不成或达成和解协议后不履行的，可以向调解组织申请调解 |
| | | 仲裁 | 不愿调解、调解不成或达成调解协议后不履行的，可以向劳动争议仲裁委员会申请仲裁 |
| | | 诉讼 | 对仲裁裁决不服的，除《中华人民共和国劳动争议调解仲裁法》另有规定的以外，可以向人民法院提起诉讼 |
| 调解 | 劳动争议调解组织 | （1）企业劳动争议调解委员会；（2）依法设立的基层人民调解组织；（3）在乡镇、街道设立的具有劳动争议调解职能的组织 | |

续表

| | | | | |
|---|---|---|---|---|
| **调解** | 劳动争议调解细则 | (1) 劳动争议调解可以书面申请，也可以口头申请。 (2) 经调解达成协议的，应制作调解协议书，调解协议书由双方当事人签名或盖章，经调解员签名并加盖调解组织印章后生效。 (3) 一方当事人在协议约定期限内不履行调解协议的，另一方当事人可以依法申请劳动仲裁。因支付拖欠劳动报酬、工伤医疗费、经济补偿或赔偿金事项达成调解协议，用人单位在协议约定期限内不履行的，劳动者可以持调解协议书依法向人民法院申请支付令，人民法院应当依法发出支付令。 (4) 自劳动争议调解组织收到调解申请之日起 15 日内未达成调解协议的，当事人可以依法申请劳动仲裁 | | |
| **劳动仲裁** | 劳动仲裁机构 | (1) 劳动仲裁机构是劳动人事争议仲裁委员会，不按行政区划层层设立；(2) 劳动争议仲裁不收费，仲裁委员会的经费由国家财政予以保障 | | |
| | 劳动仲裁参加人 | 当事人 | 一般情况 | 发生争议的劳动者和用人单位为劳动争议仲裁案件的双方当事人 |
| | | | 特殊情况 | (1) 劳务派遣：劳务派遣单位和用工单位为共同当事人；(2) 个人承包经营：发包的组织和个人承包经营者为共同当事人；(3) 吊销营业执照等用人单位和其出资人、开办单位或主管部门为共同当事人 |
| | | 当事人代表 | | 发生争议的劳动者一方在 10 人以上，并有共同请求的，劳动者可以推举3 至 5 名代表参加仲裁活动 |
| | | 代理人 | 委托代理 | 当事人可以委托代理人参加仲裁活动 |
| | | | 法定代理 | (1) 丧失或部分丧失民事行为能力的劳动者，由其法定代理人代为参加仲裁活动；(2) 劳动者死亡的，由其近亲属或代理人参加仲裁活动 |
| | | 第三人 | | 与劳动争议案件的处理结果有利害关系的第三人，可以申请参加或由劳动争议仲裁委员会通知其参加 |
| | 劳动争议仲裁案件的管辖 | (1) 劳动争议由劳动合同履行地或用人单位所在地的仲裁委员会管辖；(2) 双方当事人分别向劳动合同履行地和用人单位所在地的仲裁委员会申请仲裁的，由劳动合同履行地的劳动争议仲裁委员会管辖；【上岸熊提示："履行地"优于"单位所在地"】(3) 有多个劳动合同履行地的，由最先受理的仲裁委员会管辖；(4) 劳动合同履行地不明确的，由用人单位所在地的仲裁委员会管辖 | | |
| | 仲裁时效 | (1) 劳动争议申请仲裁的时效期间为 1 年，从当事人知道或应当知道其权利被侵害之日起计算；(2) 劳动关系存续期间因拖欠劳动报酬发生争议的，劳动者申请仲裁不受 1 年仲裁时效期间的限制；(3) 劳动关系终止的，应当自劳动关系终止之日起 1 年内提出 | | |

| 劳动仲裁 | 仲裁时效的中止 | | （1）因不可抗力或有其他正当理由，当事人不能在仲裁时效期间申请仲裁的，仲裁时效中止；（2）从原因消除之日起，仲裁时效期间继续计算 |
|---|---|---|---|
| | 仲裁时效的中断 | | （1）当事人一方向对方当事人主张权利，或者向有关部门请求权利救济，或者对方当事人同意履行义务劳动仲裁时效中断；（2）从中断时起，仲裁时效期间重新计算 |
| | 仲裁申请和受理 | | （1）申请仲裁可以书面申请或口头申请，劳动争议仲裁委员会收到仲裁申请之日起5日内决定是否受理；（2）对劳动争议仲裁委员会不予受理或逾期未作出决定的，申请人可就该劳动争议事项向人民法院提起诉讼 |
| | 劳动仲裁基本制度 | 先行调解原则 | 仲裁庭在作出裁决前，应当先行调解。调解达成协议的，仲裁庭应当制作调解书。调解书经双方当事人签收后，发生法律效力 |
| | | 仲裁公开原则 | 劳动争议仲裁公开进行，但当事人协议不公开或涉及商业秘密和个人隐私的，经相关当事人书面申请，仲裁委员会应不公开审理 |
| | | 仲裁庭制度 | 仲裁庭由3名仲裁员组成，设首席仲裁员。简单劳动争议案件可以由1名仲裁员独任仲裁 |
| | | 回避制度 | 仲裁员有下列情形之一的，应当回避，当事人也有权以口头或书面方式提出回避申请：（1）是本案当事人或当事人、代理人的近亲属的；（2）与本案有利害关系的；（3）与本案当事人、代理人有其他关系，可能影响公正裁决的；（4）私自会见当事人、代理人，或者接受当事人、代理人请客送礼的 |
| | 仲裁裁决 | 时间要求 | （1）仲裁庭裁决劳动争议案件，应当自仲裁委员会受理仲裁申请之日起45日内结束；（2）案情复杂需要延期的，经仲裁委员会主任批准，可以延期并书面通知当事人，但是延长期限不得超过15日；（3）逾期未作出仲裁裁决的，当事人可以向人民法院提起诉讼 |
| | | 意见作出 | 裁决应当按照多数仲裁员的意见作出；仲裁庭不能形成多数意见时，裁决应当按照首席仲裁员的意见作出 |
| | | 一裁终局【多次出现单选、多选题】 | 下列劳动争议，除《中华人民共和国劳动争议调解仲裁法》另有规定的外，仲裁裁决为终局裁决，裁决书自作出之日起发生法律效力：（1）追索劳动报酬、工伤医疗费、经济补偿金或赔偿金，不超过当地月最低工资标准12个月金额的争议；（2）因执行国家的劳动标准在工作时间、休息休假、社会保险等方面发生的争议 |

续表

| | | | |
|---|---|---|---|
| **劳动仲裁** | 仲裁裁决 | 终局裁决的撤销 | 用人单位有证据证明终局裁决有下列情形之一的，可以自收到仲裁裁决书之日起 30 日内向劳动争议仲裁委员会所在地的中级人民法院申请撤销仲裁裁决：（1）适用法律、法规确有错误的；（2）劳动争议仲裁委员会无管辖权的；（3）违反法定程序的；（4）裁决所根据的证据是伪造的；（5）对方当事人隐瞒了足以影响公正裁决的证据的；（6）仲裁员在仲裁该案件时有索贿受贿、徇私舞弊、枉法裁决行为的 |
| | 裁决的执行 | 劳动仲裁裁决的执行 | （1）仲裁庭对追索劳动报酬、工伤医疗费、经济补偿金或赔偿金的案件，根据当事人的申请，可以裁决先予执行，移送人民法院执行，劳动者申请先予执行的，可以不提供担保。（2）仲裁庭裁决先予执行的，应当符合以下条件：当事人之间权利义务关系明确，不先予执行将严重影响申请人的生活。（3）当事人对发生法律效力的调解书、裁决书，应当依照规定的期限履行。一方当事人逾期不履行的，另一方当事人可以依照《中华人民共和国民事诉讼法》的有关规定向人民法院申请强制执行 |
| | | 人民法院可以裁定不予执行的情形 | 当事人申请人民法院执行劳动争议仲裁机构作出的发生法律效力的裁决书、调解书，被申请人提出证据证明劳动争议仲裁裁决书、调解书有下列情形之一，并经审查核实的，人民法院可以裁定不予执行：（1）裁决的事项不属于劳动争议仲裁范围，或劳动争议仲裁机构无权仲裁的；（2）适用法律、法规确有错误的；（3）违反法定程序的；（4）裁决所根据的证据是伪造的；（5）对方当事人隐瞒了足以影响公正裁决的证据的；（6）仲裁员在仲裁该案时有索贿受贿、徇私舞弊、枉法裁决行为的；（7）人民法院认定执行该劳动争议仲裁裁决违背社会公共利益的【上岸熊提示：人民法院在不予执行的裁定书中，应当告知当事人在收到裁定书之次日起 30 日内，可以就该劳动争议事项向人民法院提起诉讼】 |

# 第二节 社会保险法律制度

<table>
<tr>
<td rowspan="10">基本养老保险</td>
<td colspan="3">组成</td>
<td>（1）职工基本养老保险基金由用人单位和个人缴费及政府补贴等组成；（2）基本养老保险实行社会统筹与个人账户相结合；（3）基本养老保险基金出现支付不足时，政府给予补贴</td>
</tr>
<tr>
<td rowspan="7">缴纳</td>
<td colspan="2">单位缴费</td>
<td>用人单位应当按照国家规定的本单位职工工资总额的比例缴纳基本养老保险费，计入基本养老保险统筹基金</td>
</tr>
<tr>
<td rowspan="5">个人缴费</td>
<td>内容</td>
<td>按照现行政策，职工个人按照本人缴费工资的 8% 缴费，计入个人账户</td>
</tr>
<tr>
<td>公式</td>
<td>个人养老账户月存储额＝本人月缴费工资 ×8%</td>
</tr>
<tr>
<td>缴费工资基数</td>
<td>（1）一般情况：职工本人上年度月平均工资（新职工第一年以起薪当月工资作为缴费基数）。（2）特殊情况：①低于当地职工月平均工资 60% 的，按当地职工月平均工资的 60% 作为缴费基数；②高于当地职工月平均工资 300% 的，按当地职工月平均工资的 300% 作为缴费基数</td>
</tr>
<tr>
<td>无须纳税</td>
<td>个人缴费不计征个人所得税，在计算个人所得税的应税收入时，应当扣除个人缴纳的养老保险费</td>
</tr>
<tr>
<td>个人账户</td>
<td>（1）个人账户不得提前支取，记账利率不得低于银行定期存款利率，免征利息税；（2）参加职工基本养老保险的个人死亡后，其个人账户中的余额可以全部依法继承</td>
</tr>
<tr>
<td colspan="2">城镇个体工商户和灵活就业人员</td>
<td>城镇个体工商户和灵活就业人员参加职工基本养老保险的，按照本地全口径城镇单位就业人员平均工资核定社保个人缴费基数上下限，允许缴费人在 60% 至 300% 选择适当的缴费基数，缴费比例为 20%，其中 8% 计入个人账户</td>
</tr>
<tr>
<td colspan="3">享受条件</td>
<td>参加职工基本养老保险的个人，达到法定退休年龄且累计缴费满 15 年的，按月领取基本养老金</td>
</tr>
<tr>
<td rowspan="2">待遇</td>
<td colspan="2">职工基本养老金</td>
<td>符合条件的，国家按月支付基本养老金</td>
</tr>
<tr>
<td colspan="2">丧葬补助金和遗属抚恤金</td>
<td>参加基本养老保险的个人，因病或非因工死亡的，其遗属可以领取丧葬补助金和抚恤金，所需资金从基本养老保险基金中支付【上岸熊提示：如果个人死亡同时符合领取基本养老保险丧葬补助金、工伤保险丧葬补助金和失业保险丧葬补助金条件的，其遗属只能选择一项领取】【2020 年判断题】</td>
</tr>
</table>

续表

| 基本养老保险 | 待遇 | 病残津贴 | 参加基本养老保险的个人，在未达到法定退休年龄时因病或非因工致残完全丧失劳动能力的，可以领取病残津贴，所需资金从基本养老保险基金中支付 | | |
|---|---|---|---|---|---|
| 基本医疗保险 | 缴纳 | 单位缴费 | 一般为职工工资总额的 6% 左右。用人单位缴纳的基本医疗保险费分为两部分，一部分用于建立统筹基金，另一部分划入个人账户 | | |
| | | 个人账户资金来源 | （1）个人缴费部分，一般为本人工资收入的 2%；（2）用人单位缴费的划入部分，由统筹地区根据个人医疗账户的支付范围和职工年龄等因素确定用人单位所缴医疗保险费划入个人医疗账户的具体比例，一般为 30% 左右 | | |
| | 费用的结算 | 享受条件 | （1）参保人员必须到基本医疗保险的定点医疗机构就医购药或定点零售药店购买药品；（2）参保人员在看病就医过程中所发生的医疗费用必须符合基本医疗保险药品目录、诊疗项目、医疗服务设施标准的范围和给付标准 | | |
| | | 社会统筹基金支付标准 | （1）支付区间：当地职工年平均工资的 10%（起付标准）至当地职工年平均工资的 6 倍（封顶线）；（2）支付比例：一般为 90% | | |
| | | 个人自付费部分 | （1）起付标准以下的部分；（2）区间内自己负担的比例部分，一般为 10%；（3）封顶线以上的部分；（4）医保范围外部分 | | |
| | 不支付的医疗费用 | | （1）应当从工伤保险基金中支付的；（2）应当由第三人负担的；（3）应当由公共卫生负担的；（4）在境外就医的【上岸熊提示：医疗费用应当由第三人负担，第三人不支付或无法确定第三人的，由基本医疗保险基金先行支付。基本医疗保险基金先行支付后，有权向第三人追偿】 | | |
| | 医疗期【上岸熊提示：医疗期为自然日，而非工作日】 | 定义 | 医疗期是指企业职工因患病或非因工负伤停止工作，治病休息，但不得解除劳动合同的期限 | | |

| | | 累计工作年限（A） | 在本单位工作年限（B） | 享受医疗期 | 累计计算期 |
|---|---|---|---|---|---|
| | 计算方法【2020 年单选题】 | A < 10 年 | B < 5 年 | 3 个月 | 6 个月 |
| | | | B ≥ 5 年 | 6 个月 | 12 个月 |
| | | A ≥ 10 年 | B < 5 年 | | |
| | | | 5 年 ≤ B < 10 年 | 9 个月 | 15 个月 |
| | | | 10 年 ≤ B < 15 年 | 12 个月 | 18 个月 |

| | | | | 15 年≤ B ＜ 20 年 | 18 个月 | 24 个月 |
|---|---|---|---|---|---|---|
| **基本医疗保险** | **医疗期【上岸熊提示：医疗期为自然日，而非工作日】** | 计算方法【2020 年单选题】 | A ≥ 10 年 | B ≥ 20 年 | 24 个月 | 30 个月 |
| | | 医疗期待遇 | （1）医疗期内工资标准最低为当地最低工资的**80%**；（2）医疗期内**不得解除劳动合同**，除非满足相关条件；（3）医疗期内合同期满，则合同必须延续至医疗期满，职工在此期间仍然享受医疗期内待遇；（4）对医疗期满尚未痊愈者，或者医疗期满后不能从事原工作，也不能从事用人单位另行安排的工作，被解除劳动合同的，**用人单位需按经济补偿规定给予其经济补偿** | | | |
| **工伤保险** | 缴纳 | | 工伤保险费由用人单位缴纳，**职工不缴纳** | | | |
| | **认定【多次出现多选题】** | **应当认定工伤的情形** | （1）在工作时间和工作场所内，因工作原因受到事故伤害的；（2）工作时间前后在工作场所内，从事与工作有关的预备性或收尾性工作受到事故伤害的；（3）在工作时间和工作场所内，因履行工作职责受到暴力等意外伤害的；（4）患职业病的；（5）因工外出期间，由于工作原因受到伤害或发生事故下落不明的；（6）在上下班途中，受到非本人主要责任的交通事故或城市轨道交通、客运轮渡、火车事故伤害的；（7）法律、行政法规规定应当认定为工伤的其他情形 | | | |
| | | **视同工伤的情形** | （1）在工作时间和工作岗位，突发疾病死亡或在 48 小时之内经抢救无效死亡的；（2）在抢险救灾等维护国家利益、公共利益活动中受到伤害的；（3）职工原在军队服役，因战、因公负伤致残，已取得革命伤残军人证，到用人单位后旧伤复发的 | | | |
| | | **不认定为工伤的情形** | （1）故意犯罪；（2）醉酒或吸毒；（3）自残或自杀 | | | |
| | 待遇 | 工伤医疗待遇 | （1）职工因工作遭受事故伤害或患职业病进行治疗，**享受工伤医疗待遇，具体包括：**①治疗工伤的医疗费用（诊疗费、药费、住院费等）；②住院伙食补助费、交通食宿费；③康复性治疗费；④停工留薪期工资福利待遇。**(2) 停工留薪期：**①在停工留薪期内，职工的原工资福利待遇不变，由所在单位按月支付；**②停工留薪期一般不超过 12 个月**，伤情严重或者情况特殊，经设区的市级劳动能力鉴定委员会确认，可以适当延长，但延长不得超过 12 个月；③工伤职工评定伤残等级后，停止享受停工留薪期待遇，按照规定享受伤残待遇；④工伤职工在停工留薪期满后仍需治疗的，继续享受工伤医疗待遇；⑤**生活不能自理的工伤职工在停工留薪期需要护理的，由所在单位负责** | | | |

续表

| | | | |
|---|---|---|---|
| **工伤保险** | 待遇 | 辅助器具装配费 | — |
| | | 伤残待遇 | 经劳动能力鉴定委员会鉴定，评定伤残等级的工伤职工，享受伤残待遇：（1）生活护理费；（2）一次性伤残补助金；（3）伤残津贴、一次性工伤医疗补助金和一次性伤残就业补助金 |
| | | 工亡待遇 | 职工因工死亡和伤残职工在停工留薪期内因工伤原因导致死亡的，其近亲属按照规定从工伤保险基金领取丧葬补助金、供养亲属抚恤金和一次性工亡补助金。其中，**丧葬补助金为6个月的统筹地区上年度职工月平均工资**；供养亲属抚恤金按照职工本人工资的一定比例，发放给由因工死亡职工生前提供主要生活来源、无劳动能力的亲属；一次性工亡补助金，**标准为按上一年度全国城镇居民人均可支配收入的20倍** |
| | 特别规定 | | 工伤职工停止享受工伤保险待遇的情形：**（1）丧失享受待遇条件的；（2）拒不接受劳动能力鉴定的；（3）拒绝治疗的** |
| | | | 工伤职工符合领取基本养老金条件的，停发伤残津贴，改为享受基本养老保险待遇。基本养老保险待遇低于伤残津贴的，由工伤保险基金补足差额 |
| | | | **工伤保险金先行支付情形：**（1）单位未依法缴纳工伤保险，发生工伤事故的；（2）由于第三人的原因造成工伤，第三人不支付工伤医疗费用或无法确定第三人的 |
| | | | （1）职工在两个或两个以上用人单位同时就业的，各用人单位应当分别为职工缴纳工伤保险费；（2）职工发生工伤，由职工受到伤害时工作的单位承担工伤保险责任 |
| **失业保险** | 缴纳 | | 职工应当参加失业保险，由用人单位和职工共同缴纳失业保险费 |
| | 享受条件 | | 同时满足：（1）失业前用人单位和本人已经缴纳失业保险费满1年；（2）非因本人意愿中断就业；（3）已经进行失业登记，并有求职要求 |
| | 领取期限**【2020年判断题】** | 累计缴费期限A（年） | 最长领取期限 |
| | | 1≤A＜5 | **12个月** |
| | | 5≤A＜10 | **18个月** |
| | | A≥10 | **24个月** |
| | 发放标准 | | 失业保险金的标准，不得低于城市居民最低生活保障标准，一般也不高于当地最低工资标准，具体数额由省、自治区、直辖市人民政府确定 |
| | **停止享受失业保险待遇情形** | | （1）重新就业的；（2）应征服兵役的；（3）移居境外的；（4）享受基本养老保险待遇的；（5）被判刑收监执行的；（6）无正当理由，拒不接受当地人民政府指定部门或机构介绍的适当工作或提供的培训的**【2018年多选题】** |

续表

| | | | |
|---|---|---|---|
| 社会保险费征缴与管理 | 社会保险登记 | 用人单位的社会保险登记 | （1）企业在办理登记注册时，同步办理社会保险登记；（2）企业以外的缴费单位应当自成立之日起 **30 日内**，向当地社会保险经办机构申请办理社会保险登记 |
| | | 个人的社会保险登记 | （1）职工：用人单位应当自用工之日起 **30 日内** 为其职工向社保经办机构申请办理社保登记；（2）灵活就业人员：自行向社会保险经办机构申请办理社保登记 |
| | 社会保险基金管理 | | （1）除基本医疗保险基金与生育保险基金合并建账及核算外，其他各项社会保险基金按险种**分别建账，分账核算，执行国家统一的会计制度**；（2）社保基金存入财政专户，通过预算实现收支平衡；（3）社会保险基金专款专用，任何组织和个人不得侵占或挪用 |
| | 违反社会保险法律制度的法律责任 | 用人单位不办理社保登记 | （1）由社会保险行政部门责令限期改正；（2）逾期不改正的，对用人单位处应缴社会保险费数额 1 倍以上 3 倍以下的罚款，对直接负责人员处 500 元以上 3000 元以下的罚款 |
| | | 用人单位未按时足额缴纳保险费 | （1）由社会保险费征收机构责令限期缴纳或补足，并自欠缴之日起，按日加收 0.05% 的滞纳金；（2）逾期仍不缴纳的，由有关行政部门处欠缴数额 1 倍以上 3 倍以下的罚款 |
| | | 骗保 | （1）由社会保险行政部门责令退回骗取的社会保险金；（2）处骗取金额 2 倍以上 5 倍以下的罚款 |